石油建设项目经济评价方法与参数

中华人民共和国住房和城乡建设部　发布

中 国 计 划 出 版 社

2010 北 京

图书在版编目（CIP）数据

石油建设项目经济评价方法与参数／中国石油规划总院，住房和城乡建设部标准定额研究所主编．—北京：中国计划出版社，2010.3

ISBN 978-7-80242-486-9

Ⅰ.①石…　Ⅱ.①中…②住…　Ⅲ.①石油工程-基本建设项目-经济评价-中国　Ⅳ.①F426.22

中国版本图书馆 CIP 数据核字（2010）第 016835 号

石油建设项目经济评价
方法与参数

中华人民共和国住房和城乡建设部　发布

☆

中国计划出版社出版

（地址：北京市西城区木樨地北里甲 11 号国宏大厦 C 座 4 层）

（邮政编码：100038　电话：63906433　63906381）

新华书店北京发行所发行

世界知识印刷厂印刷

787×1092 毫米　1/16　15.25 印张　359 千字

2010 年 3 月第 1 版　2010 年 3 月第 1 次印刷

印数 1—6000 册

☆

ISBN 978-7-80242-486-9

定价：86.00 元

中华人民共和国住房和城乡建设部
公　　告

第474号

关于发布《石油建设项目经济评价方法与参数》的公告

现批准《石油建设项目经济评价方法与参数》，自2010年4月1日起施行。

在石油建设项目经济评价工作中，应按照《关于建设项目经济评价工作的若干规定》和本建设项目经济评价方法与参数执行，不断提高投资决策的科学化水平。

本建设项目经济评价方法与参数的管理由住房和城乡建设部负责，具体的解释工作由中国石油天然气集团公司负责。

中华人民共和国住房和城乡建设部

二〇一〇年一月四日

编 制 说 明

《石油建设项目经济评价方法与参数》（以下简称《石油项目方法与参数》）是根据建设部《关于印发〈2008 年工程项目建设标准和建设项目评价方法与参数编制项目计划〉的通知》要求，由中国石油规划总院与住房和城乡建设部标准定额研究所共同编制的。

在编制过程中，编制组开展了广泛深入的调查研究，收集了大量资料，在认真总结石油建设项目经济评价工作经验、开展专题研究的基础上，结合行业的特点，以《建设项目经济评价方法与参数》（第三版）为依据，确定了《石油项目方法与参数》的内容。

《石油项目方法与参数》由“油气开发建设项目经济评价方法与参数”、“油（气）管道建设项目经济评价方法与参数”、“炼油化工建设项目经济评价方法与参数”三篇组成。分别对不同类型项目的财务效益与费用估算、资金来源与融资方案、财务分析、经济费用效益分析、费用效果分析、不确定性分析与风险分析、区域经济与宏观经济影响分析、方案经济比选等内容作出了具体规定。

在《石油项目方法与参数》的使用过程中，请各有关部门和单位注意总结经验，积累资料。如发现需要修改和补充之处，请将意见告中国石油天然气集团公司规划计划部（地址：北京市东城区东直门北大街9号，邮政编码：100007），以便今后修订时参考。

二〇一〇年一月

目 录

第一篇 油气开发建设项目经济评价方法与参数

第二篇　油（气）管道建设项目经济评价方法与参数

第三篇　炼油化工建设项目经济评价方法与参数

第 一 篇

油气开发建设项目经济评价方法与参数

油气开发建设项目经济评价方法

1 总 则

1.1 为适应油气开发建设项目投资决策的需要，规范油气开发建设项目经济评价工作，保证经济评价的质量，提高决策的科学化水平，根据《国家发展改革委、建设部关于印发建设项目经济评价方法与参数的通知》（发改投资［2006］1325号）的要求，制定《油气开发建设项目经济评价方法》（以下简称《油气开发评价方法》）。

1.2 油气开发建设项目是指油气勘探阶段完成，通过油气藏评价提交探明储量后，对探明储量实施动用以及开发中后期为改善开发效果而实施的开发调整与提高采收率的建设项目。

1.3 《油气开发评价方法》适用于油气开发建设项目前期研究工作（包括规划、预可行性研究和可行性研究），项目中间评价、后评价和项目申请报告可参照执行。

1.4 油气开发建设项目经济评价是油气开发建设项目前期研究工作的重要内容，应根据国民经济与社会发展以及石油天然气行业、企业业务发展规划的要求，在油藏工程方案、钻井工程方案、采油工程方案、地面工程方案初步确定的基础上，采用科学、规范的分析方法，对拟建油气开发建设项目的财务可行性和经济合理性进行分析论证，作出全面的经济评价，为科学决策提供经济方面的依据。

1.5 油气开发建设项目经济评价包括财务分析和经济分析两个方面。

1．财务分析是在国家现行财税制度和预测价格体系的前提下，从项目财务主体的角度出发，计算项目范围内的财务效益和费用，分析项目的盈利能力、清偿能力和财务生存能力，评价项目在财务上的可行性。

2．经济费用效益分析是在合理配置社会资源的前提下，从国家经济整体利益的角度出发，分析项目的经济效率、效果和对社会的影响，评价项目在经济上的合理性。

3．实行“核准制”的企业建设项目，根据核准的需要决定是否进行经济费用效益分析，特别重大的项目可辅以区域经济与宏观经济影响分析；“备案项目”一般只需开展财务分析或费用效果分析，以满足项目投资决策的需要。

1.6 经济评价工作内容包括财务效益与费用估算、资金来源与融资方案、财务分析、经济费用效益分析、费用效果分析、不确定性分析与风险分析、区域经济与宏观经济影响分析、方案经济比选。

1.7 油气开发建设项目经济评价的深度主要体现在对财务效益与费用估算等基础工作可靠性和准确性的要求上，即估算项目的分解、方法的采用和指标费用的选取。经济评价深度应根据项目决策工作不同阶段的要求确定。

1.8 根据油气开发建设项目的目标，凡以获取经济效益为主要目标的项目，经济评价必须认真估算项目财务效益和费用，进行项目的财务分析，提出项目在财务上是否可行的结论；凡以解决危及安全生产、环境保护、职业卫生等为主要目标的项目，原则上应进行费用效果分析，如果从技术角度难以设计两个以上备选方案时，可只进行单位功能投资、单位功能运营成本的合理性分析；凡是支持社会公益事业、扶贫项目，经济评价可只进行费用计算和简单的效果分析。

1.9 独资或合资建设的油气开发建设项目，财务分析一般只进行项目投资和项目资本金现金流量分析及相关经济评价指标计算。当投资者中各方股权收益不对等时，或由项目带来外部收益时，应进行投资各方的现金流量分析及相关经济评价指标计算。油气合作的开发建设项目，经济评价应根据产品分成合同或其他合同约定的利益分配模式进行合作各方现金流量分析及相关经济评价指标计算。

1.10 在油气开发建设项目前期研究中，经济评价工作应全面参与技术方案的比选，并根据备选方案的前提条件和目标，选用科学的比选方法。

1.11 油气开发建设项目经济评价必须保证客观性、科学性、公正性。根据投资决策的要求，经济评价应遵循“有无对比”的原则，效益与费用计算口径一致的原则，收益与风险权衡的原则，定量分析与定性分析相结合、以定量分析为主的原则，动态分析与静态分析相结合、以动态分析为主的原则。

1.12 油气开发建设项目经济评价的计算期包括建设期和运营期。建设期应参照项目建设的合理工期或项目建设进度计划合理确定，运营期宜根据开发方案提供的开采年限确定。

1.13 油气开发建设项目财务分析采用的价格体系应是以市场价格体系为基础的预测价格。建设期内的投资估算，应以编制年的价格水平为基础，通过价差预备费的形式综合计算准备期及建设期内投资价格的变动。在运营期内，原油（天然气）价格和其他副产品价格可根据未来市场价格变动趋势，采用相对变动价格。对于其他投入物与产出物的价格，若难以确定其价格变动，一般可采用编制年价格水平。有要求时，也可考虑价格总水平的变动。

1.14 根据国家现行财税制度的要求，项目财务分析中的营业收入和经营成本计算宜统一采用不含增值税的价格。对建设投资中所含的增值税应单独列出说明。

1.15 油气开发建设项目经济费用效益分析应采用以影子价格体系为基础的预测价格，不考虑价格总水平变动因素。

2　财务效益与费用估算

2.1 财务效益与费用是财务分析的重要基础，其估算的准确性将直接影响到项目财务效益指标的预测和评价。油气开发建设项目财务效益与费用估算应遵循“有无对比”的原则，正确识别和估算项目投资者或财务主体在财务分析范围之内“有项目”和“无项目”状态的财务效益与费用，“有无对比”的差额部分作为项目带来的财务效益与费用。财务效益与费用估算采用的依据应符合国家及企业的有关规定，评价参数选取合理，方法适宜，表格清晰，并反映油气开发建设项目的特点。

2.2 财务效益与费用估算范围的确定应从项目的目标和必要性出发，满足项目投资者或财务主体投资决策的需要，体现效益与费用对应一致的原则。财务效益与费用估算的顺序一般为收入、投资、成本、营业税金及附加。

2.3 运营期财务效益与费用估算采用的价格，应符合下列要求：

1. 效益与费用采用的价格体系应一致。

2. 采用预测价格，有要求时可考虑价格变动因素。

3. 对适用增值税的项目，运营期内投入和产出的估算表格可采用不含增值税价格；若采用含增值税价格，应予说明，并调整相关表格。

2.4 油气开发建设项目财务效益主要是指因项目实施后销售油气产品所获得的营业收入。对于适用增值税的经营项目，除营业收入外，其可得到的增值税返还也应作为补贴收入计入财务效益。

项目所支出的费用主要包括投资、成本费用、税金及运营期维护性投资等。

2.5 油气开发建设项目通过销售油气商品取得的营业收入，应根据油藏工程方案确定的分年油气产量、油气商品率和销售价格计算，编制“营业收入、营业税金及附加估算表”。如果油气处理须经过原油稳定、轻烃回收和天然气净化等环节，油气产品还应包括相关副产品。

1. 油气商品量是指可以通过销售获取收入的产品数量，可以根据油气产量和油气商品率计算。

2. 原油、天然气及其副产品价格应根据有关部门发布的价格参数、国家定价或市场价格确定。

2.6 对于先征后返的增值税和符合企业会计制度的补贴等，应根据相关规定合理估算，计作补贴收入。

2.7 油气开发建设项目总投资是指项目建设和投入运营所需要的全部投资，包括建设投资、建设期利息和流动资金，编制“项目总投资估算表”。项目财务分析中总投资有别于项目报批总投资，项目报批总投资包括建设投资、建设期利息和铺底流动资金。

2.8 油气开发建设项目建设投资是指项目从建设到投入运营前所需花费的全部资本性支出，按工程内容可划分为开发井工程投资和地面工程投资两部分。

1. 开发井工程包括钻前准备、钻井、固井、录井、测井、试油（气）等单项工程。投资估算包括从钻前准备至试油（气）结束并安装完采油井口（采油树）的全部工程项目投资。

2. 地面工程是指从井口（采油树）以后到商品原油、天然气外输为止的全部工程。地面工程投资由工程费用、工程建设其他费用和预备费组成。工程费用包括设备购置费、安装工程费和建筑工程费，工程建设其他费用包括固定资产其他费用、无形资产费用和其他资产费用，预备费包括基本预备费和价差预备费。编制“建设投资估算表”。

地面工程投资估算的编制依据、方法、内容、表格及编制说明等应按有关规定执行。

3. 建设投资结果应进行结构分析和水平分析，计算单位开发成本、单位发现成本。有条件时应对投资估算的结果进行分析说明。

4. 建设投资的分年使用计划应根据项目进度安排，应明确各期投资额以及其中的外汇额。

2.9 在建设投资分年计划的基础上，根据融资方案，对采用债务融资的油气田开发建设项目应计算建设期利息。建设期利息系指筹措债务资金时在建设期内发生并按规定允许在投产后计入油气资产原值的利息，即资本化利息。

建设期利息包括银行借款和其他债务资金在建设期内发生的利息以及其他融资费用。

其他融资费用是指某些债务融资中发生的手续费、承诺费、管理费、信贷保险费等融资费用。一般情况下应将其单独计算并计入建设期利息。在可行性研究阶段也可粗略估算并计入建设期利息。

对于分期建成投产的项目，各期发生的投资作为项目建设投资的组成部分，应按各期建设时间计算借款费用作为建设期利息予以资本化。

2.10 流动资金是指运营期内长期占用并周转使用的资金，不包括运营中临时性需要的营运资金。流动资金估算的基础是经营成本、营业收入和商业信用等，其计算应符合下列要求：

1. 按前期研究阶段的不同，流动资金可选用扩大指标估算法或分项详细估算法。

（1）扩大指标估算法：是指参照同类企业或项目流动资金占营业收入或经营成本的比例、或单位产量占用营运资金的数额估算流动资金。在预可行性研究阶段可采用扩大指标估算法。

（2）分项详细估算法：是指利用流动资产与流动负债估算项目占用的流动资金。一般先对流动资产和流动负债的构成要素进行分项估算，进而估算流动资金。项目可行性研究阶段宜采用分项详细估算法。

流动资产的构成要素一般包括存货、库存现金、应收账款和预付账款；流动负债的构成要素一般只考虑应付账款和预收账款。流动资金等于流动资产与流动负债的差额。

2. 流动资金一般应在项目投产前开始筹措。为简化计算，流动资金可在投产第一年开始安排，并根据不同的生产运营计划分年进行估算。由于油气开发建设项目在生产期产量及操作成本每年都在发生变化，导致所需流动资金每年也都随之变化。

2.11 弃置成本是为了进行油气勘探和开发工作所使用的油气水井、油气水集输设施、输油气水管线以及其他油气资产在废弃时发生的拆卸、搬迁、封井、场地清理、环境恢复等支出。弃置成本是一种预提费用，不属于项目建设投资，因此不作为建设期的现金流出。在生产期末发生弃置费用，弃置费用等于弃置成本与各年计提财务费用之和。

2.12 项目总投资分别形成油气资产、无形资产、其他资产和流动资产。投资形成的油气资产原值用于计算折耗；形成的无形资产和其他资产原值用于计算摊销费用。

2.13 在勘探阶段为获得探明储量而发生的勘探投资，按照“成果法”的原则，成功探井、评价井所花费的费用予以资本化。在油气开发建设项目的经济评价中，利用的探井、评价井投资是已经发生的勘探投资，不包括在开发项目建设投资中，但形成油气资产，需要计提折耗，并在现金流量表中作为建设期第一年的现金流出。

2.14 油气田滚动开发建设项目，为完成油气产量目标必须在生产期新增探明储量而发生的勘探投资以及为弥补产量递减打加密井或扩边井而发生的钻井和地面投资，作为“维持运营投资”在现金流量表中直接列入现金流出，其资金来源一般按项目或企业自有资金考虑。

2.15 总成本费用指油气开发建设项目在运营期内为油气生产所发生的全部费用。

1. 总成本费用估算可采用下列方法估算：

（1）生产成本加期间费用估算法：

$$总成本费用 = 生产成本 + 期间费用$$

$$生产成本 = 操作成本 + 折耗$$

期间费用 = 管理费用 + 财务费用 + 营业费用 + 勘探费用

并据此编制“总成本费用估算表”。

（2）生产要素估算法：在财务分析中为了便于计算，生产成本按成本要素分解为外购原材料、外购辅助材料、外购燃料、外购动力、人员费用、折旧、修理费和其他费用。

2. 成本费用估算原则上应遵循国家现行《企业会计准则》规定的成本和费用核算方法；同时应遵循有关税法中准予在所得税前列支科目的规定。当两者有矛盾时，一般应按从税的原则处理。

3. 对成本估算结果应进行成本水平及成本结构的分析，计算单位操作成本。

4. 总成本费用可分解为固定成本和可变成本。

油气开发建设项目固定成本包括测井试井费、直接人员费用、折耗费、维护及修理费、其他直接费、厂矿管理费、摊销费、其他管理费用和财务费用。

油气开发建设项目可变成本主要包括直接材料费、直接燃料费、直接动力费、驱油物注入费、井下作业费、稠油热采费、轻烃回收费、油气处理费、天然气净化费、运输费、营业费用、矿产资源补偿费和特别收益金等。

有些成本费用属于半可变（或半固定）成本，既有可变因素，又有固定因素。项目财务分析中一般可以进行简化处理，使成本费用最终分解为固定成本和可变成本。

2.16 经营成本是项目经济评价中所使用的特定概念，作为项目运营期的主要现金流出，其构成和估算可采用下式表达：

经营成本 = 油气操作成本 + 矿产资源补偿费 + 石油特别收益金 + 其他费用

式中其他费用是指从厂矿管理费用、管理费用和营业费用中扣除了折旧费、摊销费、修理费、人员费用以后的其余部分。

或：经营成本 = 总成本费用 − 折耗 − 摊销 − 财务费用

2.17 油气开发建设项目经济评价涉及的税费主要包括增值税、城市维护建设税、教育费附加、资源税、企业所得税等。城市维护建设税、教育费附加和资源税构成营业税金及附加，编制“营业收入、营业税金及附加估算表”，税种的税基和税率的选择，应根据相关税法和项目的具体情况确定。如有减免税优惠，应说明依据及减免方式。

2.18 进行财务效益和费用的估算需要编制如下报表：

辅助表 1　项目总投资估算表

辅助表 1.1　开发井投资估算表

辅助表 1.2　地面工程投资估算表

辅助表 1.3　流动资金估算表

辅助表 3　营业收入、营业税金及附加估算表

辅助表 4　总成本费用估算表

辅助表 4.1　油气操作成本估算表

辅助表 4.2　折耗与摊销计算表

辅助表 5　借款还本付息计划表

3 资金来源与融资方案

3.1 在投资估算的基础上，资金来源与融资方案应分析建设投资和流动资金的来源渠道及筹措方式，并在明确项目融资主体的基础上，设定初步融资方案。通过对初步融资方案资金结构、融资成本和融资风险的分析，结合融资后财务分析，比选确定融资方案，为财务分析提供必需的基础数据。

3.2 设定融资方案，应先确定融资主体。按照融资主体不同，融资方式分为既有法人融资和新设法人融资。油气开发建设项目大部分都属于既有法人融资，有条件时可按既有法人融资考虑，难以按既有法人模式放入企业总体中进行评价时，可将项目视为模拟“新设法人”。

3.3 油气开发建设项目资本金的来源主要有企业的直接投资、发行股票、原有股东的增资扩股、吸收新股东投资等。

3.4 项目债务资金可通过商业银行贷款、政策性银行贷款、外国政府贷款、国际金融机构贷款、出口信贷、银团贷款、企业债券、国际债券、融资租赁等渠道和方式筹措。

3.5 在初步明确项目融资主体和资金来源的基础上，对于融资方案资金来源的可靠性、资金结构的合理性、融资成本高低和融资风险大小，应进行综合分析，结合融资后财务分析，比选确定融资方案。

对于企业内部独资建设项目，根据项目实际情况，目前可不进行融资方案资金来源的可靠性、资金结构的合理性、融资成本高低和融资风险大小分析。对于合资项目（国内合资、国外合资）需进行分析。随着金融体制改革的不断深入，应加强该部分分析。

3.6 资金来源的可靠性应主要分析能否按项目所需投资得到足额及时的资金供应，即分析资本金和债务资金等各类供应资金在币种、数量和时间要求上能否满足项目建设需要。

3.7 资金结构的合理性应主要分析资本金与债务资金的比例、资本金内部结构比例和债务资金内部结构比例。

3.8 资金成本分析应通过计算债务资金成本、资本金资金成本和加权平均资金成本，分析项目使用各种资金所实际付出的代价及其合理性，为优化融资方案提供依据。

3.9 为减少融资风险损失，应对融资方案实施中可能存在的资金供应风险、利率风险和汇率风险等因素进行分析评价，并提出防范风险的对策。

3.10 根据资金来源与融资方案，编制辅助表2“项目总投资使用计划与资金筹措表”。

4 财务分析

4.1 财务分析应在项目财务效益与费用估算的基础上，通过编制财务报表，计算财务评价指标，分析项目的盈利能力、偿债能力和财务生存能力，判断项目的财务可接受性，明确项目对财务主体及投资者的价值贡献，为项目决策服务。

4.2 财务分析分为融资前分析和融资后分析。一般可先进行融资前分析，在融资前分析结论满足要求的情况下，根据初步设定的融资方案，再进行融资后分析。在油气田开发建设项目规划和初步开发方案阶段可只进行融资前分析。

4.3 融资前分析是指在不考虑融资方案的条件下进行的财务分析，排除了融资方案的影响，从项目投资总获利能力的角度，考察项目方案设计的合理性。融资前分析计算的相关指标，应作为初步投资决策与融资方案研究的基础。

融资前分析以动态分析（折现现金流量分析）为主，静态分析（非折现现金流量分析）为辅。

融资前动态分析以营业收入、建设投资、经营成本和流动资金的估算为基础，考察整个计算期内的现金流入和现金流出，编制项目投资财务现金流量表，利用资金时间价值的原理进行折现，计算项目投资财务内部收益率和净现值等指标。

融资前分析可选择计算所得税前指标和（或）所得税后指标。

融资前分析也可计算静态投资回收期指标，用以反映回收项目投资所需要的时间。

4.4 融资后分析以融资前分析和初步的融资方案为基础，考察项目在拟定融资条件下的盈利能力、偿债能力和财务生存能力，判断项目方案在融资条件下的可行性。融资后分析是投资者最终决定出资的依据。

4.5 融资后盈利能力分析包括动态分析和静态分析

1. 动态分析包括下列两个层次：

（1）项目资本金现金流量分析，应在拟定的融资方案基础上，从项目资本金出资者整体的角度，确定其现金流入和现金流出，编制“项目资本金现金流量表”，利用资金时间价值的原理进行折现，计算项目资本金财务内部收益率指标，考察项目资本金可获得的收益水平。

（2）投资各方现金流量分析，应从投资各方实际收入和支出的角度，确定其现金流入和现金流出，分别编制“投资各方现金流量表”，计算投资各方财务内部收益率指标，考察投资各方的收益水平。

2. 静态分析指不采取折现方式处理数据，依据“利润与利润分配表”，计算项目资本金净利润率和总投资收益率指标。

静态盈利能力分析可根据项目的具体情况选做。

4.6 盈利能力分析的主要指标包括项目投资财务内部收益率、项目财务净现值和项目投资回收期、项目资本金财务内部收益率、总投资收益率、资本金净利润率等，可根据项目的特点及财务分析的目的、要求等选用。

1. 财务内部收益率（*FIRR*）是指能使项目计算期内净现金流量现值累计等于零时的折现率，即 *FIRR* 作为折现率使下式成立：

$$\sum_{t=1}^{n}(CI-CO)_t(1+FIRR)^{-t}=0 \tag{4-1}$$

式中 CI——现金流入量；

CO——现金流出量；

$(CI-CO)_t$——第 t 期的净现金流量；

n——项目计算期。

项目投资财务内部收益率、资本金投资财务内部收益率和投资各方财务内部收益率都依据上式计算，但现金流入和现金流出不同。

当财务内部收益率大于或等于基准收益率（i_c）时，项目方案在财务上可考虑接受。项目投资财务内部收益率、资本金投资财务内部收益率和投资各方财务内部收益率可有不同的基准值。

2. 财务净现值（*FNPV*）是指按设定的折现率（一般采用基准收益率 i_c）计算的项目计算期内净现金流量的现值之和，计算公式如下：

$$FNPV = \sum_{t=1}^{n} (CI - CO)_t (1 + i_c)^{-t} \tag{4-2}$$

式中 i_c——设定的折现率（同基准收益率）。

一般情况下，财务分析只计算项目投资财务净现值，可根据需要选择计算所得税前净现值或所得税后净现值。

在设定的折现率下计算的财务净现值大于或等于零（$FNPV \geqslant 0$），项目方案在财务上可考虑接受。

3. 投资回收期（P_t）是指以项目的净收益回收项目投资所需要的时间，一般以年为单位，宜从项目建设开始年算起；若从项目投产开始年算起的，应予以特别注明；项目投资回收期计算公式如下：

$$\sum_{t=1}^{P_t} (CI - CO)_t = 0 \tag{4-3}$$

项目投资回收期可利用项目投资财务现金流量表计算，项目投资财务现金流量表中累计净现金流量由负值变为零时的时点，即为项目的投资回收期；投资回收期应按下式计算：

$$P_t = T - 1 + \frac{\text{第}(T-1)\text{年的累计净现金流量的绝对值}}{\text{第}\,T\,\text{年的净现金流量}} \tag{4-4}$$

式中 T——各年累计净现金流量首次为正值或零的年数。

投资回收期短，表明项目投资回收快，抗风险能力强。

4. 总投资收益率（*ROI*）是指项目运营期内年平均息税前利润与项目评价期总投资的比率，表示总投资的盈利水平，计算公式如下：

$$ROI = \frac{EBIT}{TI} \times 100\% \tag{4-5}$$

式中 $EBIT$——运营期内年平均息税前利润或达产后某年的息税前利润；

TI——可利用探井评价井投资、项目总投资和维持运营投资之和。

总投资收益率高于企业的收益率参考值，表明用总投资收益率表示的盈利能力满足要求。

5. 资本金净利润率（*ROE*）是指项目运营期内年平均净利润与项目评价期资本金投资的比率，表示项目资本金投资的盈利水平，计算公式如下：

$$ROE = \frac{NP}{EC} \times 100\% \tag{4-6}$$

式中 NP——项目运营期内年平均净利润或达产后某年的息税前利润；

EC——可利用探井评价井投资、项目资本金和维持运营投资之和。

资本金净利润率高于企业的净利润率参考值，表明用资本金净利润率表示的盈利能力满足要求。

4.7 偿债能力分析应通过计算利息备付率（*ICR*）、偿债备付率（*DSCR*）和资产负债率（*LOAR*）等指标，分析判断项目的偿债能力。

1．利息备付率（*ICR*）是指在借款偿还期内的息税前利润与应付利息的比值，它从付息资金来源的充裕性角度反映项目偿付债务利息的保障程度和支付能力，计算公式如下：

$$ICR = \frac{EBIT}{PI} \tag{4-7}$$

式中 *EBIT*——息税前利润；

PI——计入总成本费用的应付利息。

利息备付率应分年计算。利息备付率高，表明利息偿付的保证度大，风险小。利息备付率应大于1，并结合债权人的要求判定。

2．偿债备付率（*DSCR*）是指在借款偿还期内可用于还本付息的资金与应还本付息金额的比值，表示可用于还本付息的资金偿还借款本息的保障程度，计算公式如下：

$$DSCR = \frac{EBITDA - T_{AX}}{PD} \tag{4-8}$$

式中 *EBITDA*——息税前利润加折耗和摊销（如果项目在运营期内有维持运营投资，应扣除维持运营投资）；

T_{AX}——所得税；

PD——应还本付息金额，包括还本金额及计入总成本费用的应付利息。融资租赁费用支出视同借款偿还，短期借款本息也应纳入计算。

偿债备付率应分年计算，偿债备付率高，表明可用于还本付息的资金保障程度高。偿债备付率应大于1，并结合债权人的要求确定。

3．资产负债率（*LOAR*）是指年末负债总额与资产总额的比率，计算公式如下：

$$LOAR = \frac{TL}{TA} \times 100\% \tag{4-9}$$

式中 *TL*——年末负债总额；

TA——年末资产总额。

适度的资产负债率表明企业经营安全、稳健，具有较强的筹资能力，也表明企业和债权人的风险较小。对该指标的分析，应结合国家宏观经济状况、行业发展趋势、公司融资模式等具体条件判定。项目财务分析中，在长期债务还清后，可不再计算资产负债率。

4.8 财务生存能力分析，应编制“财务计划现金流量表”，通过考察项目计算期内各年的投资活动、融资活动和经营活动所产生的各项现金流入和流出，计算盈余资金和累计盈余资金，分析是否有足够的净现金流量维持项目的正常运营，以实现财务可持续性。

项目的财务可持续性首先应体现在有足够大的经营活动净现金流量，其次各年累计盈余资金不应出现负值。若出现负值时应进行短期借款，同时分析该短期借款的年份长短和数额大小，进一步判断项目的财务生存能力。为维持项目正常运营，还应分析短期借款的可靠性。如果需要的短期融资过大，年份过多，甚至在整个运营期内的大部分年份都需要，财务可持续性的实现将会受到影响。

4.9 完成财务分析后应对各项财务指标进行汇总，并结合不确定性分析和风险分析的结果，给出项目的财务分析结论。

4.10 进行项目财务分析需要编制如下报表：

基本表1.1 项目投资现金流量表

基本表1.2 项目资本金现金流量表

基本表1.3 投资各方现金流量表

基本表2 利润与利润分配表

基本表3 财务计划现金流量表

基本表4 资产负债表

5 经济费用效益分析

5.1 经济费用效益分析应从资源优化配置的角度，分析项目投资的经济效率和对社会福利所做出的贡献，评价项目的经济合理性。对于财务现金流量不能全面、真实地反映其经济价值，需要进行经济费用效益分析。经济费用效益分析结论是项目决策的主要依据之一。

5.2 对于财务价格扭曲，不能真实反映项目产出的经济价值，财务成本不能包含项目对资源的全部消耗，财务效益不能包含项目产出的全部经济效果的项目，需要进行经济费用效益分析。油气开发项目涉及国家控制的战略性资源开发及国家经济安全的，往往具有公共性、外部效果等综合特征，不能完全依靠市场配置资源。

5.3 项目经济效益和费用的识别应符合下列要求：

1. 遵循“有无对比”的原则。
2. 对项目所涉及的所有成员及群体的费用和效益做全面分析。
3. 正确识别正面和负面外部效果，防止误算、漏算或重复计算。
4. 合理确定效益和费用的空间范围和时间跨度。
5. 正确识别和调整转移支付，根据不同情况区别对待。

5.4 经济效益的计算应遵循支付意愿原则和（或）接受补偿意愿原则。经济费用的计算应遵循机会成本原则。

5.5 经济效益和费用可直接识别，也可通过调整财务效益和财务费用得到。经济效益和经济费用应采用影子价格计算。

5.6 原油和天然气是油气开发建设项目的主要产出物，按照贸易货物的特性计算其影子价格。

原油影子价格（出厂价）=离岸价（FOB）×影子汇率－出口费用　　(5－1)

将外汇折算成本币时，应采用影子汇率。计算公式为：

影子汇率=外汇牌价×影子汇率换算系数　　(5－2)

5.7 特殊投入物的影子价格应按下列方法计算：

1. 项目因使用劳动力所支付的工资，是项目实施所付出的代价。劳动力的影子工资等于劳动力机会成本与因劳动力转移而引起新增资源消耗之和。

2. 土地是一种重要的经济资源，项目占用的土地无论是否需要实际支付财务成本，均应计算其影子价格。项目所占用的农业、林业、牧业、渔业及其他生产性用地，其影子价格按照这些生产用地未来可以提供的产出物的效益及因改变土地用途而发生的新增资源消耗进行计算。

3. 项目投入的自然资源，无论在财务上是否付费，在经济费用效益分析中都必须测算其经济费用。不可再生自然资源的影子价格应按资源的机会成本计算；可再生自然资源的影子价格应按资源再生费用计算。

5.8 外部效果是指项目的产出或投入无意识地给他人带来费用或效益，且项目却没有为此付出代价或为此获得收益。为防止外部效果计算扩大化，一般只计算一次相关效果。

5.9 项目经济费用和效益的识别和计算，可以按照费用效益识别和计算的原则与方法直接进行，也可以在财务分析的基础上将财务现金流量转换为反映真正资源变动状况的经济费用效益流量。

5.10 投资项目经济费用效果分析采用社会折现率对未来经济费用效益流量进行折现。项目的所有效益和费用（包括不能货币化的效果）一般均应在共同的时点基础上予以折现。

5.11 如果项目的经济费用和效益能够进行货币量化，应在费用效益识别和计算的基础上，编制“项目投资经济费用效益流量表”，计算经济评价指标，分析项目投资的经济效率：

1. 经济净现值（*ENPV*）是指项目按照社会折现率将计算期内各年的经济净效益流量折现到建设期初的现值之和。计算公式为：

$$ENPV = \sum_{t=1}^{n} (B - C)_t (1 + i_s)^{-t} \qquad (5-3)$$

式中 B——投资项目经济效益流量；

C——投资项目经济费用流量；

$(B - C)_t$——投资项目第 t 年的经济净效益流量；

n——计算期；

i_s——社会折现率。

在经济费用效益分析中，如果经济净现值大于或等于零，说明投资项目可以达到符合社会折现率的效率水平，认为该项目从经济资源配置的角度可以被接受。

2. 经济内部效益率（*EIRR*）是投资项目在计算期内经济净效益流量的现值累计等于零时的折现率，表达式为：

$$\sum_{t=1}^{n} (B - C)_t (1 + EIRR)^{-t} = 0 \qquad (5-4)$$

如果经济内部效益率等于或者大于社会折现率，表明投资项目资源配置的经济效率达到了可以被接受的水平。

3. 经济效益费用比（R_{BC}）是项目在计算期内效益流量的现值与费用流量的现值的比率，计算公式为：

$$R_{BC} = \frac{\sum_{t=1}^{n} B_t(1+i_s)^{-t}}{\sum_{t=1}^{n} C_t(1+i_s)^{-t}} \tag{5-5}$$

式中 B_t——第 t 期的经济效益；

C_t——第 t 期的经济费用。

如果经济效益费用比大于1，表明项目资源配置的经济效率达到了可以被接受的水平。

5.12 在完成经济费用效益分析之后，应进一步对比经济费用效益与财务现金流量之间的差异，并根据需要对财务分析与经济费用效益分析结论之间的差异进行分析，找出受益或受损群体，分析项目对不同利益相关者在经济上的影响程度，并提出改进资源配置效率及财务生存能力的政策建议。

5.13 对于项目效益和费用可以货币化的项目应采用上述经济费用效益分析方法；对于效益难于货币化的项目，应采用费用效果分析的方法；对于效益与费用均难于量化的项目，应进行定性经济费用效益分析。

5.14 进行经济费用效益分析，需要编制如下报表：

经济费用效益分析基本表1 项目投资经济费用效益流量表

经济费用效益分析辅助表1 投资费用估算调整表

经济费用效益分析辅助表2 经营费用估算调整表

经济费用效益分析辅助表3 项目直接效益估算调整表

经济费用效益分析辅助表4 项目间接费用估算表

经济费用效益分析辅助表5 项目间接效益估算表

6 费用效果分析

6.1 费用效果分析是指通过比较项目预期的效果与所产生的费用，判断项目的费用有效性或经济合理性。效果难于或不能货币化如环保、安全、健康等，或货币化的效果不是项目主体目标如公共项目，在经济评价中应采用费用效果分析法，其结论作为项目投资决策的依据之一。

6.2 费用效果分析中的费用是指为实现项目预定目标所付出的财务代价或经济代价，采用货币计量；效果是指项目的结果所起到的作用、效应或效能，是项目目标的实现程度。按照项目要实现的目标，一个项目可以选用一个或几个效果指标。

6.3 费用效果分析遵循多方案比选的原则，所分析的项目应满足下列条件：

1．备选方案不少于两个，且为互斥方案或可转化为互斥型的方案。

2．备选方案应具有共同的目标，目标不同的方案、不满足最低效果要求的方案不可进行比较。

3．备选方案的费用应能货币化，且资金用量不突破资金限制。

4．效果应采用同一非货币计量单位衡量，如果有多个效果，其指标加权处理形成单一综合指标。

5．备选方案应具有可比的寿命周期。

6.4 费用效果分析应按下列步骤进行：

1. 确立项目目标。

2. 构想和建立备选方案。

3. 将项目目标转化为具体的可量化的效果指标。

4. 识别费用与效果要素，并估算各个备选方案的费用与效果。

5. 利用相关指标，综合比较、分析各个方案优缺点。

6. 推荐最佳方案或提出优先采用的次序。

6.5 费用应包含从项目投资开始到项目终结的整个期间内所发生的全部费用。费用可按现值公式或按年值公式计算：

1. 费用现值：

$$PC = \sum_{t=1}^{n} (CO)_t (P/F,i,t) \tag{6-1}$$

式中 PC——费用现值；

$(CO)_t$——第 t 期现金流出量；

n——计算期；

i——折现率；

$(P/F, i, t)$——现值系数 $\frac{1}{(1+i)^n}$，其他符号同前。

2. 费用年值：

$$AC = \left[\sum_{t=1}^{n} (CO)_t (P/F,i,t) \right] (A/P,i,n) \tag{6-2}$$

式中 AC——费用年值；

$(A/P, i, n)$——资金回收系数 $\frac{i(1+i)^n}{(1+i)^n-1}$，其他符号同前。

备选方案的计算期不一致时，应采用费用年值比较法。

6.6 项目效果计量单位的选择，应能切实度量项目目标实现的程度，且便于计算。若项目的目标不止一个，或项目的效果难以直接度量，需要建立次级分解目标加以度量时，需要用科学的方法确定权重，借助层次分析法对项目的效果进行加权计算，形成统一的综合指标。

6.7 费用效果分析可采用效果费用比为基本指标，应按下式计算：

$$R_{E/C} = \frac{E}{C} \tag{6-3}$$

式中 $R_{E/C}$——效果费用比；

E——项目效果；

C——项目的计算期费用，用现值或年值表示。

有时为方便或习惯起见，也可以采用费用效果比指标，即：

$$R_{C/E} = \frac{C}{E} \tag{6-4}$$

6.8 费用效果分析可采用下列基本方法：

1. 最小费用法，也称固定效果法。在效果大致相同的条件下，应选取费用最小的备选方案。

2. 最大效果法，也称固定费用法。在费用大致相同的条件下，应选取效果最大的备选方案。

3. 增量分析法，当效果与费用均不固定，且分别具有较大幅度的差别时。应比较两个备选方案之间的费用差额和效果差额。分析获得增量效果所付出的增量费用是否值得，不可盲目选择效果费用比大的方案或费用效果比小的方案。

采用费用效果增量分析时应先确定基准指标（截止指标）$[E/C]_0$或$[C/E]_0$。如果增加的效果能够补抵增加的费用，选择费用高的方案，否则，选择费用低的方案。

基准指标是项目可以接受的效果费用比的最低要求，受经济实力、技术水平、社会需求等多方面的影响，可参考有关企业定额或专门制定。

6.9 如果项目有两个以上的备选方案进行增量分析，宜按下列步骤选优：

1. 将方案费用由小到大排队。
2. 从费用最小的两个方案开始比较，通过增量分析选择优势方案。
3. 将优胜方案与紧邻的下一个方案进行增量分析，并选出新的优势方案。
4. 重复第三步直至最后一个方案。最终被选定的优势方案为最优方案。

7 不确定性分析与风险分析

7.1 项目财务分析所采用的数据大部分来自预测和估算，具有一定程度的不确定性。为分析不确定性因素对评价指标的影响，需要进行不确定性分析和风险分析，估计项目可能承担的风险，考察项目的财务可靠性，提出项目风险的预警、预报和相应的对策，为投资决策服务。

不确定性分析，包括盈亏平衡分析和敏感性分析。经济风险分析是采用定性与定量相结合的方法，分析风险因素发生的可能性及给项目带来经济损失的程度，其分析过程包括风险识别、风险估计、风险评价与风险应对。

7.2 盈亏平衡分析是指通过计算项目达产年的盈亏平衡点（*BEP*），分析项目成本与收入的平衡关系，判断项目对市场变化的适应能力和抗风险能力。盈亏平衡分析只用于财务分析。

盈亏平衡点的表达形式有多种。根据油气开发建设项目的特点，在项目评价中常用的是以生产能力利用率和产量表示的盈亏平衡点，按下列公式计算：

$$BEP_{生产能力利用率} = \frac{年固定成本}{(年营业收入 - 年可变成本 - 年营业税金及附加)} \times 100\% \tag{7-1}$$

$$BEP_{产量} = BEP_{生产能力利用率} \times 设计生产能力 \tag{7-2}$$

盈亏平衡点也可利用盈亏平衡图求取，见图7-1。

由于油气开发建设项目油气产量具有递减性，每年的盈亏平衡点都不一样，正常生产年份的盈亏平衡点不具有代表性，因此可通过计算生产运营期内的平均盈亏平衡点进行盈亏平衡分析。

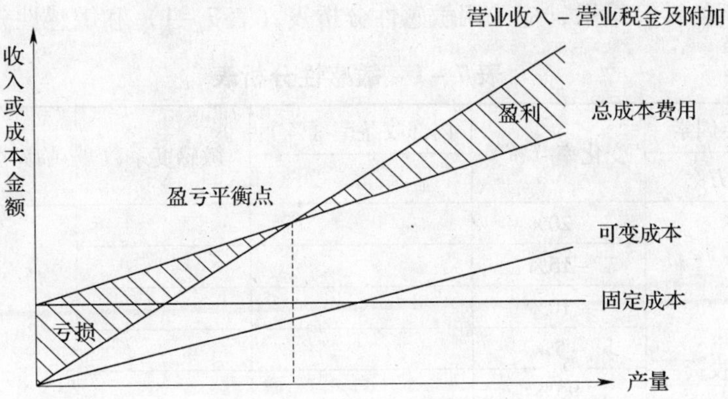

图 7－1　盈亏平衡图

7.3　敏感性分析是通过分析不确定因素发生增减变化时，对财务或经济分析指标的影响，并计算敏感度系数和临界点，找出敏感因素。通常只进行单因素敏感性分析。计算敏感度系数和临界点应符合下列要求：

1．敏感度系数（S_{AF}）是指项目效益指标变化率与不确定性因素变化率之比，计算公式为：

$$S_{AF} = \frac{\Delta A/A}{\Delta F/F} \qquad (7-3)$$

式中　S_{AF}——评价指标 A 对于不确定性因素 F 的敏感系数；

$\Delta F/F$——不确定性因素 F 的变化率；

$\Delta A/A$——不确定性因素 F 发生 ΔF 变化率时，评价指标 A 的相应变化率。

$S_{AF}>0$，表示评价指标与不确定性因素同方向变化；$S_{AF}<0$，表示评价指标与不确定性因素反方向变化。$|S_{AF}|$ 较大者敏感度系数高。

2．临界点是指不确定性因素的变化使项目由可行变为不可行（或由不可行变为可行）的临界数值，可采用不确定性因素相对基本方案的变化率或其对应的具体数值表示。采用何种表示方式由不确定因素的特点决定。临界点可通过试算法或公式求解，也可根据敏感性分析图求得。见图 7－2。

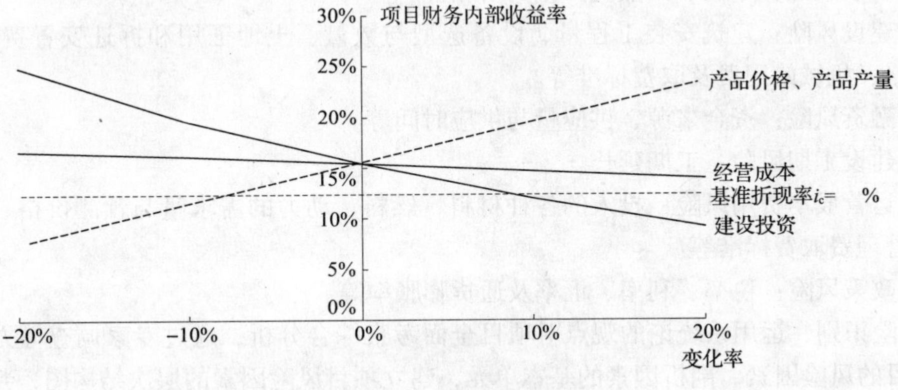

图 7－2　敏感性分析图

敏感性分析的计算结果，应采用敏感性分析表（表7－1）和敏感性分析图表示。

表7－1 敏感性分析表

序号	不确定因素 基本方案	变化率（%）	内部收益率（%）	敏感度系数	临界点（%）	临界值
1	建设投资	－20%				
		－15%				
		－10%				
		－5%				
		+5%				
		+10%				
		+15%				
		+20%				
2	……	－20%				
		－15%				
		－10%				
		－5%				
		+5%				
		+10%				
		+15%				
		+20%				

3. 将不确定因素变化后计算的评价指标与基本方案评价指标进行对比分析，结合敏感度系数及临界点的计算结果，按不确定性因素的影响程度进行排序，找出最敏感的因素，分析敏感因素可能造成的风险，并提出应对措施。

7.4 影响项目实现预期经济目标的经济风险因素来源于法律法规及政策、市场供应、资源开发与利用、技术的可靠性、工程方案、融资方案、组织管理、环境与社会、外部配套条件等一个方面或几个方面。影响油气开发建设项目效益的风险因素可归纳为下列内容：

1. 市场风险：原油、天然气产量与价格。

2. 建设风险：建筑安装工程量、设备选型与数量、土地征用和拆迁安置费、人工、材料价格、机械使用费及取费标准等。

3. 融资风险：资金来源、供应量与供应时间等。

4. 建设工期风险：工期延长。

5. 运营成本费用风险：投入的各种材料、燃料、动力的需求量与预测价格、劳动力工资、管理费取费标准等。

6. 政策风险：税率、利率、汇率及通货膨胀率等。

7.5 风险识别，运用系统论的观点对项目全面考察综合分析，通过专家调查等方法辨识影响项目的风险因素，剖析因素的基本单元，建立项目风险因素的层次结构图，判断各因素间的独立性。判断其发生的可能性及对项目的影响程度，按其重要性进行排队，或赋予权重。敏感性分析是初步识别风险因素的重要手段。

7.6 风险估计应采用主观概率或客观概率的统计方法，确定风险因素各种变化的状态的概率分析，根据风险因素发生各种变化状态的可能性及对项目的影响程度，运用概率论和数理统计分析的方法，计算项目效益指标相应的概率分布或净现值大于或等于零的累计概率、期望值、标准差，或计算单项风险和综合风险的概率分布判断风险等级。

7.7 风险评价应根据风险识别和风险估计的结果，依据项目风险判别标准，找出影响项目成败的关键风险因素。项目风险大小的评价标准应根据风险因素发生的可能性及其造成的损失来确定，一般采用评价指标的概率分布净现值大于或等于零的累计概率、期望值、标准差作为判别标准，也可采用综合风险等级作为判别标准。具体操作应符合下列要求：

1. 以评价指标作判别标准。

（1）财务内部收益率大于等于基准内部收益率的累计概率和标准差，累计概率越大则风险越小，标准差越小则风险越小。

（2）财务净现值大于等于零的累计概率和标准差，累计概率越大则风险越小，标准差越小则风险越小。

2. 以综合风险等级作判别标准。根据风险因素发生的可能性及其造成损失的程度，建立综合风险等级的矩阵，将综合风险分为K级、M级、T级、R级、I级，风险等级见表7－2。

表7－2　综合风险等级分类表

<table>
<tr><td colspan="2" rowspan="2">综合风险等级</td><td colspan="4">风险影响的程度</td></tr>
<tr><td>严　重</td><td>较　大</td><td>适　度</td><td>轻　微</td></tr>
<tr><td rowspan="4">风险的可能性</td><td>高</td><td>K</td><td>M</td><td>R</td><td>R</td></tr>
<tr><td>较高</td><td>M</td><td>M</td><td>R</td><td>R</td></tr>
<tr><td>适度</td><td>T</td><td>T</td><td>R</td><td>I</td></tr>
<tr><td>低</td><td>T</td><td>T</td><td>R</td><td>I</td></tr>
</table>

7.8 风险应对根据风险评价的结果，研究规避、控制与防范风险的措施，为项目全过程的风险管理提供依据。具体应关注下列方面：

1. 风险应对的原则：全过程风险管理的原则；动态管理的原则；风险处理成本最小原则；成本效益匹配原则；社会费用最小的原则；风险权衡原则。

2. 决策阶段风险应对的主要措施：强调多方案比选；对潜在风险因素提出必要研究与试验课题；对投资估算与财务分析，应采取谨慎的原则；对建设或生产经营期的潜在风险可建议采取回避、转移、分担和自担措施。

3. 结合综合风险因素等级的分析结果，应提出下列应对方案：

K（Kill）级：风险很强，出现这类风险就要放弃项目；

M（Modify plan）级：风险强，修正拟议的方案，通过改变设计或采取补偿措施等；

T（Trigger）级：风险较强，设定某些指标的临界值。指标一旦达到临界值，就要变更设计或对负面影响采取补偿措施；

R（Review and reconsider）级：风险适度（较小），适当采取措施后不影响项目；

I（Ignore）级：风险弱，可忽略。

7.9 常用风险分析方法包括专家调查法、层次分析法、概率树、CIM 模型及蒙特卡罗模拟分析方法，应根据项目具体情况，选用一种方法或几种方法组合使用。

7.10 根据项目特点及评价要求，风险分析可在下列情况下进行：

1. 财务风险和经济风险分析可直接在敏感性分析的基础上，采用概率树分析法和蒙特卡罗模拟分析法，确定各变量的变化区间及概率分布，计算项目内部收益率、净现值等评价指标的概率分布、期望值及标准差，并根据计算结果进行风险评估。

2. 在定量分析有困难的时候，可对风险采用定性的分析。

8 区域经济与宏观经济影响分析

8.1 区域经济影响分析是从区域经济的角度出发，分析项目对所在区域乃至更大范围的经济发展带来的影响。

宏观经济影响分析是从国民经济整体的角度出发，分析项目对国家宏观经济各方面的影响。

直接影响范围限于局部区域的项目应进行区域经济影响分析，直接影响国家经济全局的项目应进行宏观经济影响分析。

8.2 项目对所在地区及宏观经济发展产生的影响，从不同层次体现出来。包括个人层面、社会组织层面、产业及部门层面、区域和宏观经济层面。

8.3 区域经济与宏观经济影响分析的种类主要有项目对经济发展的影响，对产业布局的影响、对财政收支平衡的影响、对市场竞争结构的影响、对外汇收支的影响、对就业和收入分配的影响。

8.4 区域经济与宏观经济影响分析应遵循系统性、综合性、定性分析与定量分析相结合的原则。

8.5 区域经济与宏观经济影响分析通常采用的指标包括总量指标、结构指标、社会与环境指标和国力适应性指标。

8.6 区域经济与宏观经济影响分析，可将项目的总产出、总投入、资源、劳动力、进出口总额等作为区域经济与宏观经济的增量，通过建立各种既有科学依据，又反映项目特点的经济数学模型，分别计算“有项目”与“无项目”时的经济总量指标、经济结构指标、社会与环境指标及国力适应性指标，并根据有无原则进行分析。

特大型建设项目或对地方经济影响较大的项目如需进行区域经济与宏观经济影响分析，应按照原国家发展改革委与原建设部发布的《建设项目经济评价方法与参数》（第三版）中“区域经济与宏观经济影响”的要求进行编写，并出具单独的研究报告。

9 方案经济比选

9.1 方案经济比选是寻求合理的经济和技术方案的必要手段，也是项目评价的重要内容。项目经济评价中宜对互斥方案和可转化为互斥型的方案进行比选。油气开发建设项目备选方案主要包括开发方案、设备选型、厂址选择等。

9.2 备选方案应满足的条件有：

1．备选方案的整体功能应达到目标要求。

2．备选方案的经济效率应达到可以被接受的水平。

3．备选方案包括的范围和时间应一致，效益和费用计算的口径应一致。

9.3 方案经济比选可采用下列效益比选法、费用比选法和最低价格法。

1．效益比选方法包括净现值比较法、净年值比较法、差额投资内部收益率法。

（1）净现值比较法，比较备选方案的财务净现值或经济净现值，以净现值（NPV）大的方案为优。比较净现值时应采用相同的折现率。

（2）净年值比较法，比较备选方案的净效益等额年值（简称净年值AW），以净年值大的方案为优。比较净年值时应采用相同的折现率。

（3）差额投资财务内部收益率法，使用备选方案差额现金流，应按下式计算：

$$\sum_{t=1}^{n}[(CI-CO)_{大}-(CI-CO)_{小}]_t(1+\Delta FIRR)^{-t}=0 \qquad (9-1)$$

式中 $(CI-CO)_{大}$——投资大的方案年净现金流量；

$(CI-CO)_{小}$——投资小的方案年净现金流量；

$\Delta FIRR$——差额投资内部收益率。

计算差额投资财务内部收益率（$\Delta FIRR$），与设定的基准收益率（i_c）进行对比，当差额投资内部收益率（$\Delta FIRR$）大于或等于设定的基准收益率（i_c）时，以投资大的方案为优，反之，投资小的为优。在进行多方案比较时，应先按投资大小，由小到大排序，再依次就相邻方案两两比较，从中选出最优方案。

（4）差额投资经济内部收益率（$\Delta EIRR$）法，可采用经济净现金流量替代式（9－1）中的财务净现金流量进行方案比选。

2．费用比选方法，包括费用现值比较法和费用年值比较法。

（1）费用现值比较法，计算备选方案的总费用现值并进行对比，应以费用现值（PC）较低的方案为优。

（2）费用年值比较法，计算备选方案的费用年值（AC）并进行对比，以费用年值较低的方案为优。

3．最低价格（服务收费标准）比较法，在相同产品方案比选中，以净现值为零推算各方案的产品最低价格 $P_{\min}$，应以最低产品价格较低的方案为优。

9.4 在多方案比较中，应分析不确定性因素对方案比选的影响，判断其对比较结果的影响程度，必要时，应进行不确定性分析或风险分析，以保证比选结果的有效性。在比选时应遵循效益与风险权衡的原则。不确定性因素下的方案比选可采用下列方法之一。

1．折现率调整法，调高折现率使备选方案净现值为零，折现率变动幅度小的方案风险大，折现率变动幅度大的方案风险小。

2．标准差法，对备选方案进行概率分析，计算出评价指标的期望值和标准差后，在期望值满足要求的基础上，比较其标准差，标准差较高者，风险也较大。

3．累计概率法，计算备选方案净现值大于或等于零的累计概率，估计方案承受风险的程度，方案的净现值大于或等于零的累计概率值越接近于1，说明项目的风险越小；反之，项目的风险大。

9.5 方案比选应注意下列问题：

1. 备选方案提供的信息资料和数据资料应可靠、均衡。

2. 进行财务分析和经济费用效益分析时，方案经济比选主要应按经济费用分析的结论选择方案。

3. 备选方案经济指标的取值比较差异不大时，不能依此判定方案的优劣，只有经济指标的取值存在足够的差异，且估算和测算的误差不足以使评价结论出现逆转时，才能认定比较方案有显著的差异，并据此判定方案的优劣。

4. 备选方案的计算期不同时，宜采用净年值法和费用年值法。如果采用差额投资内部收益率法或现值法，可将各方案计算期的最小公倍数作为比较方案的计算期或者以各方案中最短的计算期作为比较方案的计算期。

5. 方案比选中经济指标的应用范围见表9－1。

表9－1　方案比选中经济评价指标的应用范围表

指标 用途	净现值	内部收益率
方案比选（互斥方案选优）	无资金限制时可选择NPV较大者	一般不直接用，可计算差额投资内部收益率（ΔIRR），当$\Delta IRR \geqslant i_c$时，以投资较大方案为优
项目排队（独立项目按优劣排序的最优组合）	不单独使用	一般不采用（可用于排除项目）

10　改扩建项目经济评价特点

10.1 油气开发改扩建项目是指既有企业通过改建、扩建与技术改造等形式，投资形成新的生产设施，扩大或完善原有生产系统的活动，目的在于增加油气产品供给，提高技术水平，降低资源消耗，节省运行费用，改善劳动条件，治理生产环境等。油气开发建设项目中油气田开发调整项目、老油气田地面调整改造工程、三次采油提高采收率项目等均属于改扩建项目。

10.2 改扩建项目具有如下特点：

1. 项目是既有企业的有机组成部分，同时项目的活动与企业的活动在一定程度上是有区别的。

2. 项目的融资主体是既有企业，项目的还款主体是既有企业。

3. 项目一般要利用既有企业的部分或全部资产与资源，且不发生资产与资源的产权转移。

4. 建设期内既有企业生产运营与项目建设一般同时进行。

10.3 改扩建项目应严格遵循"有无对比"的原则，注意正确识别与估算"无项目"、"有项目"、"现状"、"新增"、"增量"等五种状态下的资产、资源、效益与费用。"无项目”与“有项目”的评价口径应当保持一致。避免费用与效益误算、漏算或重复计算。对难以定量计算的效益和费用，可做定性描述。

10.4 改扩建项目应明确界定项目效益和费用范围。

在财务分析中，效益与费用的界定宜为项目活动的直接影响范围。在油气开发建设项目中，有些改扩建项目只涉及某个环节，如某段管线或某个站场；有些改扩建项目只涉及某个方面，如地面系统调整改造；有些改扩建项目范围涉及整个油气开发区块或油气田，油气田开发调整或提高采收率三次采油项目。在保证项目的费用与效益口径一致及不影响分析结果的情况下，可尽可能缩小项目的范围。

在经济费用效益分析中，效益和费用范围指项目活动的直接和间接影响的范围。

10.5 改扩建项目财务分析采用新建建设项目财务分析的基本原理和分析指标。由于项目与既有企业既有联系又有区别，一般可进行以下两个层次的分析。

1. 项目层次：盈利能力分析，遵循“有无对比”的原则，利用“有项目”与“无项目”的效益与费用计算增量效益与增量费用，用于分析项目的增量盈利能力，并作为项目决策的重要依据之一；偿债能力分析，分析“有项目”的偿债能力，若“有项目”还款资金不足，应分析“有项目”还款资金缺口，必须有既有企业应为项目额外提供的还款资金的数额；财务生存能力分析，分析“有项目”的财务生存能力。符合简化条件时，项目层次分析可直接用“增量”数据和相关指标进行分析。

2. 企业层次：分析既有企业以往的财务状况与今后可能的财务状况，了解企业生产与经营情况、资产负债结构、发展战略、资源利用优化的必要性、企业的信用等。特别关注企业为项目融资的能力、企业自身的资金成本或同项目有关的资金机会成本，有条件时要分析既有企业包括项目债务在内的还款能力。

10.6 改扩建项目应分析项目对既有企业的贡献。通过计算项目实施后既有企业的营业收入、利润总额等指标的“新增”数据及相关增长率，估算项目投资活动对既有企业财务状况改善的贡献。

10.7 进行改扩建项目的既有企业条件各异，应根据项目目的、项目层次与企业层次财务分析的结果，结合不确定性分析和风险分析的结果，以及项目对企业的贡献，统筹兼顾，进行多指标投融资决策。

10.8 符合下列特定条件之一的改扩建项目，可按新建项目经济评价的方法，简化处理：

1. 项目的投入产出与既有企业的生产经营活动相对独立。
2. 以增加产出为目的的项目，增量产出占既有企业产出比例较小。
3. 利用既有企业的资产与资源量与新增相比较小。
4. 效益与费用的增量流量较容易确定。
5. 其他特定情况。

10.9 改扩建项目经济评价的表格可参照财务分析表格，所用指标也与新建建设项目相同。必要时，财务（经济）效益与费用的流量可单列“有项目”与“无项目”的表格。

10.10 改扩建项目经济评价应处理好计算期的可比性、原有资产利用、停产减产损失和沉没成本和机会成本等。

10.11 油气田开发调整项目、三次采油项目、老油气田地面系统调整改造项目具有典型的改扩建项目特征，应按照改扩建项目进行评价。

11 附 表

项目投资现金流量表

基本表 1.1　　　　　　　　　　　　　　　　　　　　　　　　单位：万元

序号	项目名称	合计	计算期						
			1	2	3	4	5	…	*n*
1	现金流入								
1.1	营业收入								
1.2	增值税销项税								
1.3	补贴收入								
1.4	回收油气资产余值								
1.5	回收流动资金								
2	现金流出								
2.1	利用探井、评价井投资								
2.2	建设投资								
2.3	流动资金								
2.4	经营成本								
2.5	增值税进项税								
2.6	营业税金及附加								
2.7	增值税								
2.8	维持运营投资								
2.9	弃置费用								
3	所得税前净现金流量（1－2）								
4	累计税前净现金流量								
5	调整所得税								
6	所得税后净现金流量（1－2－5）								
7	累计税后净现金流量								

计算指标：　　　　　　　　　　　所得税前　　　　　所得税后

项目投资财务内部收益率（%）

项目投资财务净现值（i_c = 　%）

项目投资回收期（年）

注：建设投资中含增值税，增值税进项税是指生产成本中进项税。

项目资本金现金流量表

基本表 1.2　　　　　　　　　　　　　　　　　　　　　　　　　　单位：万元

序号	项 目 名 称	合计	计 算 期						
			1	2	3	4	5	…	n
1	现金流入								
1.1	营业收入								
1.2	增值税销项税								
1.3	补贴收入								
1.4	回收油气资产余值								
1.5	回收流动资金								
2	现金流出								
2.1	利用探井、评价井投资								
2.2	项目资本金								
2.3	维持运营投资								
2.4	弃置费用								
2.5	借款本金偿还								
2.6	借款利息支付								
2.7	经营成本								
2.8	增值税进项税								
2.9	营业税金及附加								
2.10	增值税								
2.11	所得税								
3	净现金流量（1－2）								
计算指标：资本金财务内部收益率（%）									

注：1. 项目资本金包括用于建设投资、建设期利息（以自有资金偿还利息）和流动资金的自有资金。

2. 对外商投资项目，现金流出中应增加职工奖励与福利基金科目。

3. 增值税进项税是指生产成本中的进项税。

投资各方现金流量表

基本表 1.3　　　　　　　　　　　　　　　　　　　　　　　　单位：万元

序号	项 目 名 称	合计	计 算 期						
			1	2	3	4	5	…	*n*
1	现金流入								
1.1	实分利润								
1.2	资产处置收益分配								
1.3	租赁收入								
1.4	技术转让使用收入								
1.5	其他现金流入								
2	现金流出								
2.1	实缴资本								
2.2	租赁资产支出								
2.3	其他现金流出								
3	净现金流量（1－2）								
计算指标：投资各方财务内部收益率（%）									

利润与利润分配表

基本表 2　　　　　　　　　　　　　　　　　　　　　　　　单位：万元

序号	项 目 名 称	合计	计 算 期						
			1	2	3	4	5	…	*n*
1	营业收入								
2	营业税金及附加								
3	总成本费用								
4	补贴收入								
5	利润总额（1－2－3＋4）								
6	弥补以前年度亏损								
7	应纳税所得额（5－6）								
8	所得税								
9	净利润（5－8）								
10	期初未分配利润								
11	可供分配的利润（9＋10）								
12	提取法定盈余公积金								
13	投资者分配利润								

续表

序号	项 目 名 称	合计	计 算 期						
			1	2	3	4	5	…	n
14	未分配利润（11－12－13）								
15	息税前利润								
16	调整所得税								
17	息前税后利润（15－16）								
18	息税折耗摊销前利润								
计算指标： 项目总投资收益率（%） 项目资本金净利润率（%）									

注：1. 对于外商投资项目，由第11项减去储备基金、职工奖励与福利基金和企业发展基金后，得出可供投资者分配的利润。外商独资项目可不列企业发展基金。

2. 息税前利润＝利润总额＋财务费用

3. 息税折耗摊销前利润＝息税前利润＋折耗＋摊销。

财务计划现金流量表

基本表3　　　　单位：万元

序号	项 目 名 称	合计	计 算 期				
			1	2	3	…	n
1	经营活动净现金流量表（1.1－1.2）						
1.1	现金流入						
1.1.1	营业收入						
1.1.2	增值税销项税						
1.1.3	补贴收入						
1.1.4	其他流入						
1.2	现金流出						
1.2.1	经营成本						
1.2.2	增值税进项税						
1.2.3	营业税金及附加						
1.2.4	增值税						
1.2.5	所得税						
2	投资活动净现金流量（2.1－2.2）						

续表

序号	项目名称	合计	计算期				
			1	2	3	…	n
2.1	现金流入						
2.2	现金流出						
2.2.1	利用探井、评价井投资						
2.2.2	建设投资						
2.2.3	维持运营投资						
2.2.4	流动资金						
2.2.5	弃置费用						
3	筹资活动净现金流量（3.1－3.2）						
3.1	现金流入						
3.1.1	利用探井、评价井投资						
3.1.2	项目资本金投入						
3.1.3	维持运营投资						
3.1.4	建设投资借款						
3.1.5	流动资金借款						
3.1.6	短期借款						
3.2	现金流出						
3.2.1	各种利息支出						
3.2.2	偿还长期借款本金						
3.2.3	偿还短期借款本金						
3.2.4	偿还流动资金借款本金						
3.2.5	投资者分配利润						
4	净现金流量（1＋2＋3）						
5	累计盈余资金						

注：1. 对于新设法人项目，本表投资活动的现金流入为零。

2. 对于既有法人项目，可适当增加科目。

3. 必要时，现金流出中可增加应付优先股股利科目。

4. 对外商投资项目应将职工奖励与福利基金作为经营活动现金流出。

5. 增值税进项税是指生产成本中的进项税。

资产负债表

基本表4　　　　　　　　　　　　　　　　　　　　　　　　　单位：万元

序号	项目名称	合计	计算期						
			1	2	3	4	5	…	n
1	资产								
1.1	流动资产								
1.1.1	预付账款								
1.1.2	应收账款								
1.1.3	存货								
1.1.4	货币资金								
1.2	在建工程								
1.3	油气资产净值								
1.4	无形及其他资产净值								
2	负债及所有者权益								
2.1	负债								
2.1.1	流动负债								
1）	短期借款								
2）	应付账款								
3）	预收账款								
4）	应交税金								
5）	其他								
2.1.2	建设投资借款								
2.1.3	流动资金借款								
2.1.4	预计负债								
2.2	所有者权益								
2.2.1	资本金								
2.2.2	累计盈余公积金								
2.2.3	累计未分配利润								
计算指标	资产负债率（%）								

注：1. 外商投资项目，第2.2.2项改为累计储备基金和企业发展基金；外商独资项目可不列企业发展基金。

2. 对既有法人项目，一般只针对企业编制，可按需要增加科目，此时表中资本金是指企业全部实收资本，包括原有和新增的实收资本。必要时，也可针对“有项目”范围编制。此时表中资本金仅指“有项目”范围的对应数值。

3. 货币资金包括现金和累计盈余资金。

项目总投资估算表

辅助表1　　　　　　　　　　　　　　　　　　　　　　　　　　　　单位：万元

序号	项目或费用名称	估算金额	其中：外币（万美元）	占总投资比例（%）	备注
1	建设投资				
1.1	开发井投资				
1.2	地面工程投资				
2	建设期利息				
3	流动资金				
4	项目总投资（1+2+3）				

开发井投资估算表

辅助表1.1　　　　　　　　　　　　　　　　　　　　　　　　　　　单位：万元

序号	项目或费用名称	估算金额	占投资比例（%）	备注
1	工程费用			
1.1	钻前准备费			
	……			
1.2	钻井工程费			
	……			
1.3	固井工程费			
	……			
1.4	录井工程费			
	……			
1.5	测井工程费			
	……			
1.6	试油（气）工程费			
	……			
2	工程建设其他费用			
2.1	建设单位管理费			
2.2	研究试验费			
	……			
3	预备费			
4	开发井投资合计（1+2）			

地面工程投资估算表

辅助表 1.2　　　　　　　　　　　　　　　　　　　　单位：万元

序号	项目或费用名称	设备购置费	安装工程费	建筑工程费	其他费用	合计	其中：外币（万美元）	占投资比例（%）
1	工程费用							
1.1	油气集输系统工程							
1.2	注水系统工程							
1.3	污水系统工程							
1.4	供排水及消防系统工程							
1.5	供配电系统工程							
1.6	通信系统工程							
1.7	道路工程							
…	……							
2	其他费用							
2.1	固定资产其他费用							
2.1.1	建设用地费							
2.1.2	建设单位管理费							
…	……							
2.2	无形资产费用							
2.2.1	专利及专有技术使用费							
…	……							
2.3	其他资产费用							
2.3.1	生产准备及开办费							
…	……							
3	预备费							
3.1	基本预备费							
3.2	价差预备费							
4	地面工程投资合计（1+2+3）							

注：1. “比例” 分别指各主要科目的费用（包括横向和纵向）占建设投资的比例。

2. “工程或费用名称” 可依不同项目的要求调整。

流动资金估算表

辅助表1.3　　　　单位：万元

序号	项目名称	最低周转天数	周转次数	计算期						
				1	2	3	4	5	…	n
1	流动资产									
1.1	预付账款									
1.2	应收账款									
1.3	存货									
1.3.1	原料									
1.3.2	燃料									
1.3.3	在产品									
1.3.4	产成品									
1.4	现金									
2	流动负债									
2.1	应付账款									
2.2	预收账款									
3	流动资金占用（1－2）									
4	流动资金当期增加额									

项目总投资使用计划与资金筹措表

辅助表2　　　　单位：万元

序号	项目名称	合计	计算期						
			1	2	3	4	5	…	n
1	项目总投资								
1.1	建设投资								
1.2	建设期利息								
1.3	流动资金								
2	资金筹措								
2.1	项目资本金								
2.1.1	用于建设投资								
2.1.2	用于建设期利息								
2.1.3	用于流动资金								
2.2	债务资金								
2.2.1	用于建设投资								
2.2.2	用于建设期利息								
2.2.3	用于流动资金								

营业收入、营业税金及附加估算表

辅助表3　　　　　　　　　　　　　　　　　　　　　　　　　　　　单位：万元

序号	项目名称	合计	计算期						
			1	2	3	4	5	…	*n*
1	营业收入								
1.1	原油营业收入								
	原油商品量								
	原油价格								
	销项税								
1.2	天然气营业收入								
	天然气商品量								
	天然气价格								
	销项税								
1.3	其他产品营业收入								
	其他产品商品量								
	其他产品价格								
	销项税								
2	增值税（2.1－2.2）								
2.1	销项税								
2.2	进项税								
3	营业税金及附加								
3.1	城市维护建设税								
3.2	教育费附加								
3.3	资源税								

注：增值税中进项税是指建设投资和生产成本中的进项税。

总成本费用估算表

辅助表4　　　　　　　　　　　　　　　　　　　　　　　　　　　　单位：万元

序号	项目名称	合计	计算期						
			1	2	3	4	5	…	*n*
1	油气生产成本								
1.1	油气操作成本								
1.2	折耗								
2	管理费用								

续表

序号	项 目 名 称	合计	计 算 期						
			1	2	3	4	5	…	n
2.1	无形资产摊销								
2.2	其他资产摊销								
2.3	矿产资源补偿费								
2.4	特别收益金								
2.5	其他管理费								
3	财务费用								
3.1	长期借款利息								
3.2	流动资金借款利息								
3.3	短期借款利息								
3.4	弃置成本财务费用								
4	营业费用								
5	勘探费用								
6	总成本费用（1+2+3+4+5）								
6.1	固定成本								
6.2	可变成本								
7	经营成本								

油气操作成本估算表

辅助表4.1　　单位：万元

序号	项 目 名 称	合计	计 算 期						
			1	2	3	4	5	…	n
1	直接材料费								
2	直接燃料费								
3	直接动力费								
4	直接人员费用								
5	驱油物注入费								
6	井下作业费								

续表

序号	项 目 名 称	合计	计 算 期						
			1	2	3	4	5	…	n
7	测井试井费								
8	维护及修理费								
9	稠油热采费								
10	轻烃回收费								
11	油气处理费								
12	天然气净化费								
13	运输费								
14	其他直接费								
15	厂矿管理费								
	操作成本合计								
	单位操作成本								

折耗与摊销计算表

辅助表 4.2　　　　单位：万元

序号	项 目 名 称	合计	计 算 期						
			1	2	3	4	5	…	n
1	油气资产折耗								
1.1	油气资产原值								
1.2	当期折耗								
1.3	油气资产净值								
2	无形资产摊销								
2.1	无形资产原值								
2.2	当期摊销								
2.3	无形资产净值								
3	其他资产摊销								
3.1	其他资产原值								
3.2	当期摊销								
3.3	其他资产净值								

注：固定资产原值包括维持运营投资。

借款还本付息计划表

辅助表 5　　　　　　　　　　　　　　　　　　　　　　　　　单位：万元

序号	项目名称	合计	计算期						
			1	2	3	4	5	…	n
1	借款 1								
1.1	期初借款余额								
1.2	当期借款								
1.3	当期应计利息								
1.4	当期还本付息								
	其中：还本								
	付息								
1.5	期末借款余额								
2	借款 2								
2.1	期初借款余额								
2.2	当期借款								
2.3	当期应计利息								
2.4	当期还本付息								
	其中：还本								
	付息								
2.5	期末借款余额								
…	……								
计算指标	利息备付率 偿债备付率								

注：对于既有法人项目，在按有项目范围进行计算时，可根据需要增加项目范围内原有借款的还本付息计算。

项目投资经济费用效益流量表

经济费用效益分析基本表 1　　　　　　　　　　　　　　　　　单位：万元

序号	项目名称	合计	计算期						
			1	2	3	4	5	…	n
1	效益流量								
1.1	项目直接效益								
1.2	资产余值回收								
1.3	项目间接效益								

续表

序号	项目名称	合计	计算期						
			1	2	3	4	5	…	n
2	费用流量								
2.1	利用探井、评价井投资								
2.2	建设投资								
2.3	维持运营投资								
2.4	流动资金								
2.5	经营费用								
2.6	弃置费用								
2.7	项目间接费用								
3	净效益流量（1－2）								

计算指标：

经济内部收益率（%）

经济净现值（i_s＝　%）

投资费用估算调整表

经济费用效益分析辅助表1　　　　单位：万元

序号	项目名称	财务分析			经济费用效益分析			经济费用效益分析比财务分析增减
		外币	人民币	合计	外币	人民币	合计	
1	建设投资							
1.1	利用探井、评价井投资							
1.2	开发井投资							
1.3	地面工程投资							
1.3.1	建筑工程费							
1.3.2	设备购置费							
1.3.3	安装工程费							
1.3.4	其他费用							
1)	其中：土地费用							
2)	专利及专有技术费							
1.3.5	基本预备费							
1.3.6	价差预备费							
2	建设期利息							
3	流动资金							
	合计（1＋2＋3）							

注：若投资费用是通过直接估算得到的，本表应略去财务分析的相关栏目。

经营费用估算调整表

经济费用效益分析辅助表2　　单位：万元

序号	项目名称	合计	计算期						
			1	2	3	4	5	…	n
1	财务分析								
1.1	油气操作成本								
1.2	其他管理费用								
1.3	营业费用								
2	经济费用效益分析								
2.1	油气操作成本								
2.2	其他管理费用								
2.3	营业费用								

项目直接效益估算调整表

经济费用效益分析辅助表3　　单位：万元

序号	项目名称	合计	计算期						
			1	2	3	4	5	…	n
1	财务分析								
1.1	原油营业收入								
1.2	天然气营业收入								
1.3	其他营业收入								
2	经济费用效益分析								
2.1	原油营业收入								
2.2	天然气营业收入								
2.3	其他营业收入								

项目间接费用估算表

经济费用效益分析辅助表4　　单位：万元

序号	项目名称	合计	计算期						
			1	2	3	4	5	…	n

项目间接效益估算表

经济费用效益分析辅助表 5　　　　单位：万元

序号	项 目 名 称	合计	计 算 期						
			1	2	3	4	5	…	n

油气开发建设项目经济评价参数

1 总 则

1.1 建设项目经济评价参数是指用于计算、衡量建设项目费用与效益的主要基础数据，以及判断项目财务可行性和经济合理性的一系列评价指标的基准值和参考值。

1.2 建设项目经济评价参数适用于各类建设项目的规划、预可行性研究、可行性研究阶段的经济评价，项目中间评价和后评价可参照适用。

1.3 建设项目参数按使用范围可分为财务分析参数和经济费用效益分析参数。经济费用效益分析参数用于建设项目的经济费用效益分析，由国家发布和解释；财务分析参数用于建设项目的财务分析，由行业或企业依据财税制度及企业内部财务制度制定、选取。

1.4 建设项目经济评价参数具有时效性，应适时测算、发布并动态调整，国家及行业（企业）有关部门将根据有关政策及市场变化情况，及时组织参数的测算、修订和发布。

2 财务分析参数

2.1 财务分析参数包括计算项目财务费用和效益的各类计算参数和判定项目财务合理性的判据参数。

2.2 财务评价计算参数用于项目费用和效益的计算，包括投资估算参数、营业收入估算参数、成本估算参数、税费估算参数及有关的基础数据。

1. 投资估算参数，包括建设投资估算、流动资金估算及建设期利息计算的有关参数，按照有关部门颁布的有关指标、费用定额、取费标准等执行。

2. 成本估算参数，包括材料费、折旧摊销年限、修理费率、人员费用、石油特别收益金、其他管理费用、其他营业费用等。

3. 营业收入估算参数，包括原油、天然气及副产品价格。

4. 税金估算参数，包括增值税、资源税、城市维护建设税、教育费附加、所得税等，根据国家有关税法规定确定。

5. 基础参数，包括评价年限、利率、汇率等。

2.3 财务分析判据参数包括判断项目盈利能力的参数和判断项目偿债能力的参数。

1. 判断项目盈利能力的参数主要包括财务内部收益率、总投资收益率、项目资本金净利润率等指标的基准值或参考值。

2. 判断项目偿债能力的参数主要包括利息备付率、偿债备付率、资产负债率等指标的基准值或参考值。

3 经济分析参数

3.1 社会折现率是建设项目经济评价的通用参数，在经济费用效益分析中作为项目费用

效益的不同时间价值之间的折算率，同时作为项目经济效益要求的最低经济收益率，它是以资本的社会机会成本与费用效益的时间偏好率二者为基础进行测算的结果。

3.2 影子价格是经济费用效益分析中项目的投入物和产出物所使用的价格，它反映了对这些货物真实价值的度量。影子价格以直接值和换算系数两种形式给出。将货物的财务价格转换为影子价格时，可以直接选用某一适宜的价格，也可以用财务价格乘以某一适宜的价格换算系数。

3.3 影子汇率是指单位外汇的经济价值，区别于外汇的财务价格和市场价格。在项目经济费用效益分析中使用影子汇率，是为了正确计算外汇的真实经济价值，影子汇率代表着外汇的影子价格。

3.4 影子工资是指建设项目使用劳动力而付出的代价，在建设项目经济费用效益分析中以影子工资计算劳动力费用。

3.5 土地是重要的经济资源，土地影子价格代表对土地资源的真实价值衡量。在经济费用效益分析中，土地的影子价格应当等于土地的机会成本加上土地转变用途导致的新增资源消耗。

$$\text{土地影子价格} = \text{土地机会成本} + \text{新增资源消耗}$$

具体计算时，可参照国家发展改革委和建设部发布的《建设项目经济评价方法与参数》（第三版）的要求进行。

油气开发建设项目经济评价方法条文说明

1 总　　则

1.1　制定《油气开发建设项目经济评价方法》的目的。

1. 为适应我国社会主义市场经济发展的需要，按照投资改革的要求，在总结我国建设项目经济评价工作经验的基础上，借鉴国内外经济评价近年的成果，根据《国家发展改革委、建设部关于印发建设项目经济评价方法与参数的通知》（发改投资［2006］1325号），结合油气开发行业特点制定《油气开发建设项目经济评价方法》（以下简称《油气开发评价方法》）。

2. 建设项目经济评价是建设项目决策的重要依据，对于提高建设项目决策的科学化水平，引导和促进各类资源的合理有效配置，优化投资结构，充分发挥投资效益，具有重要作用。

1.3　经济评价方法的适用范围。

所有项目的经济评价都是基于资金时间价值这一原理，因此《油气开发评价方法》适用于项目评价的所有阶段。随着人们对提高国家整体投资效率认识的深入，国家投资体制的改革，企业自主决策，评价方法逐步被用于行业规划、大型项目的规划研究和机会识别阶段。在项目完工投产运营后，对照项目前期的评估结论进行全面的后评价，包括对项目实际取得的经济效益进行测算和评估，总结经验、汲取教训、得到启示，为今后建设项目科学决策提供参考。项目经济评价在后评价工作中也可以参照。项目申请报告的重点与项目可行性研究的重点有区别，但经济评价的原理是一致的，同样可以采用。

1.4　经济评价的作用。

1. 建设项目前期研究是在建设项目投资决策前，对项目建设的必要性和项目备选方案的工艺技术、运行条件、环境与社会等方面进行全面的分析论证和评价工作。经济评价是项目前期研究诸多内容中的重要内容和有机组成部分。

2. 在完成项目油藏工程方案、钻井工程方案、采油工程方案、地面工程方案的基础上，采用科学的分析方法，做出全面、正确的经济评价结论，为投资者提供科学的决策依据。

3. 项目经济效益指标是投资决策的重要指标之一，项目前期研究阶段还要做技术的、环境的、社会的、生态影响的分析论证，因此，在项目决策时，应同时考虑多种影响因素和多个目标的选择，并把这些影响和目标相互协调起来，才能实现项目系统优化，进行最终决策。

1.5　经济评价内容与方法的选择及侧重点。

经济评价包括财务分析和经济分析两个方面。经济分析又包括从微观项目层面的经济费用效益分析和经济费用效果分析、中观经济层面的区域（含行业）经济影响分析以及宏观经济层面的宏观经济影响分析等三个层面。根据国家投资体制改革的要求，对企业建设项目实行“核准制”与“备案制”。“核准项目”应向国家主管部门上报项目申请报告，根据核准的需要开展经济费用效益分析，特别重大的项目可辅以区域经济与宏观经济影响分析；“备案项目”一般只需开展财务分析或费用效果分析，以满足企业油气开发建设项目投资决策的需要。

1.6、**1.7** 经济评价的内容和深度要求。

项目前期研究各阶段项目研究的目的、内容深度和要求等不相同，因此，项目经济评价的内容深度和侧重点也不同。可行性研究阶段，应按照《油气开发评价方法》的内容要求，对建设项目财务可接受性和经济合理性进行详细、全面的分析论证。

规划及项目预可行性研究阶段，可适当进行简化，主要是效益和费用估算的内容、分项、费用估算的方法等，所需编制的报表和计算的指标也可以简化，如流动资金估算表、资产负债表、财务计划现金流量表等一般不需编制。

1.11 经济评价应遵循的基本原则。

1. “有无对比”原则。“有无对比”求出项目的增量效益，排除了项目实施以前各种条件的影响，突出项目活动的效果。

2. 效益与费用计算口径对应一致的原则。将效益与费用限定在同一范围内，才有可能进行比较，计算的净效益才是项目投入的真实回报。

3. 收益与风险权衡的原则。在进行投资决策时，不仅要看到效益，也要关注风险，权衡得失利弊后再行决策。

4. 定量分析与定性分析相结合，以定量分析为主的原则。经济评价的本质就是要对拟建项目在整个计算期的经济活动，通过效益与费用的计算，对项目经济效益进行分析和比较。一般来说，项目经济评价要求尽量采用定量指标，但对一些不能量化的经济因素，不能直接进行数量分析，对此要求定性分析，并与定量分析结合起来进行评价。

5. 动态分析与静态分析相结合，以动态分析为主的原则。动态分析是指利用资金时间价值原理对现金流进行折现分析。静态分析是指不对现金流量进行折现分析。项目经济评价的核心是折现，所以分析评价要以折现动态指标为主。静态指标与一般的财务和经济指标内涵基本相同，比较直观，但是只能作为辅助指标。

1.12 项目的计算期。

1. 项目计算期是指经济评价中为进行动态分析所设定的期限，包括建设期和运营期。建设期是指项目资金正式投入开始到项目建成投产为止所需要的时间，一般按合理工期或预计的建设进度确定。

2. 项目运营期可按规定确定，也可以根据开发方案提供的开采年限确定。天然气开发项目的计算期还应考虑下游用户供气协议年限。

3. 油气开发项目特点，为弥补油气产量递减，延长计算年限，会增加投入，计算期、费用、收益应对应一致。

1.13 价格体系。

1. 项目评价是对未来活动的估计，投入和产出都是在未来时间发生，应采用以市场价格体系为基础的预测价格。

2. 影响价格的因素很多，由于项目计算期较长，预测计算期的价格是很困难的，可简化处理：

（1）对建设期的投入物，由于需要预测的年限较短，可既考虑相对价格变化，又考虑价格总水平变动；又由于建设期投入物品种繁多，分别预测难度大，还可能增加不确定性，因此，在实际中一般以价差预备费的形式综合计算。

（2）对运营期的投入物和产出物价格，由于运营期比较长，在前期研究阶段对将来的物价上涨水平较难预测，预测结果的可靠性也难以保证，因此，若能合理判断未来市场价格变动趋势，投入与产出可采用相对变动价格；如果难以确定投入与产出的价格变动，一般可采用项目运营期初价格。

（3）项目投入物、产出物如果考虑了通货膨胀因素，财务分析采用的财务基准收益率也应考虑通货膨胀因素。

（4）在经济费用效益分析中，采用以影子价格体系为基础的预测价格，影子价格体系不考虑通货膨胀因素的影响。

1.14 按照我国现行财务制度的规定，企业财务报表采用的价格统一为不含增值税的价格，为与财务制度相对应，项目评价中收入和成本采用的价格宜采用不含税价格。国家进行增值税改革，由“生产型增值税”，改为“消费型增值税”，允许建设投资中固定资产购置所包含的进项税额抵扣，因此，评价中收入和成本采用不含税价格，而投资估算、资金筹措和现金流量表中的建设投资均应包括增值税，但为便于购入设备、材料进项税的抵扣，应单独计算和说明建设投资中所含的增值税。

2 财务效益与费用估算

2.1 财务效益与费用。

财务效益与费用是财务分析的重要基础，其估算的准确性与可靠性直接影响财务分析结论。财务效益与费用的识别和估算应注意以下问题：

1. 财务效益与费用的估算应注意遵守现行财务、会计以及税收制度的规定。由于财务效益与费用的识别和估算是对未来的预测，经济评价允许做有别于财会制度的处理，但是要求财务效益与费用的识别和估算在总体上与会计准则以及税收制度相适应。

2. 财务效益与费用的估算应遵循有无对比的原则。“有无对比”是国际上项目评价中通用的效益与费用识别的基本原则，与项目评价的许多方面一样，财务效益与费用的识别同样需要遵循这条原则。

3. 财务效益与费用的估算范围应体现效益与费用对应一致的原则。即在合理确定的项目范围内，对等地估算财务主体的直接效益以及相应的直接费用，避免高估或低估项目的净效益。

2.2 财务效益与费用的估算步骤。

财务效益与费用的估算应该与财务分析的步骤相匹配。在进行融资前分析时，应先估算独立于融资方案的建设投资和营业收入，然后是经营成本和流动资金。在进行融资后分析时，应先确定初步融资方案，然后估算建设期利息，进而完成固定资产原值的估算，通过还本付息计算求得运营期各年利息，最终完成总成本费用的估算。

2.3 财务效益与费用估算采用的价格。

1. 选取财务效益与费用价格时应正确处理价格总水平变动因素，原则上盈利能力分析应考虑相对价格变化，而偿债能力分析应同时考虑相对价格变化和物价总水平变动的影响。

2. 项目投资估算应采用含增值税价格，包括建设投资、流动资金和运营期内的维持运营投资。

3. 项目运营期内投入与产出采用的价格原则上采用不含增值税价格，为便于建设投资中固定资产购置进项税的抵扣，建设投资中所含的增值税应单独计算并说明。若采用含增值税价格时应予说明，并调整相关表格。无论采用哪种价格，项目效益估算与费用估算所采用的价格体系应一致。

2.4 财务效益。

项目财务效益主要是指因项目实施后销售产品所获得的营业收入，也包括补贴收入。

2.5 营业收入。

应根据油藏工程方案确定的分年油气产量、油气商品率和销售价格计算，应编制"营业收入、营业税金及附加估算表"。如果油气处理需经过原油稳定、轻烃回收和天然气净化等环节，油气产品还应包括相关副产品。营业收入计算公式如下：

$$营业收入 = 油气产量 \times 油气商品率 \times 油气销售价格 + 副产品收入 \quad (1)$$

1. 油气产量是根据开发方案预测的分年油气产量，分年油气产量是依据采油速度、递减率、采收率、单井产量等综合确定的。按照油气田开采的特点，产量是逐年递减的，为弥补产量的递减会采取一些措施，如改变采油气方式、打加密井等，因此，该产量应与投资、成本估算的范围相对应。

天然气的产量还应考虑市场开拓、销售合同等。

2. 油气商品量应根据油气生产过程中发生的损耗和自用情况综合确定，外供其他油气田或区块而非本油气田或区块自用的油气量均为商品量。油区的整体商品率水平一般不能作为评价油田或区块开发项目的油气商品率。

3. 油气销售价格。国内油田原油销售价格已在1998年与国际接轨，不同油田的原油销售价格根据其挂靠的国际油品价格，并考虑一定的贴水后确定。国内原油销售价格计算公式如下：

$$原油销售价格（元/吨） = 挂靠国际油品价格（美元/桶） \times 吨桶系数 \times 汇率 + 贴水 \quad (2)$$

原油价格可在国际原油预测价格的基础上，根据上述定价原则和方法确定，也可采用有关部门颁布的效益评价价格。

天然气价格有国家定价的执行国家定价，或采用合同价或可承受气价。

4. 与油气价格相关的副产品价格根据油气价格确定，其他副产品价格一般采用市场价格。

2.6 补贴收入。

某些项目还包括补贴收入，包括先征后返的增值税（如煤层气的开采）和符合企业会计制度的财政补贴。补贴收入同营业收入一样，应列入利润与利润分配表、财务计划现金流量表和项目投资现金流量表与项目资本金现金流量表。应根据财政、税务部门的规定，分别计入应税收入。

2.7 项目总投资。

油气开发建设项目总投资是指项目建设和投入运营所需要的全部投资，包括建设投资、建设期利息和流动资金，编制“项目总投资估算表”。

2.8 建设投资。

油气开发建设项目建设投资是指项目从建设到投入运营前所需花费的全部资本性支出，按工程内容可划分为开发井工程投资和地面工程投资两部分。

1．开发井工程投资由工程费用和其他费用项目组成。

（1）开发井包括的工程范围。油气田开发建设以井口采油树为界，从钻井到安装完井口为止为开发井工程。从开发井建造到投产的全部工作量构成开发井的工程内容，包括以下内容：

1）钻前工程指为钻机开钻创造必要条件进行的各项准备工程，包括：土地征用、井场修建工程、供电工程、钻机拆搬安工程等。

2）钻井工程指从开钻到完井的各项施工作业等。

3）固井工程包括：固井耗用各种套管和附件、水泥以及固井作业等。

4）测井工程包括：测井资料采集、井壁取心、测井资料处理解释等。

5）录井工程包括：常规地质录井、气测录井、综合录井、地化录井等录井作业和录井资料处理解释等。

6）试油工程包括：采油树安装、下油管、射孔作业、试油作业、酸化压裂作业等。

（2）开发井工程费用构成。开发井工程费用包括直接费、间接费、风险费、利润和税金。

1）直接费是指工程施工过程中所消耗的构成工程实体和有助于工程形成的各项费用，包括人工费、材料费、燃料动力费、折旧费、修理费、摊销费、运输费、特车费、保温费等。

2）间接费是指施工企业管理费、健康安全环保费、科技进步发展费。

3）风险费是指施工单位的风险准备金，以直接费（不含套管及套管附件、水泥及水泥外加剂、油管和采油树）与间接费之和为基数，按一定的比例计算。

4）利润指施工单位应获得的合理利润，以直接费（不含套管及套管附件、水泥及水泥外加剂、油管和采油树）与间接费之和为基数，按一定的比例计算。

5）税金是指施工单位按规定应上缴国家的营业税金及附加，以直接费、间接费、风险费、利润之和为基数，按一定的比例计算。

（3）开发井投资估算依据。

1）投资估算的费用构成应执行国家的有关方针政策及规定、行业或企业的有关规定。

2）投资估算的范围应依据建设单位提供的可行性研究编制的委托书、钻井工程和采油工程方案中专业设计人员提供的工程量等。

3）投资估算的计价应依据有关部门发布的工程计价依据，相关行业和工程所在地区的计价依据及有关规定，设备、材料的询价资料或可供参考的依据资料，国家发布的利率、汇率等政策性参数和数据，本地区近期已钻井的成本资料或其他地区有可比性的钻井成本资料。

（4）开发井投资估算方法。

1）工程费用应区分不同井型、不同井深，在单井工程费用概算的基础上根据油藏工程方案中的设计钻井数估算。单井工程费用概算应由钻前工程费、钻井工程费、固井工程费、测井工程费、录井工程费和试井工程费等六部分组成，依据钻井工程方案和采油工程方案，采用“工程量法”和“日费指标法”估算。

2）钻前工程费用分为土地征用、井场修建工程、供电工程、钻机拆搬安工程等若干项目，各项目费用应根据工程量和费用指标计算。

3）钻井工程费用分为钻头、钻井液、钻井施工费三个项目，钻头根据型号按消耗量和单价计算，钻井液根据配方按消耗量和单价计算，钻井施工费根据钻机选型按钻井周期和钻井日费计算。

4）固井工程费用分为套管、附件、水泥、固井作业四个项目，套管根据选型按消耗量和单价计算，附件按套管材料费的一定比例计算，水泥根据配方按消耗量和单价计算，固井作业按水泥消耗量和作业费用指标计算。

5）测井工程费用分为测井资料采集、井壁取心、测井资料处理解释三项，测井资料采集根据测井项目按计价米和综合单价计算，井壁取心按颗和综合单价计算，测井资料处理解释根据测井项目按处理米和综合单价计算。

6）录井工程费用分为录井作业和录井资料处理解释两项，录井作业根据不同录井方式按录井周期天数和综合单价计算，录井资料处理解释根据不同录井方式按单井指标计算。

7）试油工程分为采油树安装、下油管、射孔作业、试油作业、酸化压裂作业五项，采油树安装按单井套指标计算，下油管根据选型按消耗量和单价计算，射孔作业根据枪弹选型按射孔米和综合单价计算，试油作业按周期和施工日费指标计算，酸化压裂作业根据投产作业方案设计按作业井次和费用指标计算。

（5）投资估算成果。

1）编制投资估算表格包括“单井工程费用概算表”、“开发井投资估算汇总表”。

2）应根据单井工程费用概算表计算不同井型平均单位钻井成本。

（6）开发方案中利用的探井、评价井投资不计入油气开发建设项目建设投资，但利用老井所发生的大修理费应作为开发井工程投资。

2. 地面工程是指从井口（采油树）以后到商品原油天然气外输为止的全部工程。

（1）地面工程包括的范围。油田地面建设主体工程包括井场、油气计量、油气集输、油气分离、原油脱水、原油稳定、原油储运、天然气处理、注水等，气田地面建设主体工程包括井场、集气站、增压站、集气总站、集输气管网、天然气净化装置、天然气凝液处理装置等。油气田地面建设配套工程包括：采出水处理、给排水及消防、供电、自动控制、通信、供热及暖通、总图运输和建筑结构、道路、生产维修和仓库、生产管理设施、环境保护、防洪防涝等。

（2）地面工程投资的构成。地面工程投资由工程费用、工程建设其他费用和预备费组成。工程费用包括设备购置费、安装工程费和建筑工程费，工程建设其他费用包括固定资产其他费用、无形资产费用和其他资产费用，预备费包括基本预备费和价差预备费。

1）工程费用。

①设备购置费指需要安装和不需要安装的全部设备（含必要的备品备件）的购置费、

工器具及生产家具购置费等。是由设备价格、引进设备的从属费用、设备运杂费（包括成套设备订货手续费）构成。设备运杂费等费用计算按有关规定执行。

②安装工程费指需要安装的各类设备、材料的安装费用和材料费。安装工程费估算主要根据“投资估算指标”、“概算指标”及“典型工程综合指标”等依据，采用“工程量法”和“指标法”进行计算。在估算时还应根据现行价格进行适当的换算与调整。

③建筑工程费指建设项目设计范围内的建筑物、构筑物、总图竖向布置及其他大型土石方的费用。建筑工程费估算一般采用单位建筑工程投资估算法，即按工程项目所在地建构筑物工程造价水平以综合指标（每平方米、每立方米、每千米等单位造价）进行估算。

2）工程建设其他费用指在工程建设投资中支付的，除设备购置费、安装工程费及建筑工程费用以外的其他固定资产费用、无形资产和其他资产费用。

①固定资产其他费用主要包括建设单位管理费、可行性研究费、研究试验费、勘察设计费、环境影响评价费、劳动安全卫生评价费、场地准备及临时设施费、引进技术和引进设备其他费、工程保险费、联合试运转费、特殊设备安全监督检验费、市政公用设施建设及绿化补偿费、建设用地费、水土保持评价费、地震安全性评价费、地质灾害危险性评价费、超限设备运输费等。

②无形资产费用主要包括专利及专有技术使用费、软件费、土地使用权费等。

③其他资产费用主要包括生产准备及开办费、图纸资料翻译费等。

3）预备费包括基本预备费和价差预备费。

①基本预备费是指在可行性研究阶段难以预料的工程费用和其他费用。

②价差预备费是指建设项目在估算年至工程建成年内由于政策、价格变动而引起工程造价变化的预留费用，包括设备、工器具、建筑、安装及其他费用价格的变动费用。

（3）投资估算的依据。主要包括国家法律、法规，相关行业（或企业）有关规定，设备、材料价格，利率、汇率及有关参考资料等。

（4）建设投资分析包括结构分析和水平分析。结构分析主要对投资的构成比例进行分析，水平分析主要对投资的技术经济指标高低进行分析，可计算单位开发成本、单位发现成本，选取近期类似工程项目的投资进行对比，对影响投资的主要因素进行说明。

$$单位开发成本 = \frac{开发投资}{动用可采储量} \tag{3}$$

$$单位发现成本 = \frac{勘探投资}{新增可采储量} \tag{4}$$

2.9 建设期利息。

油气开发建设项目的建设期利息应统一计算，在开发井工程投资和地面工程投资估算中不必分别计算。估算建设期利息，需要根据项目进度计划，提出建设投资分年计划，列出各年投资额，同时应根据不同情况选择名义年利率或有效年利率。

1. 国内外借款，无论按年、季、月计息，均可简化为按年计息，即将名义年利率按计息时间折算成有效年利率。计算公式为：

$$有效年利率 = \left(1 + \frac{r}{m}\right)^{m} - 1 \tag{5}$$

式中 r——名义年利率；

m——每年计息次数。

2．为简化计算，通常假设借款均在每年的年中支用，借款当年按半年计息，其后年份按全年计息。按付息方式，建设期利息计算分两种情况：

（1）采用自有资金付息，建设期利息按单利计算。

$$各年应计利息=（年初借款本金累计+本年借款额/2）\times名义年利率 \tag{6}$$

（2）采用银行借款付息，建设期利息按复利计算。

$$各年应计利息=（年初借款本息累计+本年借款额/2）\times有效年利率 \tag{7}$$

3．建设项目如需从多方面筹措债务资金，由于资金来源渠道不同，每笔借款的名义年利率也不相同，其借款利息的计算方法有两种：一种是每笔借款分别计算，计算公式如前面所述；另一种是计算出一个加权的有效年利率，用加权有效年利率来计算借款利息。运营期利息支出，计入总成本费用中的财务费用。

4．其他融资费用系指某些债务融资发生的手续费、承诺费、管理费、信贷保险等融资费用，原则上应按借款合同上的约定单独计算，但一般情况下可简化作粗略估计，并一次性进入建设期利息。

5．对于分期建成投产的油气开发建设项目，各期发生的投资作为项目建设投资的组成部分，应按各期建设时间计算借款费用作为建设期利息予以资本化。

2.10 流动资金。

1．项目运营需要流动资产投资，但项目评价中需要估算并预先筹措的是从流动资产中扣除流动负债，即企业短期信用融资（应付账款）后的流动资金。项目评价中流动资金的估算应考虑应付账款对需要预先筹措的流动资金的抵扣作用。对有预收账款的某些项目，还可同时考虑预收账款对流动资金的抵扣作用。

2．流动资金可采用扩大指标估算法或分项详细估算法。分项详细估算法具体方法如下：

分项详细估算法是对流动资产与流动负债的主要构成要素分项进行估算，编制“流动资金估算表”，计算公式为：

$$流动资金=流动资产-流动负债 \tag{8}$$

$$流动资产=预付账款+存货+应收账款+现金 \tag{9}$$

$$流动负债=应付账款+预收账款 \tag{10}$$

$$流动资金本年增加额=本年流动资金-上年流动资金 \tag{11}$$

流动资金的估算首先确定各分项最低周转天数，计算出周转次数，然后进行分项估算。周转次数的计算公式为：

$$周转次数=\frac{360}{最低周转天数} \tag{12}$$

（1）预付账款是指企业对外购买各种材料、半成品或服务所预先支付的款项。根据油气田开发建设项目特点，预付账款可简化计算为：

$$预付账款=外购商品或服务费用金额\div预付账款周转次数 \tag{13}$$

（2）存货是指企业在生产过程中将要消耗物料，或仍然处于生产过程中半成品，或持有以备出售产成品，包括各种材料、燃料、在产品和产成品等。根据油气田开发建设项目特点，为简化计算，项目财务分析中存货仅考虑外购原材料、燃料、在产品和产成品，并分项计算。计算公式为：

$$存货 = 外购材料 + 外购燃料 + 在产品 + 产成品 \tag{14}$$

$$外购材料 = \frac{年操作成本 \times 百分比}{外购材料周转次数} \tag{15}$$

式中百分比为年外购材料占年操作成本的比例，可根据统计数据或经验确定。

$$外购燃料 = \frac{年操作成本 \times 百分比}{外购燃料周转次数} \tag{16}$$

式中百分比为年外购燃料占年操作成本的比例，可根据统计数据或经验确定。

$$在产品 = \frac{年操作成本}{在产品周转次数} \tag{17}$$

$$产成品 = \frac{(年经营成本 - 年营业费用)}{产成品周转次数} \tag{18}$$

（3）应收账款是指企业对外销售商品后尚未收回的资金，计算公式为：

$$应收账款 = \frac{年经营成本}{应收账款周转次数} \tag{19}$$

（4）现金是指企业为维持正常生产运营必须预留的货币资金，计算公式为：

$$现金 = \frac{(年操作成本 + 其他管理费用 + 营业费用) \times 百分比}{现金周转次数} \tag{20}$$

式中百分比为年需用货币支出的费用在年操作成本、其他管理费用、营业费用的总和的比例，可根据统计数据或经验确定。

（5）应付账款是指企业对外购买各种材料、燃料、动力等所应付但未付的款项，计算公式为：

$$应付账款 = \frac{(年操作成本 + 其他管理费用 + 营业费用) \times 百分比}{应付账款周转次数} \tag{21}$$

式中百分比为年外购材料、燃料、动力等费用占年操作成本、其他管理费用、营业费用总和的比例，可根据统计数据或经验确定。

（6）预收账款是指企业对外销售商品所预先收取的款项，计算公式为：

$$预收账款 = \frac{预收的营业收入年金额}{预收账款周转次数} \tag{22}$$

各类流动资产和流动负债的最低周转天数参照同类企业的平均周转天数并结合项目特点确定，应充分考虑储存天数、在途天数以及适当的保险系数。

2.11 弃置成本。

弃置成本是为了进行油气勘探和开发工作所使用的油气水井、油气水集输设施、输油气水管线以及其他油气资产在废弃时发生的拆卸、搬迁、封井、场地清理、环境恢复等支出。按照《企业会计准则第27号——石油天然气开采》第二十三条规定：企业承担的矿区废弃处置义务，满足《企业会计准则第13号——或有事项》中预计负债确认条件的，应将该义务确认为预计负债，并相应增加井及相关设施的账面价值。因此，弃置成本是一种预提费用，不属于项目建设投资，也不作为建设期的现金流出。

在生产期末发生弃置费用，弃置费用等于弃置成本与各年计提财务费用之和。弃置成本应按照油气资产废弃的工艺标准进行测算。计提额以目前价格水平和工艺要求进行清理所需要的支出（又称未折现弃置成本）为基准，以经营期为折现期，以规定的长期负息资金利率为贴现率，将未折现弃置成本折现到运营期第一年，并将其作为弃置成本。在财务分析中可按油气资产原值（不包括弃置成本）的一定比例计算未折现弃置成本。

弃置成本作为一项单独的资产，增加油气资产原值，同时增加负债（在资产负债表中为预计负债）。采用年限平均法计提折耗。

2.12 总投资与资产的关系。

油气资产是指油气田为生产油气商品而持有的、使用寿命超过一个会计年度的有形资产，投资形成的油气资产原值（扣除建设投资中的增值税）用于计算折耗；无形资产是指企业拥有或控制的没有实物形态的可辨认非货币性资产，其他资产是指除流动资产、固定资产、无形资产以外的其他资产，投资形成的无形资产和其他资产原值用于计算摊销费用。

1．开发井工程投资全部形成油气资产。地面工程投资中的无形资产费用形成无形资产、其他资产费用形成其他资产，其余（包括预备费）形成油气资产。

2．建设期利息全部形成油气资产。

3．建设投资中的增值税不形成油气资产。

4．流动资金和流动负债共同构成流动资产。

2.13 勘探投资。

勘探投资是为了识别勘探区域探明油气储量而进行的地质调查、地球物理勘探、钻探活动以及其他相关活动发生的费用，按照《企业会计准则第27号——石油天然气开采》第三章油气勘探的会计处理第十一条~第十五条规定：油气勘探支出包括钻井勘探支出和非钻井勘探支出；钻井勘探支出在完井后，确定该井发现了探明经济可采储量的，应当将钻探该井的支出结转为井及相关设施成本；确定该井未发现探明经济可采储量的，应当将钻探该井的支出扣除净残值后计入当期损益；确定部分井段发现了探明经济可采储量，应当将发现探明经济可采储量的有效井段的钻井勘探支出结转为井及相关设施成本，无效井段钻井勘探累计支出转入当期损益；未能确定该探井是否发现探明经济可采储量的，应当在完井后一年内将钻探该井的支出予以暂时资本化。因此，在勘探阶段为获得探明储量而发生的勘探投资，按照"成果法"的原则，成功探井、评价井所花费的费用予以资本化。在油气开发建设项目的经济评价中，利用的探井、评价井投资是已经发生的勘探投资，不包括在开发项目建设投资中，但形成油气资产、计提折耗并在现金流量表中作为建设期第一年的现金流出。

2.14 维持运营投资。

按照《企业会计准则第4号——固定资产》规定："与固定资产有关的后续支出，符合本准则第四条规定的确认条件的，应当计入固定资产成本；不符合本准则第四条规定的确认条件的，应当在发生时计入当期损益"。油气开发项目为维持油气生产，弥补产量递减，在生产期需进行一些维护作业，如打新井、转变采油方式、下大泵等。

维持运营投资分为费用化勘探投资、资本化勘探投资和开发投资三部分。费用化勘探投资直接进入总成本费用，资本化勘探投资和开发投资全部计入油气资产原值并提取折耗。

2.15 总成本费用。

项目评价中总成本费用的估算可采用"生产要素法"，也可采用"生产成本加期间费用法”估算。根据油气开发项目的特点和实际，《油气开发评价方法》推荐“生产成本加期间费用法”估算。

1. 油气操作成本。油气操作成本（也称作业成本）是指对油水井进行作业、维护及相关设备设施生产运行而发生的费用，包括为上述井及相关设备设施的生产运行提供作业的人员费用，作业、修理和维护费用，物料消耗，财产保险，矿区生产管理部门发生的费用等。根据油气开采企业的有关财务规定，油气操作成本包括直接材料费、直接燃料费、直接动力费、直接人员费、驱油物注入费、井下作业费、测井试井费、维护及修理费、稠油热采费、轻烃回收费、油气处理费、天然气净化费、运输费、其他直接费和厂矿管理费等15项，并据此编制油气操作成本估算表。

（1）油气操作成本估算。油气操作成本估算可采用相关因素法，即根据驱动各项操作成本变动的因素以及相应的费用定额估算操作成本。成本动因包括采油气井数、总生产井数、采液量、注水量、采油量等，费用定额的取定应参考同类区块或相似区块的操作成本数据并综合考虑开发区块的位置、开采方式、地面工艺流程、油藏物性和单井产量等因素。有条件的可采用设计成本法，即根据每项成本的预测消耗量和相应的价格进行估算。

1）直接材料费指采油采气过程中，直接消耗于油气井、计量站、集输站、集输管线以及其他生产设施的各种材料的费用，可以油气井数为基础按单井费用指标计算。

2）直接燃料费指采油采气过程中，直接消耗于油气井、计量站、集输站、集输管线以及其他生产设施的各种燃料的费用，可以油气井数为基础按单井费用指标计算。

3）直接动力费指采油采气过程中，直接消耗于油气井、计量站、集输站、集输管线以及其他生产设施的电力等的费用，可以油气井数为基础按单井费用指标计算。

4）直接人员费指项目（或企业）为获得职工（直接从事于生产的采油队、采气队、集输站等生产人员）提供的服务而给予各种形式的报酬，通常包括人员的工资、奖金、津贴和补贴；职工福利费；医疗保险费、养老保险费、失业保险费、工伤保险费和生育保险费等社会保险费；住房公积金；工会经费和职工教育经费；非货币性福利；因解除与职工劳动关系给予的补偿；其他与获得职工提供的服务相关的支出；提供给职工配偶、子女或其他赡养人的福利等，可以油气井数为基础按单井费用指标计算。

5）驱油物注入费指为提高采收率，对地层进行注水、注气或者注化学物等所发生的材料、燃料、动力、人员等费用。驱油物注入费可以注入物量为基础按单位注入量费用指标计算。

6）井下作业费包含维护性井下作业费和增产措施井下作业费两部分。维护性井下作业是维持油气水井正常生产必须进行的作业，包括检泵、修井等；增产措施井下作业是为增加油气产量而进行的井下作业，包括压裂、酸化、排水采气等。井下作业费分为油气井井下作业费和注入井井下作业费，可以井数为基础按单井费用指标计算。

7）测井试井费指油气生产过程中为掌握油气田地下油气水分布动态所发生的测井试井费用，分为油气井测井试井费和注入井测井试井费，可以井数为基础按单井费用指标计算。

8）维护及修理费指为了维持油气田地面系统的正常运行，对油气资产地面设施设备进行维护、修理所发生的费用；为保证安全生产修建小型防洪堤、防火墙、防风沙林等不属于资本化支出的费用；辅助设备和设施发生的修理费用。维护及修理费可按地面工程投资的一定比例计算。

9）稠油热采费指采用蒸汽吞吐或其他热采方式开采稠油、高凝油所发生的材料、燃料、动力、人员等一切费用，包括造汽、注汽、保温等环节的各项费用，以注入蒸汽量为基础按每吨费用指标计算。

10）轻烃回收费指从原油或天然气中回收凝析油和液化石油气过程中所发生的材料、燃料、动力、人员等一切费用。油田以原油产量基础按每吨费用指标计算，气田以天然气产量为基础按每千立方米费用指标计算。

11）油气处理费指在集中处理站中对原油进行脱水、脱气及含油污水脱油、回收过程中所发生的材料、燃料、动力、人员等一切费用，以处理液量为基础按每吨费用指标计算。

12）天然气净化费是指在天然气处理厂（净化厂）对天然气进行脱水、脱油、脱硫等过程中发生的材料、燃料、动力、人员等一切费用，以天然气产量为基础按每千立方米费用指标计算。

13）运输费指为油气生产提供运输服务的运输费以及按规定交纳的车辆养路费、养河费等，包括单井拉油运费。油气田生产一般性的运输费用，可以总井数为基础按单井费用指标计算，单井拉油运输费应根据运输距离以采液量为基础按每吨费用指标计算。

14）其他直接费指上述费用以外的直接用于油气生产的其他费用，以总井数为基础按单井费用指标计算。

15）厂矿管理费指油气生产单位包括采油（气）厂、矿两级生产管理部门为组织和管理生产所发生的管理性支出，以全部定员为基础按每人费用指标估算。如果没有定员计划，厂矿管理费以总井数为基础按单井费用指标计算。

（2）油气操作成本的分析。根据油气田的生产流程和现有组织结构等基本情况，将油气操作成本分为采出作业、注入作业、处理作业、管理作业四部分，分析其比例关系、单位成本水平以及其变化趋势。

$$单位操作成本=\frac{操作成本}{商品量} \tag{23}$$

与15项操作成本项目相对应，采出作业成本包括材料、燃料、动力、人员费用、油井井下作业费、油井测井试井费和维护及修理费等，注入作业成本包括驱油物注入费、注入井井下作业费、注入井测井试井费和稠油热采费等，处理作业成本包括轻烃回收费、油气处理费、天然气净化费等，管理作业成本包括运输费、其他直接费和厂矿管理费等。

与采油（气）有关的直接成本也可称为“提升成本”，包括直接材料费、直接燃料费、直接动力费、直接人员费、折耗费、运输费及其他。

2. 折耗。折耗是为了补偿油气资产在生产过程中的价值损耗而提取的补偿费用。根据现行规定，折耗采用平均年限法，编制“折耗与摊销估算表”。

$$年折耗=油气资产原值\times（1-预计净残值率）/综合折耗年限 \tag{24}$$

按照有关财务制度规定，不同类别油气资产的折耗年限不同。在经济评价中，为简化计算，可根据油气开发建设项目的油气资产结构，确定综合折耗年限。

3. 管理费用。

管理费用是指地区分公司一级的行政管理部门为管理和组织生产经营活动所发生的各

项费用，包括公司管理人员的工资及福利费、公司经费、工会经费、职工教育经费、劳动保险费、待业保险费、董事会费、咨询费、聘请中介机构费、诉讼费、排污费、绿化费、税费、矿产资源补偿费、技术转让费、研究与开发费、土地使用费、管理系统折旧费、公司管理固定资产修理费、无形资产和其他资产摊销、业务招待费和损失或准备等。为简化计算，管理费用分为摊销费、矿产资源补偿费、石油特别收益金和其他管理费四部分。

（1）无形资产摊销从开始使用之日起，按10年分期摊销；其他资产摊销自投产之日起，按照5年分期摊销。编制折耗与摊销估算表。

（2）根据1994年2月国务院令第150号《矿产资源补偿费征收管理规定》，矿产资源补偿费以营业收入为基础计取，计算公式为：

$$\text{矿产资源补偿费}=\text{油气营业收入}\times\text{补偿费费率}\times\text{开采回收率系数} \tag{25}$$

开采回收率系数是国家主管部门核定的开采回收率与油气田实际开采回收率的比值。为简化计算，在油气开发建设项目财务分析中，开采回收率系数取100%。

（3）石油特别收益金是指国家对石油开采企业销售国产原油因价格超过一定水平所获得的超额收入按比例征收的收益金。根据财政部印发的《石油特别收益金征收管理办法》（财企［2006］72号），凡在中华人民共和国陆地领域和所辖海域独立开采并销售原油的企业，以及在上述领域以合资、合作等方式开采并销售原油的其他企业均应当按照规定缴纳石油特别收益金。

石油特别收益金实行5级超额累进从价定率计征，按月计算、按季缴纳。征收比率按石油开采企业销售原油的月加权平均价格确定。石油特别收益金计算公式如下：

$$\begin{aligned}\text{石油特别收益金}=&[(\text{原油价格}-\text{起征点})\times\text{征收比率}-\text{速算扣除数}]\\&\times\text{吨桶换算系数}\times\text{汇率}\times\text{原油商品量}\end{aligned} \tag{26}$$

在财务分析中，为简化计算，石油特别收益金的计算和缴纳均以年为单位。

（4）其他管理费是指管理费用中除摊销费、矿产资源补偿费和石油特别收益金以外的部分。根据管理费用的构成和变动规律，其他管理费用以全部定员为基础进行估算。如果没有定员计划，其他管理费以总井数为基础按单井费用指标计算。

4．财务费用指项目筹集资金在运营期间所发生的各项费用，包括利息支出和其他财务费用。根据油气开发建设项目的特点，为简化计算，在评价中不计算其他财务费用。运营期间发生的利息支出，包括长期借款、流动资金借款和短期借款的利息净支出。

（1）长期借款利息指对建设期间借款余额（含未支付的建设期利息）应在生产期支付的利息。在项目评价时，应根据项目（企业）具体情况及银行等债权人要求选择利息计算方法，编制“借款还本付息计划表”。

长期借款假定还款发生在年末，可以选择等额还本利息照付或等额还本付息方式来计算长期借款利息：

1）等额还本、利息照付法，偿还期内每年偿还的本金额是相等的，利息将随本金逐年偿还而减少，利息计算公式如下：

$$\text{第}\,t\,\text{年支付利息}=I_c\times\left(1-\frac{t-1}{n}\right)\times i,\text{每年偿还本金}=\frac{I_c}{n} \tag{27}$$

式中　I_c——建设期末油气资产借款余额（含未支付的建设期利息）；

i——年利率；

n——贷款方要求的借款偿还年数（由还款年开始计）。

2）等额偿还本金和利息法，偿还期内每年偿还的本金与利息之和相等，但还本付息额中的本金和利息逐年不等，偿还的本金部分将逐年增多，支付的利息部分将逐年减少。还本付息总额计算公式如下：

$$A = I_c \times \frac{i(1+i)^n}{(1+i)^n - 1} \tag{28}$$

式中　A——每年的还本付息额。

$$当年支付利息 = 年初借款余额 \times 年利率 \tag{29}$$

$$当年偿还本金 = A - 当年支付利息 \tag{30}$$

（2）项目评价中估算的流动资金借款从本质上说应归类为长期借款，但考虑流动资产可变现能力强，通常是按年末偿还、下年初再借的短期借款处理，并按短期利率计息，计算公式为：

$$流动资金借款利息 = 流动资金借款余额 \times 年利率 \tag{31}$$

财务分析中对流动资金的借款偿还一般可设定在计算期最后一年或者在还完长期借款后安排。

（3）项目评价中的短期借款指生产运营期间为了资金的临时需要而发生的短期借款。短期借款的数额应在财务计划现金流量表中有所反映，其利息应计入财务费用。短期借款利息的计算同流动资金借款利息，其偿还按照随借随还（即当年借款尽可能于下年偿还）的原则处理。

（4）弃置成本财务费用是按长期借款利率计提的财务费用，生产期每年计提的弃置成本财务费用等于上年末的预计负债与长期借款利率的乘积，提取的弃置成本财务费用形成预计负债。弃置成本财务费用不是实际的利息支出，各财务报表中的利息支出或付息均不包括弃置成本财务费用。

5. 营业费用是指企业在销售商品和提供劳务过程中发生的各项费用以及专设销售机构的各项经费，包括应由企业负担的运输费、装卸费、包装费、保险费、委托代销手续费、广告费、展览费、销售部门人员工资及福利费、差旅费、办公费、折旧费、修理费、物料消耗和低值易耗品摊销等。营业费用按营业收入的一定比例计算。

6. 勘探费用是指地质调查、地球物理勘探费用和其他物化探和地震费用及未发现经济可采储量探井、评价井的费用和成功探井、评价井的无效井段费用。根据有关规定财务规定，勘探费用列入当期损益。

在油气田滚动开发建设项目中，为完成油气产量目标而必须在生产运营期新增的探明储量所预计发生的勘探投资，其中属于费用化的部分列入勘探费用。

7. 固定成本和可变成本。为进行财务分析的盈亏平衡分析，根据成本费用与产量的关系可以将总成本费用分解为可变成本、固定成本和半可变（半固定）成本。

固定成本是指不受产量增减变动影响的各项成本费用。可变成本是指随产品产量增减而成正比例变化的各项费用。油气开发建设项目固定成本包括直接材料费、测井试井费、直接人员费用、折耗费、维护及修理费、其他直接费、厂矿管理费、摊销费、其他管理费用和财务费用。油气开发建设项目可变成本主要包括直接燃料费、直接动力费、驱油物注入费、井下作业费、稠油热采费、轻烃回收费、油气处理费、天然气净化费、运输费、营业费用、矿产资源补偿费和特别收益金等。

2.16 经营成本指运营期内为生产产品和提供劳务而发生的各种耗费，是财务分析中现金流量分析的主要现金流出。经营成本与融资方案无关。油气开发建设项目经营成本由油气操作成本、矿产资源补偿费、石油特别收益金、其他管理费用和营业费用构成。

总成本费用按成本要素估算时，经营成本为外购原材料、燃料和动力费、人员费用、修理费和其他费用。

其他费用指从厂矿管理费用、其他管理费用和营业费用中扣除了折旧费、摊销费、修理费、人员费用以后的其余部分。

2.17 油气开发建设项目经济评价涉及的税费主要包括增值税、城市维护建设税、教育费附加、资源税、所得税等。城市维护建设税、教育费附加和资源税构成营业税金及附加，编制“营业收入、营业税金及附加估算表”，增值税只作为计算相关税额的依据。税种的税基和税率的选择，应根据相关税法和项目的具体情况确定。如有减免税优惠，应说明依据及减免方式。

1. 增值税是以商品生产和劳务服务各个环节的增值因素为征收对象的一种流转税。内部生产的自用产品、内部调拨材料和设备以及产品销售过程中所发生的费用免交增值税。

根据增值税税法规定和油气开发建设项目的特点，增值税可简化计算，计算公式如下：

$$增值税 = 销项税 - 进项税 \tag{32}$$

$$销项税 = 营业收入 \times 增值税税率 \tag{33}$$

进项税包括建设投资中的进项税额以及生产成本中的进项税。

$$生产成本进项税 = (操作成本 + 其他管理费用 + 营业费用) \times 百分比 \times 增值税税率 \tag{34}$$

式中百分比为操作成本、其他管理费用和营业费用中应税部分的比例。

按照中华人民共和国国务院令第538号修订的《中华人民共和国增值税暂行条例》，在全国范围内实施增值税转型改革，自2009年1月1日起施行。增值税转型改革允许企业抵扣其购进设备所含的增值税，允许全国范围内（不分地区和行业）的所有增值税一般纳税人抵扣其新购进设备所含的进项税额，未抵扣完的进项税额结转下期继续抵扣。为预防出现税收漏洞，将与企业技术更新无关，且容易混为个人消费的应征消费税的小汽车、摩托车和游艇排除在上述设备范围之外。同时，作为转型改革的配套措施，将相应取消进口设备增值税免税政策和外商投资企业采购国产设备增值税退税政策，企业购买设备，不管是进口的还是国产的，其进项税额均可以抵扣。转型改革后允许抵扣的固定资产主要是机器、机械、运输工具以及其他与生产、经营有关的设备、工具、器具，因此，仍然是上述范围。房屋、建筑物等不动产不能纳入增值税的抵扣范围。

2. 资源税是为调节资源级差收入，促进企业合理开发资源，加强经济核算，提高经济效益而征收的一种税。资源税按照应税产品的课税数量和规定的单位税额计算，开采油气过程中用于加热、修井等油气免资源税，油气在储存集输过程中的损耗免资源税。资源税计算公式如下：

$$资源税 = 油气商品量 \times 单位税额 \tag{35}$$

3. 城市维护建设税是以缴纳的增值税与消费税或营业税为依据和规定税率计算缴纳的一种税，专项用于城市维护和建设。油气开发建设项目城市维护建设税以增值税为计税基础，计算公式如下：

$$城市维护建设税=增值税\times税率 \tag{36}$$

4. 教育费附加是对缴纳增值税、消费税、营业税的单位和个人征收的一种附加费，专项用于发展地方性教育事业。油气开发建设项目教育费附加以增值税为计税依据，计算公式如下：

$$教育费附加=增值税\times费率 \tag{37}$$

5. 所得税是对企业就其生产经营所得和其他所得征收的一种税。根据国家有关企业所得税的法律、法规以及相关政策，正确计算应纳税所得额，并采用适宜的税率计算企业所得税，同时注意正确使用有关的所得税优惠政策，并加以说明。所得税在“利润和利润分配表”中计算，计算公式如下：

$$应纳所得税额=应纳税所得额\times税率 \tag{38}$$

$$应纳税所得额=利润总额-准予扣除项目金额 \tag{39}$$

按照所得税暂行条例规定“纳税人发生年度亏损的，可以用下一纳税年度的所得弥补；下一纳税年度的所得不足弥补的，可以逐年延续弥补，但延续弥补期最长不得超过五年。”因此，当财务分析中出现年度亏损时应注意用下一年的所得予以弥补。其计算公式如下：

$$应纳税额=应纳税所得额\times税率 \tag{40}$$

在项目融资前分析中所得税为息前所得税，称为调整所得税，以息税前利润为基础计算。如建设期利息占总投资比例很小，为简化计算，在息税前利润计算中，仍使用含建设期利息的油气资产原值计算的折耗。

2.18 财务效益与费用的估算表格。

财务效益与费用的估算表格属于财务分析的辅助报表，根据油气开发项目的特点给出了报表的格式，使用中应按此编制，并注意表格的注释。

3 资金来源与融资方案

3.1 融资方案与投资估算、财务分析密切相关。一方面，融资方案必须满足投资估算确定的投资额及其使用计划对投资数额、时间和币种的要求；另一方面不同方案的融资后财务分析结论，也是比选、确定融资方案的依据，而融资方案确定的项目资本金和项目债务资金的数额及相关融资条件又为进行资本金盈利能力分析、项目偿债能力分析、项目财务生存能力分析等财务分析提供了必需的基础数据。

3.2 油气开发建设项目从国家对矿产资源开发的管理体制上看，企业需要从国家取得探矿权或采矿权，国家只对具有行业准入条件的企业颁发探矿权或采矿权；从实际生产看，油气开发建设项目都是在原有企业或油田的基础上进行建设，且这样的企业是综合性的石油（能源）公司，业务范围不仅包括油气开发，还包括长输管道、炼油、化工、销售及新能源开发等。因此，不可能作为“既有法人”放入公司整体进行评价，可简化为“新设法人”进行项目评价。

如中国石油天然气股份有限公司实行一级法人的管理体制，采取“集中决策”的管理模式。各油气田地区分公司和全资子公司实施的油气开发建设项目的利益主体、决策主体和融资主体均为股份公司。严格意义上，中国石油股份公司实施的油气开发建设项目都属于既有法人融资，但项目评价不可能按既有法人模式放入股份公司总体中进行评价，因此在评价中将项目视为模拟“新设法人”。

3.3 资本金的来源主要是企业的直接投资。资本金的比例可按照国家规定的最低比例或企业比例确定。

根据国家的有关规定，作为计算项目资本金基数为总投资，是指固定资产投资（指建设投资、建设期利息之和）与铺底流动资金之和。

投资项目资本金的比例应不低于规定比例的要求。

投资项目资本金可以货币出资，也可以用实物、工业产权、非专利技术、土地使用权作价出资。对作为资本金的实物、工业产权、非专利技术、土地使用权，必须经过有资格的资产评估机构依照法律、法规评估作价。以工业产权、非专利技术作价出资的比例不得超过投资项目资本金总额的20%，国家对采用高新技术成果有特别规定的除外。

3.4 油气开发建设项目的债务资金主要是通过商业银行贷款、政策性银行贷款、企业债券、融资租赁等渠道和方式筹措。也可根据企业情况采用内部负息资金。

4 财务分析

4.1 财务分析是项目经济评价的重要组成部分。

财务分析是在项目财务效益与费用估算的基础上，通过编制财务报表，计算经济评价指标，分析评价项目的盈利能力、偿债能力和财务生存能力，判断项目的财务可接受能力，明确项目对企业的价值贡献，为投资决策、融资决策以及贷款审查提供依据。油气开发建设项目可行性研究阶段一般需按本章内容进行全面的财务分析。

4.2 融资前分析和融资后分析。

项目决策可分为投资决策和融资决策两个层次。投资决策重在考察项目净现金流量的价值是否大于其投资成本，融资决策重在考察资金筹措方案能否满足要求。投资决策在前，融资决策在后。根据不同决策的需要，财务分析可分为融资前分析和融资后分析。

财务分析一般宜先进行融资前分析，即不考虑债务融资条件下进行的财务分析。在融资前分析结论满足要求的情况下，初步设定融资方案，再进行融资后分析。

融资前分析只进行盈利能力分析，并以项目投资折现现金流量分析为主，计算项目投资内部收益率和净现值指标，也可计算投资回收期指标（静态）。融资后分析主要针对项目资本金折现现金流量和投资各方折现现金流量进行分析，既包括盈利能力分析，又包括偿债能力分析和财务生存能力分析等内容。

4.3 融资前分析

1. 融资前分析应剔除利息的影响。融资前分析的现金流量应与融资方案无关，各项现金流量的估算中都需要剔除利息的影响。

息税前利润的计算应完全不受融资方案变动的影响，即不受利息多少的影响，包括建设期利息对折耗的影响。在项目财务分析中，如果建设期利息占总投资的比例很小，为简化计算，可按利润与利润分配表中的息税前利润计算调整所得税，计算公式如下：

$$息税前利润=利润总额+财务费用 \tag{41}$$

$$调整所得税=息税前利润\times所得税税率 \tag{42}$$

2. 油气开发建设项目现金流入主要包括营业收入、补贴收入、增值税销项税、回收油气资产余值和回收流动资金，现金流出主要包括可利用探井、评价井投资、建设投资、流动资金、经营成本、增值税进项税、营业税金及附加、增值税、调整所得税以及维持运营投资。为简化计算，可将利用的探井、评价井投资列入建设期第一年。

根据需要，可从所得税前和（或）所得税后两个角度进行考察，选择计算所得税前指标和（或）所得税后指标。计算所得税前指标的融资前分析是从息税前角度进行的分析，是投资盈利能力的完整体现，用以考察由项目方案设计本身所决定的财务盈利能力，它不受融资方案和所得税政策变化的影响，仅体现项目方案本身的合理性，可以作为初步投资决策的主要指标，用于考察项目是否基本可行。计算所得税后指标的融资前分析是从息前税后角度进行的分析，是所得税前分析的延伸，可用于判断项目对企业价值的贡献，是企业投资决策依据的主要指标。从企业角度出发，主要依据税后指标判断建设项目的可行性。

4.4 融资后分析。在融资前分析结果可以接受的前提下，可以开始考虑融资方案，进行融资后分析。融资后分析包括项目的盈利能力分析、偿债能力分析以及财务生存能力分析，进而判断项目方案在融资条件下的合理性。融资后分析是比选融资方案，进行融资决策和投资者最终决定出资的依据。可行性研究阶段必须进行融资后分析，但只是阶段性的。实际中，在可行性研究报告完成之后，还需要进一步深化融资后分析，才能完成最终融资决策。

4.5 融资后的盈利能力分析。融资后盈利能力分析，包括动态分析和静态分析：

1. 动态分析。动态分析是通过编制财务现金流量表，根据资金时间价值原理，计算财务内部收益率、财务净现值等指标，分析项目的获利能力。融资后的动态分析可分为下列两个层次：

（1）项目资本金现金流量分析。项目资本金现金流量分析是从项目权益投资者整体的角度，考察项目给项目权益投资者带来的收益水平。它是在拟定的融资方案基础上进行的息税后分析，依据的报表是项目资本金现金流量表。

项目资本金现金流量表将各年投入的项目资本金作为现金流出，各年缴付的所得税和还本付息也作为现金流出，其净现金流量表示为在缴税和还本付息之后的剩余，即项目增加的净收益，也是投资者的权益性收益。油气开发建设项目现金流入主要包括营业收入、增值税销项税、补贴收入、回收油气资产余值和回收流动资金，现金流出主要包括可利用的探井、评价井投资、项目资本金、借款本金偿还、借款利息支付、经营成本、增值税进项税、营业税金及附加、增值税、所得税以及维持运营投资。

（2）投资各方现金流量分析。投资各方的内部收益率表示了投资各方的收益水平。一般情况下，投资各方按股本比例分配利润和分担亏损风险，因此投资各方的利益一般是均等的，没有必要计算投资各方的内部收益率。只有投资者中的各方有股权之外的不对等的利益分配时（油气合作项目），投资各方的收益率才会有差异，此时需要计算投资各方的内部收益率。有助于投资各方的合作谈判。

投资各方现金流量表中，投资方的现金流入主要体现在实分利润、资产处置收益分配、租赁收入、技术转让或使用收入等，现金流出主要体现在实缴资本、租赁资产支出等。实分利润是指投资者由项目获得的利润；资产处置收益分配是指对有明确合营或合资期限的项目，在期满时对资产余值的分配；租赁收入是指出资方将自己的资产租赁给项目使用所获得的收入，此时将资产价值以租赁资产支出的科目列入现金流出；技术转让或使用收入是指出资方将专利或专有技术转让或允许项目使用所获得的收入。

2. 静态分析。静态分析是不采取折现方式处理数据，主要依据“利润与利润分配表”，并借助现金流量表计算相关盈利能力指标，包括项目资本金净利润率和总投资收益率指标。

4.6 盈利能力分析的主要指标包括项目投资财务内部收益率和财务净现值、项目资本金财务内部收益率、投资回收期、总投资收益率、资本金净利润率等，可根据项目的特点及财务分析的目的、要求等选用。

作为项目投资判断的财务基准收益率或计算财务净现值的折现率，应主要依据“资金机会成本”和“资金成本”确定，并充分考虑项目可能面临的风险。一般按有关主管部门发布的财务基准收益率执行。

项目资本金财务内部收益率的判别基准是项目投资者整体对投资获利的最低期望值，亦即最低可接受收益率。当计算的项目资本金内部收益率大于或等于该最低可接受收益率时，说明投资获利水平大于或达到了要求，是可以接受的。

4.7 偿债能力分析。

1. 对筹措了债务资金（以下简称借款）的项目，偿债能力考察项目能否按期偿还借款的能力。通过计算利息备付率和偿债备付率指标，判断项目的偿债能力。如果能够得知或根据经验设定所要求的借款偿还期，可以直接计算利息备付率和偿债备付率指标；如果难以设定借款偿还期，也可以先大致估算出借款偿还期，再采用适宜的方法计算出每年需要还本付息的金额，代入公式计算利息备付率和偿债备付率指标。估算借款偿还期的计算公式如下：

$$\text{借款偿还期}=\text{借款偿还后开始出现盈余的年份}-\text{开始借款年份}+\left(\frac{\text{当年偿还借款额}}{\text{当年可用于还款的金额}}\right) \tag{43}$$

该借款偿还期不是偿债能力分析指标，只是为估算利息备付率和偿债备付率指标所用，不应与利息备付率和偿债备付率指标并列。

2. 按照有关法规，融资租赁油气资产可视同购置的油气资产一样计提折耗，同时按税法规定，融资租赁费用不应在所得税前扣除，因此项目评价中融资租赁费用的支付，可视作偿还本金处理，按要求的期限和数额逐年偿还。

4.8 财务生存能力分析。在项目（企业）运营期间，确保从各项经济活动中得到足够的净现金流量是项目能够持续生存的条件。财务分析中应根据财务计划现金流量表，综合考虑项目计算期内各年的投资活动、融资活动和经营活动所产生的各项现金流入和流出，计算净现金流量和累计盈余资金，分析项目是否有足够的净现金流量维持正常运营。为此，财务生存能力分析亦称为资金平衡分析。

财务生存能力分析应结合偿债能力分析进行，如拟安排的还款期过短，致使还本付息负担过重，导致为维持资金平衡必须筹措的短期借款过多，可以调整还款期，减轻各年还款负担。

4.10 财务分析报表。

1．现金流量表，反映计算期内的现金流入和流出，具体可分为下列三种类型：

（1）项目投资财务现金流量表（基本表1.1），用于计算项目投资财务内部收益率及净现值等财务分析指标。

（2）项目资本金财务现金流量表（基本表1.2），用于计算项目资本金财务内部收益率。

（3）投资各方财务现金流量表（基本表1.3），用于计算投资各方内部收益率。

2．利润与利润分配表（基本表2），反映项目计算期内各年营业收入、总成本费用、利润总额等情况，以及所得税后利润的分配，用于计算总投资收益率、项目资本金净利润率等指标。

3．财务计划现金流量表（基本表3），反映项目计算期各年的投资、融资及经营活动的现金流入和流出，用于计算累计盈余资金，分析项目的财务生存能力。

4．资产负债表（基本表4），用于综合反映项目计算期内各年年末资产、负债和所有者权益的增减变化及对应关系，计算资产负债率。

5 经济费用效益分析

5.1 经济费用效益分析是项目投资决策的主要内容之一。经济费用效益分析是项目评价方法体系的重要组成部分，市场分析、技术方案分析、财务分析、环境影响分析、组织机构分析和社会评价都不能代替经济费用效益分析的功能和作用。

在新的投资体制下，国家对项目的审批和核准的重点放在项目的外部效果、公共性方面，经济费用效益分析强调从资源配置经济效率的角度分析项目的外部效果，通过费用效益分析及费用效果分析的方法判断建设项目的经济合理性，是政府审批或核准项目的重要依据。

5.2 国家核准项目的经济费用效益分析。按照国家规定，年产原油100×10^4t及以上的新油田开发项目和年产天然气$20 \times 10^8 m^3$及以上新气田开发项目，需上报国家核准。对于这类项目在核准时根据需要决定是否进行经济效益与费用分析，如需要按《油气开发评价方法》规定进行。

5.3 经济效益和费用的识别。在经济费用效益分析中，应尽可能全面地识别建设项目的经济效益和费用，并需要注意以下几点：

1．对项目涉及的所有社会成员的有关费用和效益进行识别和计算，全面分析项目投资及运营活动耗用资源的真实价值，以及项目为社会成员福利的实际增加所做出的贡献。

（1）分析体现在项目实体本身的直接费用和效益，以及项目引起其他组织、机构或个人发生的各种外部费用和效益。

（2）分析项目的近期影响，以及项目可能带来的中期、远期影响。

（3）分析与项目主要目标直接联系的直接费用和效益，以及各种间接费用和效益。

（4）分析具有物质载体的有形费用和效益，以及各种无形费用和效益。

2. 效益和费用的识别遵循以下原则：

（1）增量分析的原则。项目经济费用效益分析应建立在增量效益和增量费用识别和计算的基础之上，不应考虑沉没成本和已实现的效益。应按照"有无对比"增量分析的原则，通过项目的实施效果与无项目情况下可能发生的情况进行对比分析，作为计算机会成本或增量效益的依据。

（2）考虑关联效果原则。应考虑项目投资可能产生的其他关联效应。

（3）以本国居民作为分析对象的原则。对于跨越国界，对本国以外的其他社会成员产生影响的项目，应重点分析对本国公民新增的效益和费用。项目对本国以外的社会群体所产生效果，应进行单独陈述。

（4）剔除转移支付的原则。在经济费用效益分析中，税赋、补贴属于转移支付，由于转移支付的行为没有导致新增资源的发生，因此一般不计算转移支付的影响。

3. 在实际的分析过程中，转移支付的处理应区别对待。

（1）剔除企业所得税或补贴对财务价格的影响。

（2）一些税收、补贴或罚款往往是用于校正项目"外部效果"的一种重要手段，这类转移支付不可剔除，可以用于体现外部效果。

（3）在不能判别产出或投入是增加供给还是挤占（替代）原有供给的情况下，可简化处理为：产出的影子价格一般包含缴纳流转税，投入的影子价格一般不包含缴纳流转税。

4. 经济费用与效益识别的时间范围应足以包含项目所产生的全部重要费用和效益，而不应仅根据有关财务核算规定确定。如财务分析的计算期可根据投资各方的合作期进行计算，而经济费用效益分析不受此限制。

5. 应对项目外部效果的识别是否适当进行评估，防止漏算或重复计算。对于项目的投入或产出可能产生的第二级乘数波及效应，在经济费用效益分析中一般不予考虑。

5.4 经济效益和经济费用的计算。投资项目所造成的经济费用和经济效益的计算，应在利益相关者分析的基础上，研究在特定的社会背景条件下相关利益主体获得的收益和付出的代价，计算项目相关的费用和效益，应遵循的原则如下：

1. 支付意愿原则。项目产出物的正面效果的计算遵循支付意愿（WTP）原则，用于分析社会成员为项目所产出的效益愿意支付的价值。

2. 受偿意愿原则。项目产出物的负面效果的计算遵循接受补偿意愿（WTA）原则，用于分析社会成员为接受这种不利影响所得到补偿的价值。

3. 机会成本原则。项目投入的经济费用的计算应遵循机会成本原则，用于分析项目所占用的所有资源的机会成本。机会成本应按资源的其他最有效利用所产生的效益进行计算。

4. 实际价值计算原则。项目经济费用效益分析应对所有的费用和效益采用反映资源真实价值的实际价格进行计算，不考虑通货膨胀因素的影响，但应考虑相对价格变动。

5.5 经济效益和经济费用采用影子价格计算。经济费用效益分析中投入物和产出物使用的计算价格称为"影子价格"。影子价格应是能够反映项目投入物和产出物真实经济价值的计算价格。

影子价格的测算在建设项目的经济费用效益分析中占有重要地位。建设项目中投入物和产出物区分为外贸货物和非外贸货物，并采取不同的思路确定其影子价格。

5.6 原油和天然气影子价格的测算。原油和天然气是油气开发建设项目的主要产出物，按照贸易货物的特性计算其影子价格。

出口费用是指货物进出口环节在国内所发生的相关费用，包括货物的交易、储运、再包装、短距离倒运、装卸、保险、检验等物流环节上的费用支出，也包括物流环节的损失、损耗以及资金占用的机会成本，还包括工厂与口岸之间的长途运输费用。出口费用应采用影子价格估值，用人民币计价。

天然气的影子价格可以参考纽约商品交易所的天然气期货合约来确定，由于该合约月份为自下一个月份开始的72个连续月份，所以可以选用最远合约月份的天然气期货价格（具体计算公式同上）。

5.7 特殊投入物影子价格。

1. 项目占用的人力资源，是一种特殊投入物，是项目实施所付出的代价。如果财务工资与人力资源的影子价格之间存在差异，应对财务工资进行调整计算，以反映其真实经济价值。人力资源投入的影子价格的计算公式如下：

$$人力资源投入的影子价格 = 劳动力机会成本 + 新增资源消耗 \quad (44)$$

(1) 劳动力机会成本是拟建项目占用的人力资源，由于在本项目使用而不能再用于其他地方或享受闲暇时间而被迫放弃的价值，应根据项目所在地的人力资源市场及劳动力就业状况，按下列原则进行分析确定：

1）过去受雇于别处，由于本项目的实施而转移过来的人员，其影子工资应是其放弃过去就业机会的工资（含工资性福利）及支付的税金之和。

2）对于自愿失业人员，影子工资应等于本项目的使用所支付的税后净工资额，以反映边际工人投入到劳动力市场所必须支付的金额。

3）非自愿失业劳动力的影子工资应反映他们为了工作而放弃休闲愿意接受的最低工资金额，其数值应低于本项目的使用所支付的税后净工资并大于支付的最低生活保障收入。当缺少信息，可以按非自愿失业人员接受的最低生活保障收入和税后净工资率的平均值近似测算。

(2) 新增资源耗费是指劳动力在本项目新就业或由其他就业岗位转移到本项目而发生的经济资源消耗，而这种消耗与劳动者生活水平的提高无关。在分析中应根据劳动力就业的转移成本测算。

2. 土地是一种重要的经济资源，是一种特殊投入物。项目占用的土地无论是否需要实际支付财务成本，均应根据土地用途的机会成本原则或消费者支付意愿的原则计算其影子价格。

(1) 生产性用地，按照这些生产用地未来可以提供的产出物的效益及因改变土地用途而发生的新增资源消耗进行计算，公式如下：

$$土地的经济成本 = 土地机会成本 + 新增资源消耗 \quad (45)$$

其中，土地的机会成本应按照社会对这些生产用地未来可以提供的消费产品的支付意愿价格进行分析计算，一般按照项目占用土地在“无项目”情况下的“最佳可行替代用途”的生产性产出的净效益现值进行计算。

新增资源耗费应按照在“有项目”情况下土地的征用造成原有地上附属物财产的损

失及其他资源耗费来计算。土地平整等开发成本应计入工程建设成本中，在土地经济价值估算中不再重复计算。

（2）对于非生产用地，应按照支付意愿的原则，根据市场交易价格测算影子价格。

（3）在经济费用效益分析中，应根据项目计算期内未来土地用途的可能变化，合理预测项目占用土地的影子价格。对土地机会成本的计算应按以下要求进行：

1）通过政府公开招标取得的国有土地出让使用权，以及通过市场交易取得的已出让国有土地使用权，应按市场交易价格计算其影子价格。

2）未通过正常市场交易取得的土地使用权，应分析价格优惠或扭曲情况，参考当地正常情况下的市场交易价格，调整或类比计算其影子价格。

3）当无法通过正常市场交易价格类比确定土地影子价格时，应采用收益现值法或以土地开发成本加开发投资应得收益确定。

4）由于土地开发规划的取得，会对土地市场价格产生影响，土地价值的估算应反映实际的或潜在的规划批准情况，应分析规划得到批准的可能性及其对地价的影响。如果土地用途受到限制，其影子价格就会压低。应分析这些限制被解除的可能性，以及解除限制对土地价值的影响。

5）项目征用农村土地，应按土地征用费调整计算其影子价格。其中耕地补偿费及青苗补偿费应视为土地机会成本，地上建筑物补偿费及安置补偿费应视为新增资源消耗。这些费用如果与农民进行了充分协商并获认可，可直接按财务成本计算其影子价格；若存在征地费优惠，或在征地中没有进行充分协商，导致补偿和安置费低于市场定价，应按当地正常征地补偿标准调整计算土地的影子价格。

6）在征收过程中收取的土地管理费、耕地占用税、耕地开垦费、土地管理费、土地开发费等各种税费，应视为转移支付，不列入土地经济费用计算。

5.8 外部效果计算的范围应考虑环境及生态影响效果、技术扩散效果和产业关联效果。一般计算一次性的外部影响效果。

计算外部效果应明确项目“范围”的边界。根据项目具体情况，合理确定项目扩展的边界。有条件时可将具有相互关联的项目拴在一起作为“项目群”进行评价，使外部效果的处理内部化。对无法量化的外部效果，应进行定性分析。

5.9 项目经济费用和效益的识别和计算，可以按照费用效益识别和计算的原则与方法直接进行，也可以在财务分析的基础上将财务现金流量转换为反映真正资源变动状况的经济费用效益流量。

1. 直接进行经济费用效益流量的识别和计算，基本步骤如下：

（1）对于项目的各种投入物，应按照机会成本的原则计算其经济价值。

（2）识别项目产出物可能带来的各种影响效果。

（3）对于具有市场价格的产出物，以市场价格为基础计算其经济价值。

（4）对于没有市场价格的产出效果，应按照支付意愿及接受补偿意愿的原则计算其经济价值。

（5）对于难以进行货币量化的产出效果，应尽可能地采用其他量纲进行量化。难以量化的，进行定性描述，以全面反映项目的产出效果。

2. 在财务分析的基础上进行经济费用效益流量的识别和计算，基本步骤如下：

（1）剔除财务现金流量中的通货膨胀因素，得到以实价表示的财务现金流量。

（2）剔除财务现金流量中不反映真实资源流量变动状况的转移支付因素。项目转移支付主要包括项目（企业）向政府缴纳的大部分税费（除体现资源补偿和环境补偿的税费外，如资源税等）、政府给予项目（企业）的各种补贴。

（3）调整建设投资。将建设投资中价差预备费从费用流量中剔除，建设投资中的劳动力按影子工资计算费用，土地费用按土地的影子价格调整，其他投入物可根据情况决定是否调整。有进口用汇的应按影子汇率换算并剔除作为转移支付的进口关税和进口环节增值税。

（4）调整流动资金，将流动资产和流动负债中不反映实际资源耗费的有关现金，应收、应付、预收、预付款项，从流动资金估算中剔除。

（5）调整经营费用，用影子价格调整主要材料、燃料及动力费用，人员费用等。

（6）调整营业收入，用原油、天然气的影子价格调整原油天然气营业收入，其他产品价格不做调整。

（7）对于难以进行货币量化的产出效果，应将货币化的外部效果计入经济效益费用流量；对于难以进行货币化的外部效果，应尽可能采用其他量纲进行量化。难以量化的，进行定性描述，以全面反映项目的产出效果。

5.10 社会折现率是用以衡量资金时间价值的重要参数，代表资金占用的机会成本，并且用作不同年份之间资金价值换算的折现率。社会折现率由国家公布，是经济费用效益进行折现的折现率。

6 费用效果分析

6.1 费用效果分析的定义。经济评价中费用效果分析是指耗费采用货币计量、效果采用非货币计量的分析方法。效果和耗费均用货币计量的称为费用效益分析。

费用效果分析回避了效果定价的难题，直接用非货币化的效果指标与费用进行比较，方法相对简单，最适用于难以货币化的领域。如安全、环保类项目。

费用效果分析既可用于财务现金流量，也可以用于经济费用效益流量。用于前者，主要用于项目各个环节的方案比选，如工艺方案比较、设备选型等，或以解决危及安全生产、环境保护、职业卫生等为目标的项目，支持社会公益事业、扶贫项目，可只进行费用计算和简单的效果分析。

6.2 公共项目的效果往往难以货币化，或者直接的货币收益不反映效果的本质特征。

6.3 各个方案必须具有共同的既定实物目标，所谓实物目标是指不以货币计量的一项具体的使命。目标不同的方案，不满足目标最低要求的方案不可比。

6.4 项目目标或目的必须清晰，应当尽可能将项目目标转化为具体的可量化的指标，并有明确的最低要求。项目目标既可能是单一的，也可能是多目标的，

根据项目目标探索不同的实现途径，构想和建立比较方案。

对各个方案的效果和费用进行识别和测算。

根据费用效果分析计算方法，综合比较、分析各个方案优缺点，推荐最佳方案或提出优先采用的次序。

对评价的可靠性进行审查，分析疑点，考虑其他因素，最后做出决策。

6.5 费用的测算强调采用寿命周期费用。它是项目从建设投资开始到项目终结整个过程期限内所发生的全部费用，包括投资、经营成本、计算期末资产回收和拆除、恢复环境的处置费用。寿命周期费用一般按现值计算或按年值计算。

6.6 项目的效果可以采用有助于说明项目收效的任何量纲。

计量单位的选择，既要能够切实度量项目目标的实现程度，又要便于计算。

效果用非货币指标计算，应选择能真实反映项目目标实现程度的指标。如污水处理厂，选用污水处理量（吨）、天然气脱硫选用二氧化硫量（吨）等。费用采用货币指标，包括投资、运营及寿命期处理全过程的折现费用，即项目寿命周期费用。根据分析的需要和方便，费用可以选用现值或年值。

6.7 $[E/C]_0$是该类项目的基准指标，即该类项目可行的最低要求。它用单位费用所应该达到的效果值表示。基准指标也可以采用其倒数形式，即单位效果可接受的费用，项目不得突破。

基准指标是项目可以接受的效果费用比的最低要求。基准指标决定因素较为复杂，受经济实力、技术水平、社会需求等多方面的影响，可参照本企业或本油气田类似工程确定。

6.8 方案比较方法常用最小费用法和最大效果法。在项目的效果有明确数量要求时，如需要增加的污水处理量，采用达到相同目标所需要费用最低的方案。当对费用有明确的规定时，采用相同费用下效果最大方案。

有时，各个方案的费用和效果都不固定，则必须进行增量分析，分析增加的效果与增加的费用相比是否值得。不可盲目选择效果与费用比值最大的方案。

6.9 优选过程是一个重复过程。

7 不确定性分析与风险分析

7.1 不确定性分析与风险分析的区别与联系。

1. 项目经济评价采用的基本变量都是对未来的预测和假设，因而具有不确定性。通过对拟建项目具有较大影响的不确定性因素进行分析，计算基本变量的增减变化引起项目财务或经济效益指标的变化，找出最敏感因素及其临界点。预测项目可能承担的风险，使项目的投资决策建立在较为稳妥的基础上。

2. 风险是指未来发生不利事件的概率或可能性。投资建设项目经济风险是指由于不确定性的存在导致项目实施后偏离预期财务和经济效益目标的可能性。经济风险分析是通过对风险因素的识别，采用定性或定量分析的方法估计各风险因素发生的可能性及对项目的影响程度，揭示影响项目成败的关键风险因素，提出项目风险的预警、预报和相应的对策，为投资决策服务。经济风险分析的另一重要功能还在于它有助于在可行性研究的过程中，通过信息反馈，改进或优化项目设计方案，直接起到降低项目风险的作用。风险分析的程序包括风险因素识别、风险估计、风险评价与防范应对。

3. 不确定性分析与风险分析既有联系，又有区别，由于人们对未来事物认识的局限性，可获信息的有限性以及未来事物本身的不确定性，使得投资建设项目的实施结果可能偏离预期目标，这就形成了投资建设项目预期目标的不确定性，从而使项目可能得到高于或低于预期的效益，甚至遭受一定的损失，导致投资建设项目“有风险”。通过不确定性分析可以找出影响项目效益的敏感因素，确定敏感程度，但不知这种不确定性因素发生的可能性及影响程度。借助于风险分析可以得知不确定性因素发生的可能性以及给项目带来经济损失的程度。不确定性分析找出敏感因素又可以作为风险因素识别和风险估计的依据。

7.2 盈亏平衡分析。

1. 盈亏平衡分析是指项目达到设计生产能力的条件下，通过盈亏平衡点（*BEP*），分析项目成本与收入的平衡关系。盈亏平衡点是项目盈利与亏损的转折点，即在这一点上，营业收入等于总成本费用，正好盈亏平衡，用于考察项目对产出品数量变化的适应能力和抗风险能力。盈亏平衡点越低，表明项目适应产出品变化的能力越大，抗风险能力越强。

2. 盈亏平衡点可通过正常年份的产量或者销售量、可变成本、固定成本、产品价格和销售税金及附加等数据计算。但由于油气开发建设项目油气产量具有递减性，每年的盈亏平衡点都不一样，正常生产年份的盈亏平衡点不具有代表性，因此可通过计算生产运营期内的平均盈亏平衡点进行盈亏平衡分析。

3. 盈亏平衡点分析分为线性盈亏平衡分析和非线性盈亏平衡分析，项目评价中仅进行线性盈亏平衡分析。

4. 盈亏平衡点的计算。盈亏平衡点的表达形式有多种。可按条文中公式7-1、7-2计算。盈亏平衡点也可利用盈亏平衡图求取。图中营业收入线（如果营业收入和成本费用都是按含税价格计算的，还应减去增值税）与总成本费用线的交点即为盈亏平衡点，这一点所对应的产量即为$BEP_{产量}$，也可换算为$BEP_{生产能力利用率}$。

7.3 敏感性分析。

1. 敏感性分析是投资建设项目评价中应用十分广泛的一种技术，用以考察项目涉及的各种不确定性因素对项目基本方案经济评价指标的影响，找出敏感因素，估计项目效益对它们的敏感程度，粗略预测项目可能承担的风险，为进一步的风险分析打下基础。

2. 敏感性分析包括单因素和多因素分析。单因素分析是指每次只改变一个因素的数值来进行分析，估算单个因素的变化对项目效益产生的影响；多因素分析则是同时改变两个或两个以上相互独立的因素来进行分析，估算多因素同时发生变化的影响。为了找出关键的敏感性因素，通常只进行单因素敏感性分析。

3. 单因素敏感性分析。根据油气开发建设项目的特点，通常选择油气销售价格、油气产量、经营成本、投资等对项目效益影响较大且重要的不确定性因素作为敏感性因素，变化的百分率为±5%、±10%、±15%、±20%等；选取的效益指标以项目财务内部收益率为主，必要时也可分析其他指标如净现值、投资回收期等。敏感性分析结果可通过敏感性分析表或敏感性分析图表示。

4. 敏感度系数是指项目效益指标变化率与不确定性因素变化率之比。敏感度系数高，表明项目效益对该不确定因素敏感程度高。

5. 临界点是指不确定性因素的变化使项目由可行变为不可行（或由不可行变为可行）的临界数值，可采用不确定性因素相对基本方案的变化率或其对应的具体数值表示。采用何种表示方式由不确定因素的特点决定。临界点可通过试算法或公式求解，也可根据敏感性分析图求得。在敏感性分析图上以基准收益率为基点划一条水平线，水平线与各敏感因素曲线的交点即为该敏感因素的临界点，其所对应的横坐标值就是该因素变动的临界值。

7.4 经济风险。

1. 经济风险的来源。建设项目的经济风险来源于法律、法规及政策变化，市场供需变化，资源开发与利用、技术的可靠性、工程方案、融资方案、环境与社会、外部配套条件等一个方面或几个方面的共同影响，具体内容如下：

（1）政策方面：由于政府政策调整，使项目原定目标难以实现造成的损失，如税收、金融、环保、产业政策等的调整变化，税收、利率、汇率、通货膨胀率的变化都会对项目经济效益带来影响。

（2）市场方面：由于市场需求的变化、竞争对手的竞争策略调整，项目产量受地质条件的影响，或受下游市场或炼油能力的影响，原油价格波动，以致产量和营业收入达不到预期目标，给项目预期收益带来的损失。

（3）资源方面：由于受油气资源储量、品位、丰度、经济可采储量、单井产量、开发工程量等与原预测结果发生较大偏离，导致项目开采成本增高，产量降低或经济寿命期缩短，造成经济损失。

（4）技术方面：项目采用的开采技术，特别对于特殊油气藏的开发技术，油气处理技术等，如果与原预测方案发生重大变化，不仅会造成生产成本提高，还会影响到油气的开发，产能到位率、油气产量等达不到要求。

（5）工程方面：因油气藏地质条件或油气性质的变化，造成工程设计发生重大变化，导致工程量的增加或减少，造成投资增加或浪费、工期延长；工程设计规模与实际产能不匹配，可能给项目的生产经营带来影响，造成经济损失或影响经营的经济性。

（6）融资方面：项目资金来源的可靠性、充足性和及时性不能保证；由于工程量预计不足、或设备材料价格上升导致投资增加；由于设备订货周期或其他外部条件等因素导致建设工期延长；利率、汇率变化导致融资成本升高所造成的损失。

（7）环境与社会方面：外部环境因素包括自然环境和社会环境因素的影响。如项目选址不当，项目对社区的影响、生态环境影响估计不足，或是项目环保措施不当，在项目建成后，可能对社区和生态带来严重影响，导致社区居民和社会的反对，造成直接经济损失。

（8）配套条件方面：建设项目需要的外部配套设施，如供电、供水排水、道路、外输管道以及下游炼油设施或天然气利用用户等，在可行性研究中虽都作了考虑，但实际中仍然可能存在没有如期落实或建成的情况，尤其是天然气上中下游必需协调，致使建设项目不能发挥应有效益，从而带来风险。

2. 经济风险因素。经济风险因素分析的任务之一，是通过对政策、市场、资源、技术、工程、资金、管理、环境、外部配套条件等的分析，找出风险因素。上述各方面经常是相互关联的，有时也难以分清。为寻找风险根源，有必要区分事件、后果和根源。

7.5 风险识别是风险分析的基础，运用系统论的方法对项目进行全面考察综合分析，找出潜在的各种风险因素，并对各种风险进行比较、分类，确定各因素间的相关性与独立性，判断其发生的可能性及对项目的影响程度，按其重要性进行排队，或赋予权重。

1. 风险识别方法。可选用问卷调查、专家调查法和情景分析等。

2. 风险识别应注意的问题：

（1）建设项目的不同阶段存在的主要风险有所不同。

（2）风险因素依项目不同具有特殊性。

（3）对于项目的有关各方（不同的风险管理主体）可能会有不同的风险。

（4）风险的构成具有明显的递阶层次，风险识别应层层剖析，尽可能深入到最基本的风险单元，以明确风险的根源。

（5）正确判别风险因素间的相关性和独立性。

（6）识别风险应注意借鉴历史经验，要求分析者富有经验、创建性和系统观念。

7.6 风险估计又称为风险衡量和估算等。风险估计是在风险识别之后，通过定量分析的方法测度风险发生的可能性及对项目的影响程度。

7.7 风险评价是对项目经济风险进行综合分析，是依据风险对项目经济目标的影响程度进行项目风险分级排序的过程。它是在项目风险识别和估计的基础上，通过建立项目风险的系统评价模型，列出各种风险因素发生的概率及概率分布，确定可能导致的损失大小，从而找到该项目的关键风险，确定项目的整体风险水平，为如何处置这些风险提供科学依据。风险评价的判别标准可采用两种类型：

1. 以经济指标的累计概率、标准差为判别标准。

（1）财务（经济）内部收益率大于等于基准内部收益率的累计概率和标准差，累计概率越大则风险越小，标准差越小则风险越小。

（2）财务（经济）净现值大于等于零的累计概率和标准差，累计概率越大则风险越小，标准差越小则风险越小。

2. 以综合风险等级作判别标准。风险等级的划分既要考虑风险因素出现的可能性又要考虑风险出现后对项目的影响程度，有多种表述方法，一般应选择矩阵列表法划分风险等级。矩阵列表法简单直观，将风险因素出现的可能性及对项目的影响程度构造一个矩阵，表中每一单元对应一种风险的可能性及其影响程度。为适应现实生活中人们往往以单一指标描述事物的习惯，将风险的可能性与影响程度综合起来，用某种级别表示（见条文表7-2），该表是以风险应对的方式来表示风险的综合等级。

综合风险分为K级、M级、T级、R级、I级风险等级：

K（Kill）级：风险很强，出现这类风险就要放弃项目；

M（Modify plan）级：风险强，修正拟议的方案，通过改变设计或采取补偿措施等；

T（Trigger）级：风险较强，设定某些指标的临界值。指标一旦达到临界值，就要变更设计或对负面影响采取补偿措施；

R（Review and reconsider）级：风险适度（较小），适当采取措施后不影响项目；

I（Ignore）级：风险弱，可忽略。

7.8 风险应对。在经济风险分析中找出的关键风险因素，对项目的成败具有重大影响，需要采取相应的应对措施，尽可能降低风险的不利影响，实现预期投资效益。

1. 选择风险应对的原则。

（1）贯穿于项目可行性研究的全过程。可行性研究是一项复杂的系统工程，而经济风险来源于技术、市场、工程等各个方面，因此，应从规划设计上就采取规避防范风险的措施，才能防患于未然。

（2）针对性。风险对策研究应有很强的针对性，应结合行业特点，针对特定项目主要的或关键的风险因素提出必要的措施，将其影响降低到最小程度。

（3）可行性。可行性研究阶段所进行的风险应对研究应立足于现实客观的基础之上，提出的风险应对在财务、技术等方面是切实可行的。

（4）经济性。规避防范风险是要付出代价的，如果提出的风险应对花费的费用远大于可能造成的风险损失，该对策将毫无意义。在风险应对研究中应将规避防范风险措施所付出的代价与该风险可能造成的损失进行权衡，旨在寻求以最少的费用获取最大的风险收益。

2. 决策阶段的风险主要应对。

（1）提出多个备选方案，通过多方案的技术、经济比较，选择最优方案。

（2）对有关重大工程技术难题潜在风险因素提出必要研究与实验课题，准确地把握有关问题，消除模糊认识。

（3）对影响投资、质量、工期和效益等有关数据，如原油、天然气价格、汇率和利率等风险因素，在编制投资估算、制定建设计划和分析经济效益时，应采取谨慎决策，并在项目执行过程中实施有效监控。

3. 建设或运营期的风险可采取回避、转移、分担和自担措施。

（1）风险回避是彻底规避风险的一种做法，即断绝风险的来源。风险回避一般适用于以下两种情况，某种风险可能造成相当大的损失；风险应对防范风险代价昂贵，得不偿失。

（2）风险分担是针对风险较大，投资人无法独立承担，或是为了控制项目的风险源，而采取与其他企业合资或合作等方式，共同承担风险、共享收益的方法。

（3）风险转移是将项目业主可能面临的风险转移给他人承担，以避免风险损失的一种方法。转移风险有两种方式，一是将风险源转移出去；二是只把部分或全部风险损失转移出去，包括保险转移方式和非保险转移方式。

（4）风险自担就是将风险损失留给项目业主自己独立承担项目的风险。投资者已知有风险但由于可能获利而需要冒险时，同时又愿意将获利的机会分给别人，必须保留和承担这种风险。

7.9 风险分析方法。风险分析可采用定量与定性相结合的方法。对不能定量的可采用定性分析方法。常用经济风险估计与评价方法定量分析方法有如下几种，在使用时应针对实际问题不同的特点进行选择，一般项目采用概率树法，必要时可采用蒙特卡洛模拟法。

1. 调查和专家打分法。调查和专家打分法简单、易操作，它凭借专家的经验对项目各类经济风险因素及其风险程度做出定性估计。首先通过经济风险辨识将项目的经济风险列出，设计风险调查表，然后通过发函、开会或其他形式向专家进行调查，对项目经济风险因素、经济风险发生的可能性及经济风险对项目的影响程度进行评定，将多位专家的经验集中起来形成分析结论。

2. 分析报酬法（又称调整标准贴现率法）。从西方投资理论可以看出，资本除了有时间价值外，同时还存在风险价值，即投资者因在投资中冒风险而取得的报酬。在经济评价时，除采用标准贴现率外，还应考虑风险的报酬问题，此时采用的标准贴现率是无风险贴现率和调整风险贴现率之和，以此作为基准评价方案的可行性。

3. 风险当量法。风险当量法是对贴现率的调整转化为对净现金流量的调整，即先用当量系数（无风险的净现金流量占含风险的净现金流量的比例）把含风险的净现金流量转化为等价的无风险净现金流量，然后计算净现值 NPV 或内部收益率 IRR，以决定项目的可行性。

4. 概率树法。概率树法是假定风险变量之间是相互独立的，在构造概率树的基础上，将每个风险变量的各种状态取值组合计算，分别计算每种组合状态下的评价指标值及相应的概率，得到评价指标的概率分布，并统计出评价指标低于或高于基准值的累计概率，计算评价指标的期望值、方差、标准差和离散系数。可以绘制以评价指标为横轴，累计概率为纵轴的累计概率的计算步骤：

（1）通过敏感性分析，确定风险变量。

（2）判断风险变量可能发生的情况。

（3）确定每种情况可能发生的概率，每种情况发生的概率之和必须等于 1。

（4）求出可能发生事件的净现值、加权净现值，然后求出净现值的期望值。

（5）可用插入法求出净现值大于或等于零的累计概率。

5. 蒙特卡洛模拟法。蒙特卡洛模拟法（Monte - Carlo Simulation）又称随机模拟法或统计试验法，是一种通过对随机变量进行统计试验和随机模拟，求解数学、物理以及工程技术等有关问题的近似的数学求解方法。

蒙特卡洛模拟技术，是用随机抽样的方法抽取一组满足输入变量的概率分布特征的数值，输入这组变量计算项目评价指标，通过多次抽样计算可获得评价指标的概率分布及累计概率分布、期望值、方差、标准差，计算项目可行或不可行的概率，从而估计项目投资所承担的风险。模拟过程：

（1）通过敏感性分析，确定风险变量。

（2）构造风险变量的概率分布模型。

（3）为各输入风险变量抽取随机数。

（4）将抽得的随机数转化为各输入变量的抽样值。

（5）将抽样值组成一组项目评价基础数据。

（6）根据基础数据计算出评价指标值。

（7）整理模拟结果所得评价指标的期望值、方差、标准差和它的概率分布及累计概率，绘制累计概率图，计算项目可行或不可行的概率。

8　区域经济与宏观经济影响分析

8.2　项目对所在地区及宏观经济发展产生的影响，从不同层次体现出来：

1. 个人层面。项目实施对社会成员个人的影响表现为各个方面，如个人作为生产因素对项目的人力资本投入、获得的工资收入及对个人权益的损害等，并通过个人传递到区域经济更广的层面。

2. 社会组织层面。包括对各种社会法人及其他各种结构的影响。如通过项目的事实，对推进现代企业制度的建立、企业结构改革、产权制度改革、实现政府职能转变等。

3. 产业及部门层面。项目的实施对产业及行业部门的影响，包括项目与区域产业发展政策与结构改革目标是否协调，项目在哪些领域符合（或不符合）正在实施的党的方针产业结构调整政策等。

4. 区域和宏观经济层面。项目实施对区域经济发展所产生的影响，以及拟建项目与区域及国家宏观经济层面的政策导向是否一致，包括经济增长政策、外汇政策、财政预算政策、扶贫政策、环保政策、就业政策、收入分配政策。

8.3 区域经济与宏观经济影响分析的种类。

1. 项目对经济发展的影响。主要分析项目的实施对促进和保障当地经济有序高效运行和可持续发展的贡献，可通过计算增加值、净产值、纯收入等指标，定性、定量分析项目对当地经济增长的贡献。油气开采属资源性项目，应分析项目对资源开发和有效利用，优化当地资源配置的贡献。

2. 对产业布局的影响。主要分析项目与区域发展战略和国家中长期油气发展战略规划的关联性和适应性，油气开采对下游石化产业及相关配套产业的聚集和发展，对增进本地区形成石油石化产业发展空间和空间区位优势的贡献。

3. 对财政收支平衡的影响。主要分析项目向国家和地方政府缴纳税收的情况及对社会发展所做出的贡献。根据我国税法的规定，一般原油、天然气开发项目应该缴纳的税收有资源税、矿产资源补偿费、城市建设维护税和教育费附加、增值税、所得税和关税等，应分别计算项目在运营期间内年平均向中央和地方缴纳的税收情况。

4. 对市场竞争结构的影响。项目的实施对培育石油石化产业市场环境、促进竞争、优化市场经济秩序、提高资源配置效率的贡献。

5. 对外汇收支的影响。项目建设及运营过程中对外汇的需求及产出替代油气进口可能的外汇收入贡献。

6. 对就业和收入分配的影响。包括项目在建设期和运营期直接的就业机会和间接就业机会，可通过计算单位投资创造的就业岗位等指标，进行定量分析。项目对居民收入增长、改善居民生活条件、提高居民生活质量的贡献。如天然气清洁能源的使用对改善环境，提高人民生活质量的影响。

8.5 区域经济与宏观经济影响分析的评价指标体系。

1. 总量指标。反映项目对国民经济总量的贡献，包括增加值、净产值、社会纯收入、财政收入等经济指标。总量指标可使用当年值、净现值总额和折现年值等。

2. 结构指标。反映项目对经济结构的影响。主要包括影响力系数及项目对三次产业的贡献率等指标。

3. 社会与环境指标。包括就业效果指标、收益分配效果指标、对资源与环境的影响效果指标。

4. 国力适应性指标。用于反映国家的人力、物力和财力承担重大项目投资建设的能力，一般用项目占用资源占全部资源的百分比或财政资金投入占财政收入或支出的百分比表示。

9　方案经济比选

9.1　方案经济比选的目的与用途。

1. 方案经济比选是项目评价的重要内容。建设项目的投资决策以及项目可行性研究的过程是方案比选和择优的过程，在可行性研究和投资决策过程中，对涉及到各决策要素和研究方面，都应从技术和经济相结合的角度进行多方案分析论证，比选优化，根据比选的结果，结合其他因素进行方案决策。油气开发建设项目备选方案主要包括开发方案、设备选型、厂址选择等。

2. 各个方案之间具有可比性。可比性主要表现如下：

(1) 计算期可比，所比方案的计算期相同。当计算期不同时，可采用年值法进行比选（包括净年值比较法和等额年费用法），采用其他比选方法时应保证计算期相同。将计算期不同的各方案变为相同的方法主要有以下两种：

1) 直接取各备选方案中最短的计算期作为各方案的共同计算期。

2) 将各备选方案计算期的最小公倍数作为各方案共同的计算期，对各方案在寿命终了后接替工程的投资、成本等均应与方案一并考虑。

(2) 计算基础指标可比，包括产品价格、产量的计算方法、设备、材料价格等要相同，成本和投资估算应采用同一指标体系等。

(3) 设计深度相同。各设计方案的详细程度相同，效益与费用的计算范围一致。

(4) 经济计算方法相同。

3. 方案比较可按方案所含的全部因素（相同因素和不同因素），计算各方案的全部经济效益和费用，进行全面对比，也可仅就不同因素计算相对经济效益和费用，进行局部比较。

9.3　方案经济比选可采用效益比选法、费用比选法和最低价格法。

1. 效益比选方法包括净现值比较法、净年值比较法、差额投资内部收益率法。

(1) 净现值比较法，比较备选方案的财务净现值或经济净现值，以净现值（NPV）大的方案为优。比较净现值时应采用相同的折现率。计算公式如下：

$$NPV = \sum_{t=0}^{n} (CI - CO)_t (1 + i_c)^{-t} \tag{46}$$

式中 CI——年现金流入量；

CO——年现金流出量；

$(CI-CO)_t$——第 t 年净现金流量；

i_c——设定的折现率。

(2) 净年值比较法，比较备选方案的净效益等额年值（简称净年值 AW），以净年值大的方案为优。比较净年值时应采用相同的折现率。计算公式如下：

$$AW = \left[\sum_{t=1}^{n} (S - I - C' + S_v + W)_t (P/F, i_c, t)\right](A/P, i_c, n) \tag{47}$$

或

$$AW = NPV(A/P, i_c, n) \tag{48}$$

式中　S——年营业收入；

I——年全部投资；

C'——年经营成本费用；

S_v——计算期末回收的油气资产余值；

W——计算期末回收的流动资金；

$(P/F, i_c, t)$——现值系数；

$(A/P, i_c, n)$——资金回收系数；

i_c——设定的折现率；

n——计算期。

2．费用比选方法，包括费用现值比较法和费用年值比较法。

（1）费用现值比较法，计算备选方案的总费用现值并进行对比，应以费用现值（PC）较低的方案为优。可采用下式计算：

$$PC = \sum_{t=1}^{n} (I + C' - S_v - W)_t (P/F, i_c, t) \tag{49}$$

式中　PC——费用现值。

（2）费用年值比较法，计算备选方案的费用年值（AC）并进行对比，以费用年值较低的方案为优。可采用下式计算：

$$AC = \sum_{t=1}^{n} [(I + C' - S_v - W)_t (P/F, i_c, t)] (A/P, i_c, n) \tag{50}$$

或

$$AC = PC(A/P, i_c, n) \tag{51}$$

式中　$(A/P, i_c, n)$——资金回收系数。

3．最低价格（服务收费标准）比较法，在相同产品方案比选中，以净现值为零推算各方案的产品最低价格 P_{min}，应以最低产品价格较低的方案为优。

4．方案比选方法的选择。

（1）在项目无资金约束的条件下，一般采用净现值比较法、净年值比较法和差额投资内部收益率法。

（2）方案效益相同或基本相同时，可采用最小费用法，即费用现值比较法和费用年值比较法。

9.5　计算期不同的互斥方案的比选，需要对各备选方案的计算期和计算公式进行适当的处理，使各方案在相同的条件下进行比较。

满足时间可比条件而进行处理的方法很多，常用的有年值法、最小公倍数法和研究期法等。

方案比选中经济评价指标的应用范围见条文表 9－1。

10　改扩建项目经济评价特点

10.1　改建、扩建、技术改造、迁建、停产复建等项目都可以归入改扩建项目的范畴。油气开发建设项目中油气田开发调整项目、老油气田地面调整改造工程、三次采油提高采收率项目等均属于改扩建项目。

改扩建项目的目的在于增加产量、提高技术水平、降低能源消耗、节省运行费用、改善劳动条件，治理生产环境等。项目的效益与其目的有关，有些效益可以用目的直接体现，有些效益要通过间接途径来表现。

10.2 改扩建项目通过既有法人融资并承担债务偿还，以“增量”投资（费用），使用一部分“存量”资产与资源，带来“总量”效益。

10.3 分析改扩建项目要使用五种数据：

1.“有项目”是指既有企业进行投资活动后，在项目的经济寿命期内，在项目范围内可能发生的效益与费用流量。它是项目实施之后的总量效益（费用），是经计算、预测而得出的时间序列数值。

2.“无项目”是指既有企业利用拟建项目范围内的部分或全部原有生产设施（资产），在项目计算期内可能发生的效益和费用流量。它是在不实施项目的情况下，在现状基础上，考虑计算期内效益（费用）的变化趋势，经预测得出的时间序列数值。“无项目”数据是非常重要的基础数据。如果不投资，不上项目，和现状相比，各项效益（费用）一般是要发生变化的，因此分析项目时，必须对“无项目”时的变化趋势进行预测。

3.“增量”是指“有项目”的流量减“无项目”的流量，是时间序列的数据。“有项目”的投资减“无项目”的投资是增量投资；“有项目”的效益减“无项目”的效益是增量效益；“有项目”的费用减“无项目”的费用是增量费用。

4.“现状”是指项目实施前的资产与资源、效益与费用数据，也可称基本值，是一个时点数。“现状”数据对于比较“项目前”与“项目后”的效果有重要作用。“现状”数据也是预测“有项目”与“无项目”的基础。“现状”数据一般可用实施前一年的数据，当该年的数据不具有代表性时，可选用有代表性年份的数据或近几年数据的平均值。其中，特别是对生产能力的估计，应慎重取值。

5.“新增”是指项目实施过程中各时点“有项目”的流量与“现状”数据之差，也是时间序列的数据。“新增”投资包括建设投资、建设期利息和流动资金，还包括原有资产的改良支出、拆除、运输和重新安装费用。“新增”投资是改扩建项目筹措资金的依据。

10.4 项目范围的界定是改扩建项目经济评价中非常重要的一环。项目范围界定合适与否与项目的经济效益和评价的繁简程度有直接关系。

1. 对于“整体改扩建”的项目，项目范围包括整个既有企业，除要使用既有企业的部分原有资产、场地、设施，还要另外新投入一部分资金进行扩建或技术改造。企业的投资主体、融资主体、还债主体、经营主体是统一的，项目的范围就是企业的范围。

2. 对于“局部改扩建”项目，项目范围只包括既有企业的一部分，只使用既有企业的一部分原有资产、资源、场地、设施，加上新投入资金，形成改扩建项目；企业的投资主体、融资主体与还债主体仍然是一致的，但可能与经营主体分离。整个企业只有一部分包含在项目“范围内”，还有相当一部分在“企业内”但属于项目“范围外”。根据油气开发项目的特点，油气田开发调整项目、老油气田地面调整改造工程、三次采油提高采收率项目等属于改扩建项目，均按照“局部改扩建”进行评价。

10.5 改扩建项目的财务分析。

1. 盈利能力分析。改扩建项目财务分析采用新建建设项目财务分析的基本原理和分析指标。遵循“有无对比”的原则对比，利用“有项目”与“无项目”的效益与费用计算增量效益与增量费用，用于分析项目的增量盈利能力，并作为项目决策的重要依据之一。为简化计算，油气田改扩建项目，当项目增量效益和增量费用可以直接计算时，可直接计算增量效益和增量费用，进行增量分析。

2. 偿债能力。由于项目与既有企业既有联系又有区别，一般可进行以下两个层次的分析。

（1）项目层次的偿债能力分析，编制借款还本付息计划表并分析拟建项目“有项目”的偿债能力，计算利息备付率和偿债备付率，考察还款资金来源（折旧、摊销、利润）是否能按期偿还借款利息和本金。若“有项目”还款资金不足，应分析“有项目”还款资金缺口，即既有企业应为项目额外提供的还款资金的数额。

对油气田改扩建项目一般按照直接用“增量”数据和相关指标进行分析。

（2）企业层次：分析既有企业以往的财务状况与今后可能的财务状况，了解企业生产与经营情况、资产负债结构、发展战略、资源利用优化的必要性、企业的信用等。特别关注企业为项目融资的能力、企业自身的资金成本或同项目有关的资金机会成本，有条件时要分析既有企业包括项目债务在内的还款能力。

3. 财务生存能力分析。改扩建项目只进行“有项目”状态的生存能力分析，分析的内容同新建项目。

10.6 改扩建项目经济评价要考虑对企业经济效益的影响。改扩建项目是实现既有企业总体战略目标的手段，其目的是通过实施项目，提高既有企业总体经济效益。分析项目对既有企业的贡献，可计算项目实施后既有企业的营业收入、利润总额等指标的“新增”数据及相关增长率，估算项目投资活动对既有企业财务状况改善的贡献。

10.10 改扩建项目经济评价应注意的几个问题：

1. 计算期的可比性。根据“费用与效益口径一致”的原则，改扩建项目经济评价的计算期一般取“有项目”情况下的计算期。如果“无项目”的计算期短于“有项目”的计算期，可通过追加投资（局部更新或全部更新）来维持“无项目”的计算期，延长其寿命至“有项目”的结束期，并于计算期末回收资产余值；若在经济或技术上延长寿命不可行，则适时终止“无项目”的计算期，其后各期现金流量为零。

2. 原有资产的利用问题。既有企业改扩建项目范围内的原有资产无论利用与否，“有项目”时均与新增投资一起计入投资费用。“可利用”的原有资产要按其净值提取折旧与修理费，“不可利用”的资产如果变卖按其变现价值计作现金流入，不能冲减新增投资。如果“不可利用”的资产不变现或报废，仍然是资产的一部分，但计算折旧时不考虑。

3. 停产或减产损失。改扩建项目的改扩建活动与生产活动同时进行，一般会造成部分停产或减产，这一部分停产或减产损失的直接结果是减少“老产品”的营业收入，同时也会减少相应的生产费用。这些流量的变化均应在营业收入表和生产成本表有所体现，最终反映在现金流量表中，因此不必单独估算。

4. 沉没成本处理。沉没成本是既有企业过去投资决策发生的、非现在决策能改变、已经计入过去投资费用回收计划的费用。沉没成本是“有项目”和“无项目”都存在的成本，对于实现项目的效益不会增加额外的费用。对于项目是否应当实施的决策来说，沉没成本不应包括在项目增量费用中。

5．机会成本。如果项目利用的现有资产，有明确的其他用途（出售，出租或有明确的使用效益），那么将资产用于该用途能为企业带来的收益被看作项目使用该资产的机会成本，也是“无项目”时的收入，按照“有无对比”识别效益和费用的原则，应该将其作为“无项目”时的现金流入。

10.11 油气田开发调整项目、三次采油项目、老油气田地面系统调整改造项目的评价。

1．油气田开发调整项目，是油气田开发中后期为了进一步改善开发效果而进行的层系细分调整、井网加密调整、注采系统调整等。油气田开发调整项目以增量调动存量，以较少的新增投入取得较大的新增效益，具有典型的改扩建项目特征。

（1）油气田开发调整项目经济评价方法采用“有无对比法”，用“增量效益”指标评价油气田开发调整项目的经济性。

在开发方式不变的情况下，一般可按“有无对比”的原则进行直接增量计算，即根据“有项目”和“无项目”的对比，直接计算出增量投资、增量成本和增量收入，从而直接计算增量效益指标。

（2）油气田开发调整项目建设投资包括新增开发井投资和新建地面工程投资，开发井投资包括新钻开发井投资和老井改造投资。油气田开发调整项目建设投资即为“增量”建设投资。

（3）改扩建项目按投资估算规定应计算建设投资、建设期利息和流动资金，如果项目实施后将导致项目占用流动资金减少，流动资金按零计算。

（4）油气田开发调整项目“增量”油气操作成本的估算采用相关因素估算法，15个操作成本项目根据其成本动因确定相关因素如采油气井数、总生产井数、采液量、注水量、采油量等。费用定额取区块所在采油厂水平，相关开发指标采用增量数据。

（5）油气田开发调整项目“增量”营业收入应根据油藏工程方案确定的分年油气产量增量、油气商品率和销售价格计算。

2．三次采油项目，是在油田注水开发后期充分利用原有的资产和资源，通过调整井网和改造地面流程，注入化学药剂提高采收率的项目。三次采油项目以增量调动存量，以较少的新增投入取得较大的新增效益，具有典型的改扩建项目特征。

（1）三次采油项目经济评价方法采用“有无对比法”，用“增量效益”指标评价三次采油项目的经济性。

（2）在三次采油项目经济评价方法中，“有项目”是指三次采油开发方案，“无项目”是指原有基础井网继续水驱开发方案。

基础井网继续水驱开发方案考虑利用现有井网和地面设施继续生产，可以考虑可能的更新改造投资；三次采油开发方案是在基础井网上根据注化学药剂的需要进行井网的调整和地面工程的建设。

（3）经济评价的项目范围界定为拟实施三次采油工程的区块。根据费用和效益对应的原则，对油田内项目以外的费用均以内部结算价格计算，而不能再重复计算其相关项目的投资、成本和效益等。

（4）三次采油项目“新增”建设投资包括新钻开发井投资、代用井改造投资、老井关闭及油层封堵投资、地面调整改造建设投资。

（5）化学药剂费用按照化学剂用量和化学剂单价计算。这部分费用是否作为项目总投资估算的一部分，由企业有关规定确定，如果作为投资，这部分投资形成其他资产。开发井投资包括新钻开发井投资、代用井改造投资和老井关闭及油层封堵投资。

（6）通过“有无对比法”，计算三次采油项目的“增量”油气操作成本。基础井网继续水驱开发方案的操作成本费用定额取区块所在采油厂水驱平均水平；三次采油开发方案操作成本费用定额的取定应充分考虑三次采油与水驱的不同，在区块所在采油厂水驱操作成本费用平均水平基础上，对材料、燃料、动力、注入费用、井下作业费、维护及修理费、油气处理费等费用定额应做一定的调整。驱油物注入费包括注水费和化学药剂的注入费，注水费以注水量为基础估算，化学药剂注入费为注入化学药剂所消耗的材料、水、动力等成本，以化学药剂溶液注入量为基础估算。

（7）化学药剂费用一般作为化学药剂注入费中的材料费纳入操作成本核算，按照化学剂用量和化学剂单价计算。如果企业明确规定化学药剂费用可以作为投资的一部分，其费用单列并形成其他资产。

（8）由于三次采油中产量变化的独特规律，按照成本配比原则，新增油气资产折耗和其他资产摊销均可按“产量法”计算，公式如下：

$$\text{油气资产折耗} = \frac{\text{本年年初油气资产净值} \times \text{当年增油量}}{(\text{总增油量} - \text{已采出增油量})} \tag{52}$$

$$\text{其他资产摊销} = \frac{\text{本年年初其他资产净值} \times \text{当年增油量}}{(\text{总增油量} - \text{已采出增油量})} \tag{53}$$

（9）管理费用中的其他管理费用以新增人员为基础估算，营业费用以新增营业收入为基础估算。

（10）三次采油项目的经济评价报表中增加“有项目”和“无项目”的油气操作成本估算表，在三次采油项目总成本费用估算中的油气操作成本取“有项目”和“无项目”油气操作成本之差的增量油气操作成本。

3. 老油气田地面系统调整改造项目。根据改造目的及效益实现方式的不同，将老油气田地面系统调整改造项目分为三类：安全环保项目、节能降耗项目、地面系统整体改造项目。因为每类项目的特点不同，其财务分析的方法也有所不同。

老油气田地面调整改造在很多情况下是为满足生产的需要，经济性只是其中一部分内容。在达到相同目的的情况下，优选方案是研究的主要任务，因此应突出方案的经济比选。

为简化计算，老油气田地面系统调整改造项目的资金来源按全部自有考虑，可不计算流动资金。

（1）安全环保项目是指由于腐蚀老化、设备超年限使用、不符合安全规范要求或外部因素等导致的设施处于非安全状态，以及生产带来的环境污染问题，通过更新、维护、增加环保手段等措施，达到消除安全隐患，减少环境污染的项目。

安全环保项目的目的并不是通过投资获得财务效益，因此不进行财务分析，而应采用费用效果分析和方案经济比选方法，重点从以下三个方面进行项目评价：

1）从近年来由于安全环保问题给油田造成的罚款和赔偿、油气损失等方面对改造后的效益进行定性说明。

2）安全环保项目的不同方案达到的效果基本一致，可采用费用现值或费用年值进行方案比选。

3）计算单位能力投资指标或单位成本，并与同类型改造项目投资或成本水平进行对比。

（2）节能降耗项目是指目前能够维持正常生产、保证安全运行，但能耗较高，可以通过技术进步（采用新工艺、新材料、新设备）进行系统或单体工程的调整改造，减少生产过程中的能源和材料消耗，达到降低成本的项目。

节能降耗项目节约的能耗主要体现在电力、水、燃料、材料、油气和维护修理费等，一般不必进行常规的经济评价，可通过计算投资回收期指标来评价节能降耗项目的效益。

在实际操作中，一般情况下每年的节能降耗效益基本是相同的，投资回收期的计算可以简化为建设投资除以年节约的成本，计算公式如下：

$$P_t = \frac{I}{\Delta C} \tag{54}$$

式中 P_t——投资回收期；

I——节能降耗项目所发生的投资；

ΔC——年节约的成本。

（3）地面系统整体改造项目是指对地面系统在处理能力、工艺流程等方面出现的不适应、运行参数不合理、技术经济指标超标等问题，通过系统整体优化调整等措施，达到满足正常生产要求的项目。

地面系统整体改造项目的财务分析主要是在估算增量收入和增量成本的基础上分析“增量效益”，通过编制利润与利润分配表和项目增量投资现金流量表，计算增量投资财务内部收益率、财务净现值和增量投资回收期。如果增量盈利能力指标大于行业规定，那么这个项目就可以考虑实施；如果增量效益达不到要求，应对项目安全、环保等不易量化的相关效益进行定性分析，通过定量与定性的综合分析得出科学合理的结论。

1）增量收入不是一般意义上的企业产品营业收入，而是“调整改造”与“不调整改造”相比对增效有正贡献的各种因素带来的效益增加，主要包括增加油气商品量、节约燃料、节约动力费（主要指电力）、水费、减少维护修理费、运输费和节约人工费等。在计算时应详细说明每项收入的计算依据。

通过调整改造增加的油气产量，主要来自提高油气集输系统的密闭率及节约生产过程中作为燃料的油气数量两个方面。提高油气集输系统的密闭率增加的商品量，可根据开发方案确定的分年度油气产量及提高的密闭率进行预测。节约生产过程中作为燃料的油气数量可通过项目“不调整改造”的自用油气的数量减去项目“调整改造”后的自用油气的数量得到。

节约燃料费是指节约的除油田自产的油气之外的其他外购燃料费。节约动力费和水费主要指在油气田调整改造项目中通过整体优化，在各系统中都有可能节约动力和水的使用量，因此应对每个系统节约的用电量和水量进行分析计算。减少维护修理费和运输费主要根据近三年的维护修理费并结合改造方案进行预测。节约人工费应根据改造方案减少的人数及每人的年费用进行预测，每人的年费用可根据本油田支付给职工个人的全部费用的平均值进行计算。除上面五项之外的则为节约其他成本费用。

2）增量成本指“调整改造”与“不调整改造”相比对增效有负贡献的各种因素带来的效益减少，主要包括消耗增加带来的操作成本增加、新增投资带来的折耗及增加油气商品量而增加的营业费用和矿产资源补偿费、特别收益金等。

3）增量税金包括由于油气商品量增加而引起的营业税金及附加、资源税的增加及利润增加而带来的所得税等。

油气开发建设项目经济评价参数条文说明

1 总 则

1.1 建设项目经济评价参数的定义、基本组成、基本用途。

财务分析参数一部分包括计算项目财务费用和效益的各类计算参数，如各类价格指数、各种费率利率等；另一部分是反映、判断和比较项目效益水平的各种评价指标的基准值和参考值，如财务基准收益率、总投资收益率、资产负债率、利息备付率和偿债备付率等。

1.2 建设项目经济评价参数的适用范围。

建设项目经济评价参数适用于油气开发建设项目各阶段费用与效益的计算、分析与评价。

参数的本质是在对历史数据、现实情况加以分析的基础上，对未来发展所做的预测与判断，其目的是为了满足建设项目在一定时期内的分析、比较、判断、决策的需要。

参数在测算过程中采取了多种测算方法，采用了来自多种渠道的基础数据，最终形成的参数是多种因素综合作用的结果。通常情况下，项目经济评价参数与经济活动中的实际市场实时价格、汇率、利率等是有差别的，因此不能作为财政核算、实际税收计征、外汇结算、商品交易与结算的依据。

1.3 建设项目经济评价参数的分类。

按照使用范围分类：财务分析参数用于建设项目财务分析，按现行的财会制度、税收规定和项目财务分析的报表、指标等进行分析计算与评价；经济费用效益分析参数用于经济费用效益分析，按建设项目经济评价方法与参数的规定和项目经济评价报表、指标进行分析计算与评价。

按照使用功能分类：计算参数用于计算项目费用和效益；判据参数用于比较项目优劣和判定项目取舍。

1.4 建设项目经济评价参数的时效性。

社会经济状况处于不断的发展变化中，不同时期的参数反映不同时期的社会经济状况，因此参数在使用过程中一定要注意其时效性。

2 财务分析参数

2.1 财务分析参数的基本组成、基本用途。

财务分析参数一部分包括计算项目财务费用和效益的各类计算参数，如各类价格指数、各种费率利率等；另一部分是反映、判断和比较项目效益水平的各种评价指标的基准值和参考值，如财务基准收益率、总投资收益率、资产负债率、利息备付率和偿债备付率等。

2.2 财务评价计算参数用于项目费用和效益的计算，包括投资估算参数、营业收入估算参数、成本估算参数、税费估算参数及有关的基础数据。

1. 投资估算参数包括建设投资估算、流动资金估算及建设期利息计算的有关参数，按照国家及有关部门颁布的有关指标、费用定额、取费标准等执行。

2. 成本估算参数，包括燃料动力费、折耗摊销年限、修理费率、人员费用、其他管理费用、其他营业费用等。

（1）燃料动力费价格，包括原油、天然气以及电等价格，由有关部门定期发布或采用以市场价格为基础的预测价格。

（2）综合折旧年限，预计净残值率按有关部门的规定执行或参照主体装置和设备的折旧年限确定。

（3）无形资产摊销年限用于无形资产摊销期限。无形资产的摊销采用直线法，摊销期限为该项无形资产的可使用寿命。无规定的，一般可选择10年摊销。

（4）其他资产摊销年限用于其他资产摊销期限。其他资产摊销年限有明确规定的，按规定期限平均摊销。

（5）油气开发建设项目维护及修理费一般按固定资产原值（扣除建设期利息）的比例计取。

3. 营业收入估算参数，包括原油、天然气及副产品价格，由有关部门定期发布或采用以市场价格为基础的预测价格。

4. 税金估算参数，包括增值税、消费税、城市维护建设税、教育费附加、所得税等，根据国家有关税法规定确定。

5. 基础参数，包括评价年限、利率、汇率等。

2.3 财务分析判据参数包括判断项目盈利能力的参数和判断项目偿债能力的参数。

1. 判断项目盈利能力的参数主要包括财务内部收益率、总投资收益率、项目资本金净利润率等指标的基准值或参考值。

（1）财务基准收益率是指建设项目财务分析中对可货币化的费用与效益采用折现方法计算财务净现值的基准折现率，是衡量项目财务内部收益率的基准值，是项目财务可行性和方案比选的主要判据。财务基准收益率反映投资者对项目占有资金的时间价值的判断，是投资者可接受的财务收益率。要针对项目、资本金、投资各方指标设定不同的收益率。

财务内部收益率的测定可采用资本资产定价模型、加权平均资本成本法、典型项目模拟法、德尔菲专家调查法等方法，也可同时采用多种方法进行测算，将不同方法测算的结果互相验证，经协调后确定。目前石油行业多采用加权平均资本成本法对财务内部收益率基准值进行测算、发布。

（2）总投资收益率和项目资本金净利润率是采用非折现方法判断项目盈利能力的指标，可采用统计分析法、典型项目模拟法及德尔菲专家调查法等方法，也可同时采用多种方法进行测算。将不同方法测算的结果互相验证，经协调后确定。

2. 判断项目偿债能力的参数主要包括利息备付率、偿债备付率、资产负债率等指标的基准值或参考值，根据行业特点及企业历史统计数据分析测定发布，或参照《建设项目经济评价方法与参数》（第三版）颁布值。

3 经济分析参数

3.1 社会折现率。社会折现率是建设项目经济评价的通用参数，在经济费用效益分析中作为项目费用效益的不同时间价值之间的折算率，同时作为项目经济效益要求的最低经济收益率，它是以资本的社会机会成本与费用效益的时间偏好率二者为基础进行测算的结果。目前国家公布的社会折现率为8%。对于超长期项目社会折现率可按时间分段递减的方法取值。

3.2 影子价格。影子价格是经济费用效益分析中项目的投入物和产出物所使用的价格，它反映了对这些货物真实价值的度量。影子价格以直接值和换算系数两种形式给出。将货物的财务价格转换为影子价格时，可以直接选用某一适宜的价格，也可以用财务价格乘以某一适宜的价格换算系数。随着社会主义市场经济体制的建立，国内价格与国际价格接轨，价格趋于合理，对于市场价格能反映市场价值的产品可直接采用市场价格计算。

3.3 影子汇率。影子汇率是指单位外汇的经济价值，区别于外汇的财务价格和市场价格。在项目经济费用效益分析中使用影子汇率，是为了正确计算外汇的真实经济价值，影子汇率代表着外汇的影子价格。在项目经济费用效益分析中采用国家外汇牌价乘以影子汇率换算系数得到影子汇率。国家公布的影子汇率换算系数为1.08。

3.4 影子工资。影子工资是指建设项目使用劳动力而付出的代价，在建设项目经济费用效益分析中以影子工资计算劳动力费用。

影子工资换算系数采用技术与非技术劳动力的分类方式，对于技术劳动力，采用影子工资等于财务工资，即影子工资换算系数为1；对于非技术劳动力，推荐采取财务工资的0.2~0.8倍作为影子工资，即影子工资换算系数为0.2~0.8。

第 二 篇

油（气）管道建设项目经济评价方法与参数

油（气）管道建设项目经济评价方法

1 总 则

1.1 为适应油（气）管道业务发展及建设项目投资决策的需要，规范油（气）管道建设项目经济评价工作，保证经济评价的质量，提高决策的科学化水平，根据《国家发展改革委、建设部关于印发建设项目经济评价方法与参数的通知》（发改投资［2006］1325号）的要求，制定《油（气）管道建设项目经济评价方法》（以下简称《油（气）管道评价方法》）。

1.2 《油（气）管道评价方法》适用于油（气）管道建设项目、地下储气库建设项目、LNG（液化天然气）项目外输管道工程建设项目前期研究工作（包括规划、预可行性研究和可行性研究阶段），项目中间评价、后评价和项目申请报告可参照执行。

LNG 项目原则上应将接收站和外输管道分别进行经济评价，接收站工程经济评价应考虑 LNG 项目的商务模式，参照执行炼油化工建设项目经济评价方法。

1.3 油（气）管道建设项目经济评价是油（气）管道建设项目前期研究工作的重要内容，应根据国民经济与社会发展以及油（气）管道行业、产业和企业业务发展规划的要求，在资源与市场方案、技术方案、工程方案初步确定的基础上，采用科学、规范的分析方法，对拟建的油（气）管道建设项目的财务可行性和经济合理性进行分析论证，作出全面的经济评价，为科学决策提供经济方面的依据。

1.4 油（气）管道建设项目经济评价包括财务分析和经济费用效益分析两个方面。

1. 财务分析是在国家现行财税制度和预测价格体系的前提下，从项目财务主体的角度出发，计算项目范围内的财务效益和费用，分析项目的盈利能力、清偿能力和财务生存能力，评价项目在财务上的可行性。

2. 经济费用效益分析是在合理配置社会资源的前提下，从国家经济整体利益的角度出发，分析项目的经济效率、效果和对社会的影响，评价项目在宏观经济上的合理性。

3. 实行“核准制”的企业建设项目，根据核准的需要决定是否进行经济费用效益分析，特别重大的项目可辅以区域经济与宏观经济影响分析；“备案项目”一般只需开展财务分析或费用效果分析，以满足项目投资决策的需要。

1.5 经济评价工作内容包括财务效益与费用估算、资金来源与融资方案、财务分析、经济费用效益分析、费用效果分析、不确定性分析与风险分析、区域经济与宏观经济影响分析、方案经济比选等。

1.6 根据油（气）管道建设项目的目标，凡以获取经济效益为主要目标的项目，经济评价必须认真估算项目的财务效益和费用，进行项目的财务分析，提出在财务上是否可行的结论；凡以解决危及安全生产、环境保护、职业卫生等为主要目标的项目，经济评价原则上应进行费用效果分析，如果从技术角度难以设计两个以上备选方案时，可只进行单位功能投资、单位功能运营成本的合理性分析；凡是支持社会公益事业、扶贫项目，经济评价可只进行费用计算和简单的效果分析。

1.7 独资或合资的油（气）管道建设项目，财务分析一般只进行项目投资和项目资本金现金流量分析及相关经济评价指标计算。当投资者中各方股权收益不对等时，或由项目带来外部收益时，应进行投资各方的现金流量分析及相关经济评价指标计算。

1.8 在油（气）管道建设项目前期研究中，经济评价工作应全面参与技术方案的比选，并根据备选方案的前提条件和目标，选用科学的比选方法。

1.9 油（气）管道建设项目经济评价的深度主要体现在对财务效益与费用估算等基础工作可靠性和准确性的要求上，即估算项目的分解、方法的采用和指标费用的选取。经济评价深度应根据项目决策工作不同阶段的要求确定。

1.10 油（气）管道建设项目经济评价必须保证客观性、科学性、公正性。根据投资决策的要求，经济评价应遵循“有无对比”的原则，效益与费用计算口径一致的原则，收益与风险权衡的原则，定量分析与定性分析相结合、以定量分析为主的原则，动态分析与静态分析相结合、以动态分析为主的原则。

1.11 油（气）管道建设项目经济评价的计算期应包括建设期和运营期。建设期应参照项目建设的合理工期或项目建设进度计划合理确定，运营期应根据合理经济寿命期确定。

1.12 油（气）管道建设项目财务分析采用的价格体系应采用以市场价格体系为基础的预测价格。建设期内的投资估算，应以编制年的价格水平为基础，通过价差预备费的形式综合计算准备期及建设期内投资价格变动。在运营期内，考虑到投入物与产出物的价格变动水平较难预测且可靠性也难以保证，一般采用编制年价格。有要求时，也可考虑价格总水平的变动。

1.13 根据国家现行财税制度的要求，运输服务模式的油（气）管道建设项目，经营成本中应采用含增值税的价格计算；运输加销售模式的油（气）管道建设项目，营业收入和经营成本计算宜统一采用不含增值税的价格。对建设投资中所含的增值税应单独列出说明。

1.14 油（气）管道建设项目经济费用效益分析应采用以影子价格体系为基础的预测价格，不考虑价格总水平变动因素。

2 财务效益与费用估算

2.1 财务效益与费用是财务分析的重要基础，其估算的准确性将直接影响到项目财务效益指标的预测和评价。油（气）管道建设项目财务效益与费用估算应遵循“有无对比”的原则，正确识别和估算项目投资者或财务主体在财务分析范围之内“有项目”和“无项目”状态的财务效益与费用，“有无对比”的差额部分作为项目带来的财务效益与费用。财务效益与费用估算采用的依据应符合国家及企业的有关规定，评价参数选取合理，方法适宜、表格清晰，并反映油（气）管道建设项目的特点。

2.2 财务效益与费用估算范围的确定应从项目的目标和必要性出发，满足项目投资者或财务主体投资决策的需要，体现效益与费用对应一致的原则。财务效益与费用估算的顺序一般为收入、投资、成本、营业税金及附加。

2.3 运营期财务效益与费用估算采用的价格，应符合下列要求：

1. 效益与费用采用的价格体系应一致。

2. 采用预测价格，有要求时可考虑价格变动因素。

3. 对适用增值税的项目，运营期内投入和产出的估算表格可采用不含增值税价格；若采用含增值税价格，应予说明，并调整相关表格。

2.4 油（气）管道建设项目财务效益主要是指因项目实施后提供管道运输服务所获得的营业收入，也包括补贴性收入。

项目所支出的费用主要包括投资、成本费用、税金及运营期维护性投资等。

2.5 油（气）管道建设项目作为承运方为托运方提供管道运输服务所取得的营业收入，应根据管道运输量和管道运输收费标准计算，编制“营业收入、营业税金及附加估算表”。

2.6 对于各种形式符合企业会计制度的财政补贴等，应根据相关规定合理估算，计作补贴收入。

2.7 油（气）管道建设项目总投资是指项目建设和投入运营所需要的全部投资，包括建设投资、建设期利息和流动资金，编制“项目总投资估算表”。项目财务分析中总投资有别于项目报批总投资，报批总投资包括建设投资、建设期利息和铺底流动资金。

2.8 油（气）管道建设项目建设投资是指项目从建设到投入运营前所需花费的全部资本性支出，由工程费用、工程建设其他费用和预备费组成。工程费用包括设备购置费、安装工程费和建筑工程费，工程建设其他费用包括固定资产其他费用、无形资产费用和其他资产费用，预备费包括基本预备费和价差预备费。编制“建设投资估算表”。

1. 油（气）管道工程内容一般包括线路工程、大中型穿跨越工程、站场工程、供电工程、通信工程、道路工程、控制中心、生产设施等配套工程。

2. 油（气）管道建设项目建设投资应在建设规模、技术方案和工程方案初步确定的基础上进行估算，编制依据、方法、内容、表格及编制说明等执行有关规定。

3. 建设投资分析包括结构分析和水平分析。结构分析主要对投资的构成比例进行分析，水平分析主要对投资的技术经济指标高低进行分析，并选取近期类似工程项目的投资进行对比，对影响投资的主要因素进行说明。

4. 建设投资的分年使用计划应根据项目进度安排，应明确各期投资额以及其中的外汇额。

2.9 在建设投资分年计划的基础上，根据融资方案，对采用债务融资的油（气）管道建设项目应计算建设期利息。建设期利息系指筹措债务资金时在建设期内发生并按规定允许在投产后计入固定资产原值的利息，即资本化利息。

建设期利息包括银行借款和其他债务资金在建设期内发生的利息以及其他融资费用。其他融资费用是指某些债务融资中发生的手续费、承诺费、管理费、信贷保险费等融资费用。一般情况下应将其单独计算并计入建设期利息。在可行性研究阶段也可粗略估算并计入建设投资。

估算建设期利息，应根据不同情况选择名义年利率或有效年利率。

对于分期建成投产的项目，各期发生的投资作为项目建设投资的组成部分，应按各期建设时间计算借款费用作为建设期利息予以资本化。

2.10 流动资金是指运营期内长期占用并周转使用的资金，不包括运营中临时性需要的营运资金。流动资金估算的基础是经营成本、营业收入和商业信用等，其计算应符合下列要求：

1．按前期研究阶段的不同，流动资金可选用扩大指标估算法或分项详细估算法。

（1）扩大指标估算法：是指参照同类企业或项目流动资金占营业收入或经营成本的比例、或单位产量占用营运资金的数额估算流动资金。在预可行性研究阶段可采用扩大指标估算法。

（2）分项详细估算法：是指利用流动资产与流动负债估算项目占用的流动资金。一般先对流动资产和流动负债的构成要素进行分项估算，进而估算流动资金。项目可行性研究阶段宜采用分项详细估算法。

流动资产的构成要素一般包括存货、库存现金、应收账款和预付账款；流动负债的构成要素一般只考虑应付账款和预收账款。流动资金等于流动资产与流动负债的差额。

2．流动资金一般应在项目投产前开始筹措。为简化计算，流动资金可在投产第一年开始安排，并根据不同的生产运营计划分年进行估算。

2.11 项目总投资分别形成固定资产、无形资产、其他资产和流动资产。固定资产是指为生产商品或经营管理而持有的、使用寿命超过一个会计年度的有形资产，投资形成的固定资产原值用于计算折旧（实行消费型增值税的项目应扣除建设投资中的增值税）；无形资产是指企业拥有或控制的没有实物形态的可辨认非货币性资产，其他资产是指除流动资产、固定资产、无形资产以外的其他资产，投资形成的无形资产和其他资产原值用于计算摊销费用。

1．工程费用中的建筑工程费、设备购置费、安装工程费和固定资产其他费用直接计入固定资产；无形资产费用和其他资产费用形成无形资产和其他资产；预备费在以上四项费用的基础上进行计算，是对工程费用和其他费用中不可预见因素的预备性费用，应分别按比例计入固定资产、无形资产和其他资产中，但为了简化计算可直接计入固定资产中。

2．建设期利息全部形成固定资产。

3．流动资金和流动负债共同构成流动资产。

2.12 在项目运营期内，为维持正常生产运营需要更新设备、设施，应估算项目维持运营的投资费用，在现金流量表中直接列入现金流出，其资金来源一般按项目或企业自有资金考虑。该投资应予以资本化，计入固定资产原值，并计取折旧。

2.13 总成本费用是指油（气）管道建设项目在运营期内为提供油（气）管道运输服务而发生的全部费用。

1．总成本费用估算可采用下列方法估算：

（1）作业成本加期间费用估算法：

$$总成本费用=作业成本+期间费用 \tag{2-1}$$

输油（气）作业成本包括辅助材料费、燃料费、动力费、输送油（气）损耗、人员费用、修理费用、折旧费用及其他运营费用。

$$期间费用=管理费用+财务费用+营业费用 \tag{2-2}$$

并据此编制“总成本费用估算表”。

（2）生产要素估算法：

在财务分析中为了便于计算，生产成本按成本要素分解为外购辅助材料、外购燃料、外购动力、人员费用、折旧、修理费和其他制造费用。

2. 成本费用估算原则上应遵循国家现行《企业会计准则》规定的成本和费用核算方法；同时应遵循有关税法中准予在所得税前列支科目的规定。当两者有矛盾时，一般应按从税的原则处理。

3. 总成本费用可分解为固定成本和可变成本。

油（气）管道建设项目固定成本主要包括人员费用、折旧费、摊销费、修理费、其他运营费用、其他管理费用和财务费用等。

油（气）管道建设项目可变成本主要包括外购辅助材料、燃料及动力费和营业费用等。

在总成本费用中，有些成本费用属于半可变（或半固定）成本，既有可变因素，又有固定因素。项目财务分析中一般可以进行简化处理，使成本费用最终分解为固定成本和可变成本。固定成本和可变成本主要用于财务分析的盈亏平衡分析。

2.14 经营成本是项目经济评价中所使用的特定概念，作为项目运营期的主要现金流出，其构成和估算可采用下式表达：

$$经营成本=总成本费用-折旧-摊销-财务费用 \tag{2-3}$$

或

$$经营成本=外购材料、燃料和动力费+人员费用+修理费用+其他费用 \tag{2-4}$$

式中其他费用是指从其他运营费用、管理费用和营业费用中扣除了折旧费、摊销费、修理费、人员费用以后的其余部分。

2.15 油（气）管道建设项目经济评价涉及的税费主要包括营业税、城市维护建设税、教育费附加和企业所得税等。编制“营业收入、营业税金及附加估算表”。税种的税基和税率的选择，应根据相关税法和项目的具体情况确定。如有减免税优惠，应说明依据及减免方式。

2.16 进行财务效益和费用的估算需要编制如下报表：

辅助表1　项目总投资估算表

辅助表1.1　建设投资估算表

辅助表1.2　流动资金估算表

辅助表3　营业收入、营业税金及附加估算表

辅助表4　总成本费用估算表

辅助表4.1　辅助材料费估算表

辅助表4.2　燃料、动力费估算表

辅助表4.3　折旧与摊销计算表

辅助表5　借款还本付息计划表

3　资金来源与融资方案

3.1 在投资估算的基础上，资金来源与融资方案应分析建设投资和流动资金的来源渠道及筹措方式，并在明确项目融资主体的基础上，设定初步融资方案。通过对初步融资方案

资金结构、融资成本和融资风险的分析，结合融资后财务分析，比选确定融资方案，为财务分析提供必需的基础数据。

3.2 设定融资方案，应先确定融资主体。按照融资主体不同，融资方式分为既有法人融资和新设法人融资。油（气）管道建设项目大部分都属于既有法人融资，有条件时可按既有法人融资考虑，难以按既有法人模式放入企业总体中进行评价时，可将项目视为模拟“新设法人”。

3.3 油（气）管道建设项目资本金的来源主要有企业的直接投资、发行股票、原有股东的增资扩股、吸收新股东投资等。

3.4 项目债务资金可通过商业银行贷款、政策性银行贷款、外国政府贷款、国际金融机构贷款、出口信贷、银团贷款、企业债券、国际债券、融资租赁等渠道和方式筹措。

3.5 在初步明确项目融资主体和资金来源的基础上，对于融资方案资金来源的可靠性、资金结构的合理性、融资成本高低和融资风险大小，应进行综合分析，结合融资后财务分析，比选确定融资方案。

对于企业内部独资建设项目，根据项目实际情况，目前可不进行融资方案资金来源的可靠性、资金结构的合理性、融资成本高低和融资风险大小分析。对于合资项目（国内合资、国外合资）需进行分析。随着金融体制改革的不断深入，应加强该部分分析。

3.6 资金来源的可靠性应主要分析能否按项目所需投资得到足额及时的资金供应，即分析资本金和债务资金等各类供应资金在币种、数量和时间要求上能否满足项目建设需要。

3.7 资金结构的合理性应主要分析资本金与债务资金的比例、资本金内部结构比例和债务资金内部结构比例。

3.8 资金成本分析应通过计算债务资金成本、资本金资金成本和加权平均资金成本，分析项目使用各种资金所实际付出的代价及其合理性，为优化融资方案提供依据。

3.9 为减少融资风险损失，应对融资方案实施中可能存在的资金供应风险、利率风险和汇率风险等因素进行分析评价，并提出防范风险的对策。

3.10 根据资金来源与融资方案，编制辅助表2“项目总投资使用计划与资金筹措表”。

4 财务分析

4.1 财务分析应在项目财务效益与费用估算的基础上，通过编制财务报表，计算经济评价指标，分析评价项目的盈利能力、偿债能力和财务生存能力，判断项目的财务可接受性，明确项目对企业的价值贡献，为项目决策服务。

4.2 财务分析分为融资前分析和融资后分析。一般可先进行融资前分析，在融资前分析结论满足要求的情况下，根据初步设定的融资方案，再进行融资后分析。在项目规划和初步开发方案阶段可只进行融资前分析。

4.3 融资前分析是指在不考虑融资方案的条件下进行的财务分析，排除了融资方案的影响，从项目投资总获利能力的角度，考察项目方案设计的合理性。融资前分析计算的相关指标，应作为初步投资决策与融资方案研究的基础。

融资前分析以动态分析（折现现金流量分析）为主，静态分析（非折现现金流量分析）为辅。

融资前动态分析以营业收入、建设投资、经营成本和流动资金的估算为基础，考察整个计算期内的现金流入和现金流出，编制项目投资财务现金流量表，利用资金时间价值的原理进行折现，计算项目投资财务内部收益率和净现值等指标。

融资前分析可选择计算所得税前指标和（或）所得税后指标。

融资前分析也可计算静态投资回收期指标，用以反映回收项目投资所需要的时间。

4.4 融资后分析以融资前分析和初步的融资方案为基础，考察项目在拟定融资条件下的盈利能力、偿债能力和财务生存能力，判断项目方案在融资条件下的可行性。融资后分析是投资者最终决定出资的依据。

4.5 融资后盈利能力分析包括动态分析和静态分析：

1. 动态分析包括下列两个层次：

（1）项目资本金现金流量分析，应在拟定的融资方案基础上，从项目资本金出资者整体的角度，确定其现金流入和现金流出，编制“项目资本金现金流量表”，利用资金时间价值的原理进行折现，计算项目资本金财务内部收益率指标，考察项目资本金可获得的收益水平。

（2）投资各方现金流量分析，应从投资各方实际收入和支出的角度，确定其现金流入和现金流出，分别编制“投资各方现金流量表”，计算投资各方财务内部收益率指标，考察投资各方的收益水平。

2. 静态分析系指不采取折现方式处理数据，依据“利润与利润分配表”，计算项目资本金净利润率和总投资收益率指标。

静态盈利能力分析可根据项目的具体情况选做。

4.6 盈利能力分析的主要指标包括项目投资财务内部收益率和财务净现值、项目资本金财务内部收益率、投资回收期、总投资收益率、资本金净利润率等，可根据项目的特点及财务分析的目的、要求等选用。

1. 财务内部收益率（$FIRR$）是指能使项目计算期内净现金流量现值累计等于零时的折现率，即 $FIRR$ 作为折现率使下式成立：

$$\sum_{t=1}^{n}(CI-CO)_t(1+FIRR)^{-t}=0 \tag{4-1}$$

式中 CI——现金流入量；

CO——现金流出量；

$(CI-CO)_t$——第 t 期的净现金流量；

n——项目计算期。

项目投资财务内部收益率、资本金投资财务内部收益率和投资各方财务内部收益率都依据上式计算，但现金流入和现金流出不同。

当财务内部收益率大于或等于基准收益率（i_c）时，项目方案在财务上可考虑接受。项目投资财务内部收益率、资本金投资财务内部收益率和投资各方财务内部收益率可有不同的基准值。

2. 财务净现值（$FNPV$）是指按设定的折现率（一般采用基准收益率 i_c）计算的项目计算期内净现金流量的现值之和，计算公式如下：

$$FNPV = \sum_{t=1}^{n} (CI - CO)_t (1 + i_c)^{-t} \tag{4-2}$$

式中 i_c——设定的折现率（同基准收益率）。

一般情况下，财务分析只计算项目投资财务净现值，可根据需要选择计算所得税前净现值或所得税后净现值。

在设定的折现率下计算的财务净现值大于或等于零（$FNPV \geqslant 0$），项目方案在财务上可考虑接受。

3. 投资回收期（P_t）是指以项目的净收益回收项目投资所需要的时间，一般以年为单位，宜从项目建设开始年算起；若从项目投产开始年算起的，应予以特别注明；项目投资回收期计算公式如下：

$$\sum_{t=1}^{n} (CI - CO)_t = 0 \tag{4-3}$$

项目投资回收期可利用项目投资财务现金流量表计算，项目投资财务现金流量表中累计净现金流量由负值变为零时的时点，即为项目的投资回收期；投资回收期应按下式计算：

$$P_t = T - 1 + \frac{\text{第}(T-1)\text{年的累计净现金流量的绝对值}}{\text{第}T\text{年的净现金流量}} \tag{4-4}$$

式中 T——各年累计净现金流量首次为正值或零的年数。

投资回收期短，表明项目投资回收快，抗风险能力强。

4. 总投资收益率（ROI）是指项目运营期内年平均息税前利润与项目评价期总投资的比率，表示总投资的盈利水平，计算公式如下：

$$ROI = \frac{EBIT}{TI} \times 100\% \tag{4-5}$$

式中 $EBIT$——运营期内年平均息税前利润或达产后某年的息税前利润；

TI——项目总投资和维持运营投资之和。

总投资收益率高于企业的收益率参考值，表明用总投资收益率表示的盈利能力满足要求。

5. 资本金净利润率（ROE）是指项目运营期内年平均净利润与项目评价期资本金投资的比率，表示项目资本金投资的盈利水平，计算公式如下：

$$ROE = \frac{NP}{EC} \times 100\% \tag{4-6}$$

式中 NP——项目运营期内年平均净利润或达产后某年的净利润；

EC——项目资本金和维持运营投资之和。

资本金净利润率高于企业的净利润率参考值，表明用资本金净利润率表示的盈利能力满足要求。

4.7 偿债能力分析应通过计算利息备付率（ICR）、偿债备付率（$DSCR$）和资产负债率（$LOAR$）等指标，分析判断项目的偿债能力。

1. 利息备付率（ICR）是指在借款偿还期内的息税前利润与应付利息的比值，它从付息资金来源的充裕性角度反映项目偿付债务利息的保障程度和支付能力，计算公式如下：

$$ICR=\frac{EBIT}{PI} \tag{4-7}$$

式中　$EBIT$——息税前利润；

PI——计入总成本费用的应付利息。

利息备付率应分年计算。利息备付率高，表明利息偿付的保证度大，风险小。利息备付率应大于1，并结合债权人的要求判定。

2．偿债备付率（$DSCR$）是指在借款偿还期内可用于还本付息的资金与应还本付息金额的比值，表示可用于还本付息的资金偿还借款本息的保障程度，计算公式如下：

$$DSCR=\frac{EBITDA-T_{AX}}{PD} \tag{4-8}$$

式中　$EBITDA$——息税前利润加折耗和摊销（如果项目在运营期内有维持运营投资，应扣除维持运营投资）；

T_{AX}——所得税；

PD——应还本付息金额，包括还本金额及计入总成本费用的应付利息。融资租赁费用支出视同借款偿还，短期借款本息也应纳入计算。

偿债备付率应分年计算，偿债备付率高，表明可用于还本付息的资金保障程度高。偿债备付率应大于1，并结合债权人的要求确定。

3．资产负债率（$LOAR$）是指年末负债总额与资产总额的比率，计算公式如下：

$$LOAR=\frac{TL}{TA}\times100\% \tag{4-9}$$

式中　TL——年末负债总额；

TA——年末资产总额。

适度的资产负债率表明企业经营安全、稳健，具有较强的筹资能力，也表明企业和债权人的风险较小。对该指标的分析，应结合国家宏观经济状况、行业发展趋势、公司融资模式等具体条件判定。项目财务分析中，在长期债务还清后，可不再计算资产负债率。

4.8　财务生存能力分析，应编制“财务计划现金流量表”通过考察项目计算期内各年的投资活动、融资活动和经营活动所产生的各项现金流入和流出，计算盈余资金和累计盈余资金，分析是否有足够的净现金流量维持项目的正常运营，以实现财务可持续性。

项目的财务可持续性首先应体现在有足够大的经营活动净现金流量，其次各年累计盈余资金不应出现负值。若出现负值时应进行短期借款，同时分析该短期借款的年份长短和数额大小，进一步判断项目的财务生存能力。为维持项目正常运营，还应分析短期借款的可靠性。如果需要的短期融资过大，年份过多，甚至在整个运营期内的大部分年份都需要，财务可持续性的实现将会受到影响。

4.9　完成财务分析后应对各项财务指标进行汇总，并结合不确定性分析和风险分析的结果，作出对项目的财务分析结论。

4.10　进行项目财务分析需要编制如下报表：

基本表1.1　项目投资现金流量表

基本表1.2　项目资本金现金流量表

基本表1.3　投资各方现金流量表

基本表2　利润与利润分配表

基本表3　财务计划现金流量表

基本表4　资产负债表

5　经济费用效益分析

5.1　经济费用效益分析应从资源优化配置的角度，分析项目投资的经济效率和对社会福利所做出的贡献，评价项目的经济合理性。对于财务现金流量不能全面、真实地反映其经济价值，需要进行经济费用效益分析。经济费用效益分析结论是项目决策的主要依据之一。

5.2　对于财务价格扭曲，不能真实反映项目产出的经济价值，财务成本不能包含项目对资源的全部消耗，财务效益不能包含项目产出的全部经济效果的项目，需要进行经济费用效益分析。油（气）管道项目涉及国家控制的战略性资源开发及国家经济安全的项目，往往具有公共性、外部效果等综合特征，不能完全依靠市场配置资源。

5.3　项目经济效益和费用的识别应符合下列要求：

1. 遵循“有无对比”的原则。
2. 对项目所涉及的所有成员及群体的费用和效益做全面分析。
3. 正确识别正面和负面外部效果，防止误算、漏算或重复计算。
4. 合理确定效益和费用的空间范围和时间跨度。
5. 正确识别和调整转移支付，根据不同情况区别对待。

5.4　经济效益的计算应遵循支付意愿原则和（或）接受补偿意愿原则。经济费用的计算应遵循机会成本原则。

5.5　经济效益和费用可直接识别，也可通过调整财务效益和财务费用得到。经济效益和经济费用应采用影子价格计算。

5.6　对于管道项目，由于提供运输服务的范围限于国内，其服务性质决定了其属于“天然”的非外贸货物，所以其影子价格的确定可以采用成本分解法。应用成本分解法确定管道运输费的影子价格，原则上是要对边际成本进行分解，但是当资料缺乏时，也可以采取平均成本的方法。具体步骤如下：

1. 按照费用要素列出管道运输项目的投资、成本费用及流动资金。
2. 剔除上面数据中包含的税金。
3. 对管道运输项目各种投入物的价格进行调整，有些可以直接使用给定的影子价格和换算系数，对重要的外贸货物还要重新测算影子价格（如进口的钢材等）。
4. 计算生产期内单位输送油（气）量总投资（包括建设投资和流动资金）的资金回收费用，对折旧和流动资金进行调整。
5. 汇总各个单项成本，形成最终管道运输费的影子价格。

5.7　特殊投入物的影子价格应按下列方法计算：

1. 项目因使用劳动力所支付的工资，是项目实施所付出的代价。劳动力的影子工资等于劳动力机会成本与因劳动力转移而引起新增资源消耗之和。

2. 土地是一种重要的经济资源，项目占用的土地无论是否需要实际支付财务成本，均应计算其影子价格。项目所占用的农业、林业、牧业、渔业及其他生产性用地，其影子价格按照这些生产用地未来可以提供的产出物的效益及因改变土地用途而发生的新增资源消耗进行计算。

3. 项目投入的自然资源，无论在财务上是否付费，在经济费用效益分析中都必须测算其经济费用。不可再生自然资源的影子价格应按资源的机会成本计算；可再生自然资源的影子价格应按资源再生费用计算。

5.8 外部效果是指项目的产出或投入无意识地给他人带来费用或效益，且项目却没有为此付出代价或为此获得收益。为防止外部效果计算扩大化，一般只计算一次相关效果。

5.9 项目经济费用和效益的识别和计算，可以按照费用效益识别和计算的原则与方法直接进行，也可以在财务分析的基础上将财务现金流量转换为反映真正资源变动状况的经济费用效益流量。

5.10 投资项目经济费用效果分析采用社会折现率对未来经济费用效益流量进行折现。项目的所有效益和费用（包括不能货币化的效果）一般均应在共同的时点基础上予以折现。

5.11 如果项目的经济费用和效益能够进行货币量化，应在费用效益识别和计算的基础上，编制“项目投资经济费用效益流量表”，计算经济评价指标，分析项目投资的经济效率：

1. 经济净现值（*ENPV*）是指项目按照社会折现率将计算期内各年的经济净效益流量折现到建设期初的现值之和。计算公式为：

$$ENPV = \sum_{t=1}^{n} (B - C)_t (1 + i_s)^{-t} \tag{5-1}$$

式中 B——投资项目经济效益流量；

C——投资项目经济费用流量；

$(B-C)_t$——投资项目第 t 年的经济净效益流量；

n——计算期；

i_s——社会折现率。

在经济费用效益分析中，如果经济净现值大于或等于零，说明投资项目可以达到符合社会折现率的效率水平，认为该项目从经济资源配置的角度可以被接受。

2. 经济内部效益率（*EIRR*）是投资项目在计算期内经济净效益流量的现值累计等于零时的折现率，表达式为：

$$\sum_{t=1}^{n} (B - C)_t (1 + EIRR)^{-t} = 0 \tag{5-2}$$

如果经济内部效益率等于或者大于社会折现率，表明投资项目资源配置的经济效率达到了可以被接受的水平。

3. 经济效益费用比（R_{BC}）是项目在计算期内效益流量的现值与费用流量的现值的比率，计算公式为：

$$R_{BC} = \frac{\sum_{t=1}^{n} B_t(1+i_s)^{-t}}{\sum_{t=1}^{n} C_t(1+i_s)^{-t}} \tag{5-3}$$

式中　B_t——第 t 期的经济效益；

C_t——第 t 期的经济费用。

如果经济效益费用比大于 1，表明项目资源配置的经济效率达到了可以被接受的水平。

5.12　在完成经济费用效益分析之后，应进一步对比经济费用效益与财务现金流量之间的差异，并根据需要对财务分析与经济费用效益分析结论之间的差异进行分析，找出受益或受损群体，分析项目对不同利益相关者在经济上的影响程度，并提出改进资源配置效率及财务生存能力的政策建议。

5.13　对于项目效益和费用可以货币化的项目应采用上述经济费用效益分析方法；对于效益难于货币化的项目，应采用费用效果分析的方法；对于效益与费用均难于量化的项目，应进行定性经济费用效益分析。

5.14　进行经济费用效益分析，需要编制如下报表：

经济费用效益分析基本表 1　项目投资经济费用效益流量表

经济费用效益分析辅助表 1　投资费用估算调整表

经济费用效益分析辅助表 2　经营费用估算调整表

经济费用效益分析辅助表 3　项目直接效益估算调整表

经济费用效益分析辅助表 4　项目间接费用估算表

经济费用效益分析辅助表 5　项目间接效益估算表

6　费用效果分析

6.1　费用效果分析是指通过比较项目预期的效果与所产生的费用，判断项目的费用有效性或经济合理性。效果难于或不能货币化如环保、安全、健康等，或货币化的效果不是项目主体目标如公共项目，在经济评价中应采用费用效果分析法，其结论作为项目投资决策的依据之一。

6.2　费用效果分析中的费用是指为实现项目预定目标所付出的财务代价或经济代价，采用货币计量；效果是指项目的结果所起到的作用、效应或效能，是项目目标的实现程度。按照项目要实现的目标，一个项目可以选用一个或几个效果指标。

6.3　费用效果分析遵循多方案比选的原则，所分析的项目应满足下列条件：

1．备选方案不少于两个，且为互斥方案或可转化为互斥型的方案。

2．备选方案应具有共同的目标，目标不同的方案、不满足最低效果要求的方案不可进行比较。

3．备选方案的费用应能货币化，且资金用量不突破资金限制。

4．效果应采用同一非货币计量单位衡量，如果有多个效果，其指标加权处理形成单一综合指标。

5. 备选方案应具有可比的寿命周期。

6.4 费用效果分析应按下列步骤进行：

1. 确立项目目标。

2. 构想和建立备选方案。

3. 将项目目标转化为具体的可量化的效果指标。

4. 识别费用与效果要素，并估算各个备选方案的费用与效果。

5. 利用相关指标，综合比较、分析各个方案优缺点。

6. 推荐最佳方案或提出优先采用的次序。

6.5 费用应包含从项目投资开始到项目终结的整个期间内所发生的全部费用。费用可按现值公式或按年值公式计算：

1. 费用现值：

$$PC = \sum_{t=1}^{n} (CO)_t (P/F, i, t) \tag{6-1}$$

式中 PC——费用现值；

$(CO)_t$——第 t 期现金流出量；

n——计算期；

i——折现率；

$(P/F, i, t)$——现值系数$\frac{1}{(1+i)^n}$，其他符号同前。

2. 费用年值：

$$AC = \left[\sum_{t=1}^{n} (CO)_t (P/F, i, t) \right] (A/P, i, n) \tag{6-2}$$

式中 AC——费用年值；

$(A/P, i, n)$——资金回收系数$\frac{i(1+i)^n}{(1+i)^n - 1}$，其他符号同前。

备选方案的计算期不一致时，应采用费用年值比较法。

6.6 项目效果计量单位的选择，应能切实度量项目目标实现的程度，且便于计算。若项目的目标不止一个，或项目的效果难以直接度量，需要建立次级分解目标加以度量时，需要用科学的方法确定权重，借助层次分析法对项目的效果进行加权计算，形成统一的综合指标。

6.7 费用效果分析可采用效果费用比为基本指标，应按下式计算：

$$R_{E/C} = \frac{E}{C} \tag{6-3}$$

式中 $R_{E/C}$——效果费用比；

E——项目效果；

C——项目的计算期费用，用现值或年值表示。

有时为方便或习惯起见，也可以采用费用效果比指标，即：

$$R_{C/E} = \frac{C}{E} \tag{6-4}$$

6.8 费用效果分析可采用下列基本方法：

1. 最小费用法，也称固定效果法。在效果大致相同的条件下，应选取费用最小的备选方案。

2. 最大效果法，也称固定费用法。在费用大致相同的条件下，应选取效果最大的备选方案。

3. 增量分析法，当效果与费用均不固定，且分别具有较大幅度的差别时。应比较两个备选方案之间的费用差额和效果差额。分析获得增量效果所付出的增量费用是否值得，不可盲目选择效果费用比大的方案或费用效果比小的方案。

采用费用效果增量分析时应先确定基准指标（截止指标）$[E/C]_0$或$[C/E]_0$。如果增加的效果能够补抵增加的费用，选择费用高的方案，否则，选择费用低的方案。

基准指标是项目可以接受的效果费用比的最低要求，受经济实力、技术水平、社会需求等多方面的影响，可参考有关企业定额或专门制定。

6.9 如果项目有两个以上的备选方案进行增量分析，宜按下列步骤选优：

1. 将方案费用由小到大排列。
2. 从费用最小的两个方案开始比较，通过增量分析选择优势方案。
3. 将优胜方案与紧邻的下一个方案进行增量分析，并选出新的优势方案。
4. 重复第三步直至最后一个方案。最终被选定的优势方案为最优方案。

7 不确定性分析与风险分析

7.1 项目财务分析所采用的数据大部分来自预测和估算，具有一定程度的不确定性。为分析不确定性因素对评价指标的影响，需要进行不确定性分析和风险分析，估计项目可能承担的风险，考察项目的财务可靠性，提出项目风险的预警、预报和相应的对策，为投资决策服务。

不确定性分析，包括盈亏平衡分析和敏感性分析。经济风险分析是采用定性与定量相结合的方法，分析风险因素发生的可能性及给项目带来经济损失的程度，其分析过程包括风险识别、风险估计、风险评价与风险应对。

7.2 盈亏平衡分析是指通过计算项目达产年的盈亏平衡点（*BEP*），分析项目成本与收入的平衡关系，判断项目对市场变化的适应能力和抗风险能力。盈亏平衡分析只用于财务分析。

盈亏平衡点的表达形式有多种。根据油（气）管道建设项目的特点，在项目评价中常用的是以生产能力利用率和管道运输量表示的盈亏平衡点，按下列公式计算：

$$BEP_{\text{管输能力利用率}} = \frac{\text{年固定成本}}{\text{年营运收入}-\text{年可变成本}-\text{年营业税金及附加}} \times 100\% \qquad (7-1)$$

$$BEP_{\text{管道运输量}} = BEP_{\text{管道运输能力利用率}} \times \text{设计管道运输能力} \qquad (7-2)$$

盈亏平衡点也可利用盈亏平衡图求取（见图7－1）。

7.3 敏感性分析是通过分析不确定因素发生增减变化时，对财务或经济分析指标的影响，并计算敏感度系数和临界点，找出敏感因素。通常只进行单因素敏感性分析。计算敏感度系数和临界点应符合下列要求：

1. 敏感度系数（S_{AF}）是指项目效益指标变化率与不确定性因素变化率之比，计算公式为：

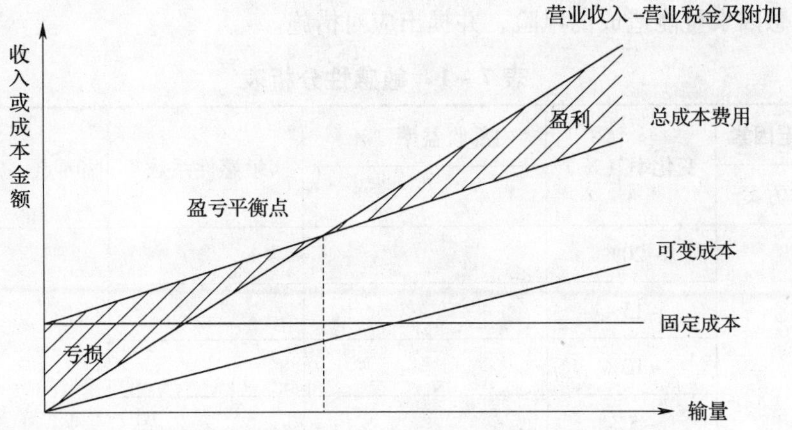

图 7-1　盈亏平衡图

$$S_{AF}=\frac{\Delta A/A}{\Delta F/F} \qquad (7-3)$$

式中　S_{AF}——评价指标 A 对于不确定性因素 F 的敏感度系数；

$\Delta F/F$——不确定性因素 F 的变化率；

$\Delta A/A$——不确定性因素 F 发生 ΔF 变化率时，评价指标 A 的相应变化率。

$S_{AF}>0$，表示评价指标与不确定性因素同方向变化；$S_{AF}<0$，表示评价指标与不确定性因素反方向变化。$|S_{AF}|$ 较大者敏感度系数高。

2. 临界点是指不确定性因素的变化使项目由可行变为不可行（或由不可行变为可行）的临界数值，可采用不确定性因素相对基本方案的变化率或其对应的具体数值表示。采用何种表示方式由不确定因素的特点决定。临界点可通过试算法或公式求解，也可根据敏感性分析图求得，见图 7-2。

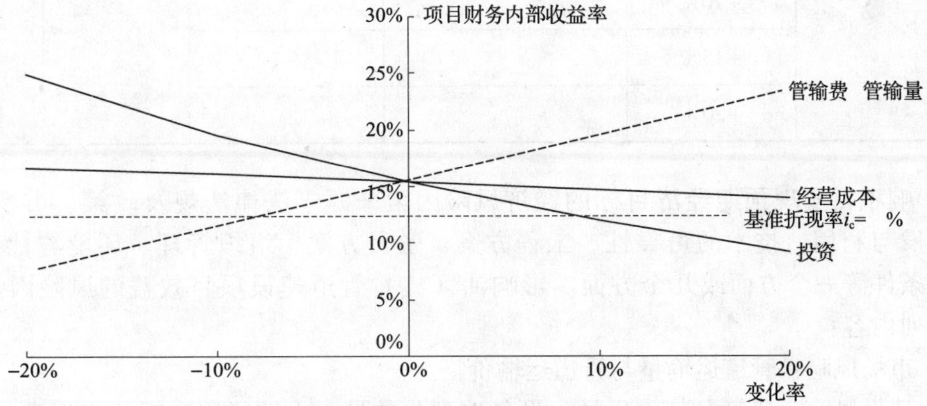

图 7-2　敏感性分析图

敏感性分析的计算结果，应采用敏感性分析表（表 7-1）和敏感性分析图表示。

根据预计基准收益率测算运输费的油（气）管道建设项目可不进行临界值分析。

3. 将不确定因素变化后计算的评价指标与基本方案评价指标进行对比分析，结合敏感度系数及临界点的计算结果，按不确定性因素的影响程度进行排序，找出最敏感的因素，分析敏感因素可能造成的风险，并提出应对措施。

表7－1　敏感性分析表

序号	不确定因素	变化率（%）	内部收益率（%）	敏感性系数	临界点（%）	临界值
	基本方案					
1	建设投资	－20%				
		－15%				
		－10%				
		－5%				
		＋5%				
		＋10%				
		＋15%				
		＋20%				
2	……	－20%				
		－15%				
		－10%				
		－5%				
		＋5%				
		＋10%				
		＋15%				
		＋20%				

7.4　影响项目实现预期经济目标的经济风险因素来源于法律法规及政策、市场供应、资源开发与利用、技术的可靠性、工程方案、融资方案、组织管理、环境与社会、外部配套条件等一个方面或几个方面。影响油（气）管道建设项目效益的风险因素可归纳为下列内容：

1．市场风险：管道运输量与管道运输价格。

2．建设风险：建筑安装工程量、设备选型与数量、土地征用和拆迁安置费、人工、材料价格、机械使用费及取费标准等。

3．融资风险：资金来源、供应量与供应时间等。

4．建设工期风险：工期延长。

5．运营成本费用风险：投入的各种材料、燃料、动力的需求量与预测价格、劳动力工资、管理费取费标准等。

6. 政策风险：税率、利率、汇率及通货膨胀率等。

7.5 风险识别，运用系统论的观点对项目全面考察综合分析，通过专家调查等方法辨识影响项目的风险因素，剖析因素的基本单元，建立项目风险因素的层次结构图，判断各因素间的独立性。判断其发生的可能性及对项目的影响程度，按其重要性进行排队，或赋予权重。敏感性分析是初步识别风险因素的重要手段。

7.6 风险估计应采用主观概率或客观概率的统计方法，确定风险因素各种变化的状态的概率分析，根据风险因素基本单元发生各种变化状态的可能性及对项目的影响程度，运用概率论和数理统计分析的方法，计算项目效益指标相应的概率分布或净现值大于或等于零的累计概率、期望值、标准差，或计算单项风险和综合风险的概率分布判断风险等级。

7.7 风险评价应根据风险识别和风险估计的结果，依据项目风险判别标准，找出影响项目成败的关键风险因素。项目风险大小的评价标准应根据风险因素发生的可能性及其造成的损失来确定，一般采用评价指标的概率分布或净现值大于或等于零的累计概率、期望值、标准差作为判别标准，也可采用综合风险等级作为判别标准。具体操作应符合下列要求：

1. 以评价指标作判别标准。

（1）财务内部收益率大于等于基准内部收益率的累计概率和标准差，累计概率越大则风险越小，标准差越小则风险越小；

（2）财务净现值大于等于零的累计概率和标准差，累计概率越大则风险越小，标准差越小则风险越小。

2. 以综合风险等级作判别标准。根据风险因素发生的可能性及其造成损失的程度，建立综合风险等级的矩阵，将综合风险分为K级、M级、T级、R级、I级，风险等级见表7－2。

表7－2 综合风险等级分类表

综合风险等级		风险影响的程度			
		严重	较大	适度	轻微
风险的可能性	高	K	M	R	R
	较高	M	M	R	R
	适度	T	T	R	I
	低	T	T	R	I

7.8 风险应对根据风险评价的结果，研究规避、控制与防范风险的措施，为项目全过程的风险管理提供依据。具体应关注下列方面：

1. 风险应对的原则：全过程风险管理的原则；动态管理的原则；风险处理成本最小原则；成本效益匹配原则；社会费用最小的原则；风险权衡原则。

2. 决策阶段风险应对的主要措施：强调多方案比选；对潜在风险因素提出必要研究与试验课题；对投资估算与财务分析，应采取谨慎的原则；对建设或生产经营期的潜在风险可建议采取回避、转移、分担和自担措施。

3. 结合综合风险因素等级的分析结果，应提出下列应对方案：

K（Kill）级：风险很强，出现这类风险就要放弃项目；

M（Modify plan）级：风险强，修正拟议的方案，通过改变设计或采取补偿措施等；

T（Trigger）级：风险较强，设定某些指标的临界值。指标一旦达到临界值，就要变更设计或对负面影响采取补偿措施；

R（Review and reconsider）级：风险适度（较小），适当采取措施后不影响项目；

I（Ignore）级：风险弱，可忽略。

7.9 常用风险分析方法包括专家调查法、层次分析法、概率树、CIM 模型及蒙特卡罗模拟分析方法，应根据项目具体情况，选用一种方法或几种方法组合使用。

7.10 根据项目特点及评价要求，风险分析可在下列情况下进行：

1. 财务风险和经济风险分析可直接在敏感性分析的基础上，采用概率树分析法和蒙特卡罗模拟分析法，确定各变量的变化区间及概率分布，计算项目内部收益率、净现值等评价指标的概率分布、期望值及标准差，并根据计算结果进行风险评估。

2. 在定量分析有困难的时候，可对风险采用定性的分析。

8 区域经济与宏观经济影响分析

8.1 区域经济影响分析是从区域经济的角度出发，分析项目对所在区域乃至更大范围的经济发展带来的影响。

宏观经济影响分析是从国民经济整体的角度出发，分析项目对国家宏观经济各方面的影响。

直接影响范围限于局部区域的项目应进行区域经济影响分析，直接影响国家经济全局的项目应进行宏观经济影响分析。

8.2 项目对所在地区及宏观经济发展产生的影响，以不同层次体现出来。包括个人层面、社会组织层面、产业及部门层面、区域和宏观经济层面。

8.3 区域经济与宏观经济影响分析的种类主要有项目对经济发展的影响，对产业布局的影响、对财政收支平衡的影响、对市场竞争结构的影响、对外汇收支的影响、对就业和收入分配的影响。

8.4 区域经济与宏观经济影响分析应遵循系统性、综合性、定性分析与定量分析相结合的原则。

8.5 区域经济与宏观经济影响分析通常采用的指标包括总量指标、结构指标、社会与环境指标和国力适应性指标。

8.6 区域经济与宏观经济影响分析，可将项目的总产出、总投入、资源、劳动力、进出口总额等作为区域经济与宏观经济的增量，通过建立各种既有科学依据，又反映项目特点的经济数学模型，分别计算“有项目”与“无项目”时的经济总量指标、经济结构指标、社会与环境指标及国力适应性指标，并根据有无原则进行分析。

特大型建设项目或与对地方经济影响较大的项目如需进行区域经济与宏观经济影响分析的应按照国家发展改革委与建设部发布的《建设项目经济评价方法与参数》（第三版）中“区域经济与宏观经济影响”的要求进行编写，并出具单独的研究报告。

9 方案经济比选

9.1 方案经济比选是寻求合理的经济和技术方案的必要手段，也是项目评价的重要内容。项目经济评价中宜对互斥方案和可转化为互斥型的方案进行比选。油（气）管道建设项目备选方案主要包括线路走向方案、管道材质、管径方案、穿跨越方案、工程方案、设备选型、站址选择、供电方案、通信方案等。

9.2 备选方案应满足的条件有：

1. 备选方案的整体功能应达到目标要求；

2. 备选方案的经济效率应达到可以被接受的水平；

3. 备选方案包括的范围和时间应一致，效益和费用计算的口径应一致。

9.3 方案经济比选可采用下列效益比选法、费用比选法和最低价格法。

1. 效益比选方法包括净现值比较法、净年值比较法、差额投资内部收益率法。

（1）净现值比较法，比较备选方案的财务净现值或经济净现值，以净现值（NPV）大的方案为优。比较净现值时应采用相同的折现率。

（2）净年值比较法，比较备选方案的净效益等额年值（简称净年值AW），以净年值大的方案为优。比较净年值时应采用相同的折现率。

（3）差额投资内部收益率法，使用备选方案差额现金流，应按下式计算：

$$\sum_{t=1}^{n}[(CI-CO)_{大}-(CI-CO)_{小}]_{t}(1+\Delta FIRR)^{-t}=0 \qquad (9-1)$$

式中 $(CI-CO)_{大}$——投资大的方案年净现金流量；

$(CI-CO)_{小}$——投资小的方案年净现金流量；

$\Delta FIRR$——差额投资内部收益率。

计算差额投资内部收益率（$\Delta FIRR$），与设定的基准收益率（i_c）进行对比，当差额投资内部收益率（$\Delta FIRR$）大于或等于设定的基准收益率（i_c）时，以投资大的方案为优，反之，投资小的为优。在进行多方案比较时，应先按投资大小，由小到大排序，再依次就相邻方案两两比较，从中选出最优方案。

（4）差额投资经济内部收益率（$\Delta EIRR$）法，可采用经济净现金流量替代式（9-1）中的财务净现金流量，进行方案比选。

2. 费用比选方法，包括费用现值比较法和费用年值比较法。

（1）费用现值比较法，计算备选方案的总费用现值并进行对比，应以费用现值（PC）较低的方案为优。

（2）费用年值比较法，计算备选方案的费用年值（AC）并进行对比，以费用年值较低的方案为优。

3. 最低价格（服务收费标准）比较法，在相同产品方案比选中，以净现值为零推算各方案的产品最低价格 $P_{\min}$，应以最低产品价格较低的方案为优。

9.4 在多方案比较中，应分析不确定性因素对方案比选的影响，判断其对比较结果的影响程度，必要时，应进行不确定性分析或风险分析，以保证比选结果的有效性。在比选时应遵循效益与风险权衡的原则。不确定性因素下的方案比选可采用下列方法之一。

1. 折现率调整法，调高折现率使备选方案净现值为零，折现率变动幅度小的方案风险大，折现率变动幅度大的方案风险小。

2. 标准差法，对备选方案进行概率分析，计算出评价指标的期望值和标准差后，在期望值满足要求的基础上，比较其标准差，标准差较高者，风险也较大。

3. 累计概率法，计算备选方案净现值大于或等于零的累计概率，估计方案承受风险的程度，方案的净现值大于或等于零的累计概率值越接近于1，说明项目的风险越小；反之，项目的风险大。

9.5 方案比选应注意下列问题：

1. 备选方案提供的信息资料和数据资料应可靠、均衡。

2. 同时进行财务分析和经济费用效益分析时，方案经济比选主要应按经济费用分析的结论选择方案。

3. 备选方案经济指标的取值比较差异不大时，不能依此判定方案的优劣，只有经济指标的取值存在足够的差异，且估算和测算的误差不足以使评价结论出现逆转时，才能认定比较方案有显著的差异，并据此判定方案的优劣。

4. 备选方案的计算期不同时，宜采用净年值法和费用年值法。如果采用差额投资内部收益率法或现值法，可将各方案计算期的最小公倍数作为比较方案的计算期或者以各方案中最短的计算期作为比较方案的计算期。在某些情况下可采用研究期法。

5. 方案比选中经济指标的应用范围见表9－1。

表9－1 方案比选中经济评价指标的应用范围表

用途　　　　指标	净现值	内部收益率
方案比选（互斥方案选优）	无资金限制时可选择NPV较大者	一般不直接用，可计算差额投资内部收益率（ΔIRR），当$\Delta IRR \geqslant i_c$时，以投资较大方案为优
项目排队（独立项目按优劣排序的最优组合）	不单独使用	一般不采用（可用于排除项目）

10 改扩建、销售型管道、地下储气库、LNG项目经济评价特点

10.1 油（气）管道改扩建项目是指既有企业通过改建、扩建与技术改造等形式，投资形成新的生产设施，扩大或完善原有生产系统的活动，目的在于增加管道运输服务供给，提高技术水平，降低资源消耗，节省运行费用，改善劳动条件，治理生产环境等。

10.2 改扩建项目具有如下特点：

1. 项目是既有企业的有机组成部分，同时项目的活动与企业的活动在一定程度上是有区别的。

2. 项目的融资主体是既有企业，项目的还款主体是既有企业。

3. 项目一般要利用既有企业的部分或全部资产与资源，且不发生资产与资源的产权转移。

4. 建设期内既有企业生产运营与项目建设一般同时进行。

10.3 改扩建项目应严格遵循“有无对比”的原则，注意正确识别与估算“无项目”、“有项目”、“现状”、“新增”、“增量”五种状态下的资产、资源、效益与费用。“无项目”与“有项目”的评价口径应当保持一致。避免费用与效益误算、漏算或重复计算。对难以定量计算的效益和费用，可做定性描述。

10.4 改扩建项目应明确界定项目效益和费用范围。

在财务分析中，效益与费用的界定宜为项目活动的直接影响范围。在油（气）管道建设项目中，有些改扩建项目只涉及某个环节，如某段管线或某个站场；有些改扩建项目只涉及某个方面，如通信自控改造；有些改扩建项目范围涉及整个油（气）管道，如建增压站，增加输量。在保证项目的费用与效益口径一致及不影响分析结果的情况下，可尽可能缩小项目的范围。

在经济费用效益分析中，效益和费用范围指项目活动的直接和间接影响的范围。

10.5 改扩建项目财务分析采用新建建设项目财务分析的基本原理和分析指标。由于项目与既有企业既有联系又有区别，一般可进行以下两个层次的分析。

1. 项目层次：盈利能力分析，遵循“有无对比”的原则，利用“有项目”与“无项目”的效益与费用计算增量效益与增量费用，用于分析项目的增量盈利能力，并作为项目决策的重要依据之一；偿债能力分析，分析“有项目”的偿债能力，若“有项目”还款资金不足，应分析“有项目”还款资金缺口，必须由既有企业应为项目额外提供的还款资金的数额；财务生存能力分析，分析“有项目”的财务生存能力。符合简化条件时，项目层次分析可直接用“增量”数据和相关指标进行分析。

2. 企业层次：分析既有企业以往的财务状况与今后可能的财务状况，了解企业生产与经营情况、资产负债结构、发展战略、资源利用优化的必要性、企业的信用等。特别关注企业为项目的融资能力、企业自身的资金成本或同项目有关的资金机会成本，有条件时要分析既有企业包括项目债务在内的还款能力。

10.6 改扩建项目应分析项目对既有企业的贡献。通过计算项目实施后既有企业的营业收入、利润总额等指标的“新增”数据及相关增长率，估算项目投资活动对既有企业财务状况改善的贡献。

10.7 进行改扩建项目的既有企业条件各异，应根据项目目的、项目层次与企业层次财务分析的结果，结合不确定性分析和风险分析的结果，以及项目对企业的贡献，统筹兼顾，进行多指标投融资决策。

10.8 符合下列特定条件之一的改扩建项目，可按新建项目经济评价的方法，简化处理：

1. 项目的投入产出与既有企业的生产经营活动相对独立。
2. 以增加产出为目的的项目，增量产出占既有企业产出比例较小。
3. 利用既有企业的资产与资源量与新增相比较小。
4. 效益与费用的增量流量较容易确定。
5. 其他特定情况。

10.9 改扩建项目经济评价的表格可参照财务分析表格，所用指标也与新建建设项目相同。必要时，财务（经济）效益与费用的流量可单列“有项目”与“无项目”的表格。

10.10 改扩建项目经济评价应处理好计算期的可比性、原有资产利用、停产减产损失和沉没成本和机会成本等。

10.11 油（气）管道项目经营模式主要是管道运输服务模式，项目主体只负责油（气）的管道输送业务，但也有运输加销售模式，项目主体负责油（气）管道输送和销售业务。运输加销售模式的油（气）管道项目经济评价要注意以下几点：

1. 从事管道运输和销售项目获得油（气）商品营业收入，计算公式如下：

$$年营业收入=年商品销售量\times 商品销售价格（不含增值税） \tag{8-1}$$

2. 从事油（气）管道运输及销售的项目主体，作业成本包括购油（气）成本、辅助材料费、燃料费、动力费、输送油（气）损耗、人员费用、修理费用、折旧费用及其他运营费用。

3. 从事油（气）管道运输及销售项目主体应缴纳增值税。增值税是以商品生产和劳务服务各个环节的增值因素为征收对象的一种流转税，按增值税税法规定的方法计算。

10.12 地下储气库作为输气管道（或管网）的配套项目，主要是为了调节天然气市场的峰谷以实现管道的平稳供气，一般可与干线管道作为一个整体进行经济评价；如果地下储气库单独建设运营或有特殊需要，也可独立进行经济评价。典型地下储气库工程主要包括地下储气层、注采井、地面注采设施和输气支线管道等。地下储气库建设项目投资估算应体现地下储气库建设特点，生产成本费用应参照气田开发项目经济评价的要求，营业收入和税金的计算应反映地下储气库的经营模式。

10.13 地下储气库建设项目总投资分为建设投资、建设期利息和流动资金，建设投资一般包括勘探工程投资、注采井工程投资、地面工程投资、输气支线管道投资和垫底气投资。如财务制度另有规定，垫底气也可摊入成本。

10.14 地下储气库建设项目总成本费用指在运营期内注采气所发生的全部费用。结合地下储气库建设项目的特点，总成本费用可参照“油气开发建设项目经济评价方法与参数”中气田开发建设项目成本估算的相关内容进行估算。

10.15 地下储气库建设项目缴纳的营业税金及附加包括营业税、城市维护建设税、教育费附加。

10.16 LNG 建设项目一般包括接收站工程、码头工程及外输管线。根据 LNG 运营模式确定评价的内容和方法。一般接收站工程（含码头）和外输管道分别评价，接收站的评价方法与管道运输一样，按照一定的基准收益率反算汽化费。

10.17 LNG 接收站工程建设项目总投资分为建设投资、建设期利息和流动资金，建设投资主要工程内容包括码头工程、LNG 储罐以及相应配套的公用工程和辅助设施、服务性工程（站外部分）及站外配套工程等。

10.18 LNG 接收站工程建设项目总成本费用指在运营期内所发生的全部费用。总成本费用包括生产成本和期间费用。可参照“炼油化工建设项目经济评价方法与参数”中总成本费用估算的相关内容进行估算。

10.19 LNG 接收站工程建设项目缴纳的税金包括增值税、城市维护建设税、教育费附加。

11 附　表

项目投资现金流量表

基本表 1.1　　　　单位：万元

序号	项目名称	合计	计算期						
			1	2	3	4	5	…	n
1	现金流入								
1.1	营业收入								
1.2	补贴收入								
1.3	回收固定资产余值								
1.4	回收流动资金								
2	现金流出								
2.1	建设投资								
2.2	流动资金								
2.3	经营成本								
2.4	营业税金及附加								
2.5	维持运营投资								
3	所得税前净现金流量（1－2）								
4	累计税前净现金流量								
5	调整所得税								
6	所得税后净现金流量（1－2－5）								
7	累计税后净现金流量								

计算指标：　　　　所得税前　　　　所得税后

项目投资财务内部收益率（%）

项目投资财务净现值（i_c =　%）

项目投资回收期（年）

项目资本金现金流量表

基本表 1.2　　　　　　　　　　　　　　　　　　　　　　单位：万元

序号	项目名称	合计	计算期						
			1	2	3	4	5	…	n
1	现金流入								
1.1	营业收入								
1.2	补贴收入								
1.3	回收固定资产余额								
1.4	回收流动资金								
2	现金流出								
2.1	项目资本金								
2.2	维持运营投资								
2.3	借款本金偿还								
2.4	借款利息支付								
2.5	经营成本								
2.6	营业税金及附加								
2.7	所得税								
3	净现金流量（1－2）								
计算指标：资本金财务内部收益率（%）									

注：1. 项目资本金包括用于建设投资、建设期利息（以自有资金偿还利息）和流动资金的自有资金；

2. 对外商投资项目，现金流出中应增加职工奖励与福利基金科目。

投资各方现金流量表

基本表 1.3　　　　　　　　　　　　　　　　　　　　　　单位：万元

序号	项目名称	合计	计算期						
			1	2	3	4	5	…	n
1	现金流入								
1.1	实分利润								
1.2	资产处置收益分配								
1.3	租赁收入								
1.4	技术转让使用收入								
1.5	其他现金流入								
2	现金流出								
2.1	实缴资本								
2.2	租赁资产支出								
2.3	其他现金流出								
3	净现金流量（1－2）								
计算指标：投资各方财务内部收益率（%）									

利润与利润分配表

基本表 2　　　　单位：万元

序号	项 目 名 称	合计	计 算 期						
			1	2	3	4	5	…	*n*
1	营业收入								
2	营业税金及附加								
3	总成本费用								
4	补贴收入								
5	利润总额（1 - 2 - 3 + 4）								
6	弥补以前年度亏损								
7	应纳税所得额（5 - 6）								
8	所得税								
9	净利润（5 - 8）								
10	期初未分配利润								
11	可供分配的利润（9 + 10）								
12	提取法定盈余公积金								
13	投资者分配利润								
14	未分配利润（11 - 12 - 13）								
15	息税前利润								
16	调整所得税								
17	息前税后利润（15 - 16）								
18	息税折旧摊销前利润								

计算指标：

项目总投资收益率（%）

项目资本金净利润率（%）

注：1. 对于外商投资合资项目，由第 11 项减去储备基金、职工奖励与福利基金和企业发展基金后，得出可供投资者分配的利润。外商独资项目可不列企业发展基金。

2. 息税前利润 = 利润总额 + 财务费用

3. 息税折旧摊销前利润 = 息税前利润 + 折旧 + 摊销

财务计划现金流量表

基本表3　　　　　　　　　　　　　　　　　　　　　　　　单位：万元

序号	项目名称	合计	计算期						
			1	2	3	4	5	…	n
1	经营活动净现金流量（1.1－1.2）								
1.1	现金流入								
1.1.1	营业收入								
1.1.2	补贴收入								
1.1.3	其他流入								
1.2	现金流出								
1.2.1	经营成本								
1.2.2	营业税金及附加								
1.2.3	所得税								
2	投资活动净现金流量（2.1－2.2）								
2.1	现金流入								
2.2	现金流出								
2.2.1	建设投资								
2.2.2	维持运营投资								
2.2.3	流动资金								
3	筹资活动净现金流量（3.1－3.2）								
3.1	现金流入								
3.1.1	项目资本金投入								
3.1.2	维持运营投资								
3.1.3	建设投资借款								
3.1.4	流动资金借款								
3.1.5	短期借款								
3.2	现金流出								
3.2.1	各种利息支出								
3.2.2	偿还长期借款本金								
3.2.3	偿还短期借款本金								
3.2.4	偿还流动资金借款本金								
3.2.5	投资者分配利润								
4	净现金流量（1＋2＋3）								
5	累计盈余资金								

注：1. 对于新设法人项目，本表投资活动的现金流入为零。

2. 对于既有法人项目，可适当增加科目。

3. 必要时，现金流出中可增加应付优先股股利科目。

4. 对外商投资项目应将职工奖励与福利基金作为经营活动现金流出。

资产负债表

基本表 4　　　　　　　　　　　　　　　　　　　　　　　　　　　　单位：万元

序号	项目名称	计算期						
		1	2	3	4	5	…	*n*
1	资产							
1.1	流动资产							
1.1.1	预付账款							
1.1.2	应收账款							
1.1.3	存货							
1.1.4	货币资金							
1.2	在建工程							
1.3	固定资产净值							
1.4	无形及其他资产净值							
2	负债及所有者权益							
2.1	负债							
2.1.1	流动负债							
1)	短期借款							
2)	应付账款							
3)	预收账款							
4)	其他							
2.1.2	建设投资借款							
2.1.3	流动资金借款							
2.2	所有者权益							
2.2.1	资本金							
2.2.2	累计盈余公积金							
2.2.3	累计未分配利润							
计算指标：资产负债率（%）								

注：1. 对外商投资项目，第 2.2.2 项改为累计储备基金和企业发展基金；外商独资项目可不列企业发展基金。

2. 对既有法人项目，一般只针对企业编制，可按需要增加科目，此时表中资本金是指企业全部实收资本，包括原有和新增的实收资本。必要时，也可针对“有项目”范围编制。此时表中资本金仅指“有项目”范围的对应数值。

3. 货币资金包括现金和累计盈余资金。

项目总投资估算表

辅助表1　　　　单位：万元

序号	项目或费用名称	估算金额	其中：外币（万美元）	占总投资比例（%）	备注
1	建设投资				
2	建设期利息				
3	流动资金				
4	项目总投资（1+2+3）				

建设投资估算表

辅助表1.1　　　　单位：万元

序号	项目或费用名称	设备购置费	安装工程费	建筑工程费	其他费用	合计	其中：外币（万美元）	占投资比例（%）
1	工程费用							
1.1	线路工程							
1.2	大型穿跨越、隧道工程							
1.3	站场工程							
1.4	供电工程							
…	……							
2	其他费用							
2.1	固定资产其他费用							
2.1.1	建设用地费							
2.1.2	建设单位管理费							
…	……							
2.2	无形资产费用							
2.2.1	专利及专有技术使用费							
…	……							
2.3	其他资产费用							
2.3.1	生产准备及开办费							
…	……							
3	预备费							
3.1	基本预备费							
3.2	价差预备费							
4	建设投资合计（1+2+3）							

注：1. “比例”分别指各主要科目的费用（包括横向和纵向）占建设投资的比例。

2. “工程或费用名称”可依不同项目的要求调整。

流动资金估算表

辅助表 1.2　　　　　　　　　　　　　　　　　　单位：万元

序号	项目名称	最低周转天数	周转次数	计算期						
				1	2	3	4	5	…	n
1	流动资产									
1.1	预付账款									
1.2	应收账款									
1.3	存货									
	原料									
	燃料									
	在产品									
	产成品									
1.4	现金									
2	流动负债									
2.1	应付账款									
2.2	预收账款									
3	流动资金占用（1－2）									
4	流动资金当期增加额									

项目总投资使用计划与资金筹措表

辅助表 2　　　　　　　　　　　　　　　　　　　单位：万元

序号	项目名称	合计	计算期						
			1	2	3	4	5	…	n
1	项目总投资								
1.1	建设投资								
1.2	建设期利息								
1.3	流动资金								
2	资金筹措								
2.1	项目资本金								
2.1.1	用于建设投资								
2.1.2	用于建设期利息								
2.1.3	用于流动资金								
2.2	债务资金								
2.2.1	用于建设投资								
2.2.2	用于建设期利息								
2.2.3	用于流动资金								

营业收入、营业税金及附加估算表

辅助表3　　　　　　　　　　　　　　　　　　　　　　　　　　单位：万元

序号	项目名称	合计	计算期						
			1	2	3	4	5	…	*n*
	生产负荷（%）								
1	管道运输量								
2	营业收入								
3	补贴收入								
4	营业税金及附加								
4.1	营业税								
4.2	城市维护建设税								
4.3	教育费附加								

总成本费用估算表

辅助表4　　　　　　　　　　　　　　　　　　　　　　　　　　单位：万元

序号	项目名称	合计	计算期						
			1	2	3	4	5	…	*n*
1	作业成本								
1.1	辅助材料费								
1.2	燃料费								
1.3	动力费								
1.4	人员费用								
1.5	油（气）损耗费								
1.6	折旧费								
1.7	修理费								
1.8	其他运营费								
2	管理费用								
2.1	无形资产摊销								
2.2	其他资产摊销								
2.3	其他管理费用								
3	财务费用								
3.1	长期借款利息								
3.2	流动资金借款利息								
3.3	短期借款利息								
4	营业费用								
5	总成本费用合计								
5.1	其中：可变成本								
5.2	固定成本								
6	经营成本								

辅助材料费估算表

辅助表 4.1　　　　　　　　　　　　　　　　　　　　　　　　　　　　　单位：万元

序号	项 目 名 称	合计	计 算 期						
			1	2	3	4	5	…	*n*
1	辅助材料费								
1.1	辅助材料 A								
	单价								
	数量								
1.2	辅助材料 B								
	单价								
	数量								
	……								

燃料、动力费估算表

辅助表 4.2　　　　　　　　　　　　　　　　　　　　　　　　　　　　　单位：万元

序号	项 目 名 称	合计	计 算 期						
			1	2	3	4	5	…	*n*
一	燃料费								
1	燃料 A								
	单价								
	数量								
2	燃料 B								
	单价								
	数量								
3	……								
二	动力费								
1	动力 A								
	单价								
	数量								
2	动力 B								
	单价								
	数量								
3	……								

折旧与摊销计算表

辅助表4.3　　　　　　　　　　　　　　　　　　　　　　　　单位：万元

序号	项目名称	合计	计算期						
			1	2	3	4	5	…	n
1	固定资产折旧								
1.1	固定资产原值								
1.2	当期折旧								
1.3	固定资产净值								
2	无形资产摊销								
2.1	无形资产原值								
2.2	当期摊销								
2.3	无形资产净值								
3	其他资产摊销								
3.1	其他资产原值								
3.2	当期摊销								
3.3	其他资产净值								

注：固定资产原值包括维持运营投资。

借款还本付息计划表

辅助表5　　　　　　　　　　　　　　　　　　　　　　　　单位：万元

序号	项目名称	合计	计算期						
			1	2	3	4	5	…	n
1	借款1								
1.1	期初借款余额								
1.2	当期借款								
1.3	当期应计利息								
1.4	当期还本付息								
	其中：还本								
	付息								
1.5	期末借款余额								
2	借款2								
2.1	期初借款余额								
2.2	当期借款								
2.3	当期应计利息								

续表

序号	项目名称	合计	计算期						
			1	2	3	4	5	…	n
2.4	当期还本付息								
	其中：还本								
	付息								
2.5	期末借款余额								
…	……								
计算指标	利息备付率								
	偿债备付率								

注：对于既有法人项目，在按有项目范围进行计算时，可根据需要增加项目范围内原有借款的还本付息计算。

项目投资经济费用效益流量表

经济费用效益分析基本表1　　单位：万元

序号	项目名称	合计	计算期						
			1	2	3	4	5	…	n
1	效益流量								
1.1	项目直接效益								
1.2	资产余值回收								
1.3	项目间接效益								
2	费用流量								
2.1	建设投资								
2.2	维持运营投资								
2.3	流动资金								
2.4	经营费用								
2.5	项目间接费用								
3	净效益流量（1－2）								

计算指标：

经济内部收益率（%）

经济净现值（i_s＝　%）

投资费用估算调整表

经济费用效益分析辅助表1　　　　　　　　　　　　　　　　　　　　单位：万元

序号	项目	财务分析			经济费用效益分析			经济费用效益分析比财务分析增减
		外币	人民币	合计	外币	人民币	合计	
1	建设投资							
1.1	建筑工程费							
1.2	设备购置费							
1.3	安装工程费							
1.4	其他费用							
1.4.1	其中：土地费用							
1.4.2	专利及专有技术费							
1.5	基本预备费							
1.6	价差预备费							
2	建设期利息							
3	流动资金							
合计（1+2+3）								

注：若投资费用是通过直接估算得到的，本表应略去财务分析的相关栏目。

经营费用估算调整表

经济费用效益分析辅助表2　　　　　　　　　　　　　　　　　　　　单位：万元

序号	项目	单位	投入量	财务分析		经济费用效益分析	
				单价（元）	成本	单价（元）	成本
1	外购燃料动力						
1.1	电						
1.2	水						
1.3	……						
2	工资及福利费						
3	修理费						
4	其他费用						
5	外购油（气）费						
	……						
合计							

注：若经营费用是通过直接估算得到的，本表应略去财务分析的相关栏目。

项目直接效益估算调整表

经济费用效益分析辅助表3　　　　单位：万元

序号	项目名称	合计	计算期						
			1	2	3	4	5	…	*n*
1	财务分析								
1.1	年管道运输量								
1.2	单价								
1.3									
2	经济费用效益分析								
2.1	年管道运输量								
2.2	单价								
2.3									

注：若直接效益是通过直接估算得到的，本表应略去财务分析的相关栏目。

项目间接费用估算表

经济费用效益分析辅助表4　　　　单位：万元

序号	项目名称	合计	计算期						
			1	2	3	4	5	…	*n*

项目间接效益估算表

经济费用效益分析辅助表5　　　　单位：万元

序号	项目名称	合计	计算期						
			1	2	3	4	5	…	*n*

油（气）管道建设项目经济评价参数

1 总　　则

1.1 建设项目经济评价参数是指用于计算、衡量建设项目费用与效益的主要基础数据，以及判断项目财务可行性和经济合理性的一系列评价指标的基准值和参考值。

1.2 建设项目经济评价参数适用于各类建设项目的规划、预可行性研究、可行性研究阶段的经济评价，项目中间评价和后评价可参照适用。

1.3 建设项目参数按使用范围可分为财务分析参数和经济费用效益分析参数。经济费用效益分析参数用于建设项目的经济费用效益分析，由国家发布和解释；财务分析参数用于建设项目的财务分析，由行业或企业依据财税制度及企业内部财务制度制定、选取。

1.4 建设项目经济评价参数具有时效性，应适时测算、发布并动态调整，有关部门将根据有关政策及市场变化情况，及时组织参数的测算、修订和发布。

2 财务分析参数

2.1 财务分析参数包括计算项目财务费用和效益的各类计算参数和判定项目财务合理性的判据参数。

2.2 财务评价计算参数用于项目费用和效益的计算，包括投资估算参数、营业收入估算参数、成本估算参数、税费估算参数及有关的基础数据。

1. 投资估算参数包括建设投资估算、流动资金估算及建设期利息计算的有关参数，按照有关部门颁布的有关指标、费用定额、取费标准等执行。

2. 成本估算参数，包括燃料动力费、折旧摊销年限、修理费率、人员费用、其他管理费用、其他营业费用等。

3. 营业收入估算参数，包括管道运输费或管道运输单价。

4. 税金估算参数，包括营业税（或增值税）、城市维护建设税、教育费附加、所得税等，根据国家有关税法规定确定。

5. 基础参数，包括评价年限、利率、汇率等。

2.3 财务分析判据参数包括判断项目盈利能力的参数和判断项目偿债能力的参数。

1. 判断项目盈利能力的参数主要包括财务内部收益率、总投资收益率、项目资本金净利润率等指标的基准值或参考值。

2. 判断项目偿债能力的参数主要包括利息备付率、偿债备付率、资产负债率等指标的基准值或参考值。

3 经济分析参数

3.1 社会折现率是建设项目经济评价的通用参数，在经济费用效益分析中作为项目费用

效益的不同时间价值之间的折算率，同时作为项目经济效益要求的最低经济收益率，它是以资本的社会机会成本与费用效益的时间偏好率二者为基础进行测算的结果。

3.2 影子价格是经济费用效益分析中项目的投入物和产出物所使用的价格，它反映了对这些货物真实价值的度量。影子价格以直接值和换算系数两种形式给出。将货物的财务价格转换为影子价格时，可以直接选用某一适宜的价格，也可以用财务价格乘以某一适宜的价格换算系数。

3.3 影子汇率是指单位外汇的经济价值，区分于外汇的财务价格和市场价格。在项目经济费用效益分析中使用影子汇率，是为了正确计算外汇的真实经济价值，影子汇率代表着外汇的影子价格。

3.4 影子工资是指建设项目使用劳动力而付出的代价，在建设项目经济费用效益分析中以影子工资计算劳动力费用。

3.5 土地是重要的经济资源，土地影子价格代表对土地资源的真实价值衡量。在经济费用效益分析中，土地的影子价格应当等于土地的机会成本加上土地转变用途导致的新增资源消耗。

土地影子价格 = 土地机会成本 + 新增资源消耗

具体计算时，可参照国家发展改革委和建设部发布的《建设项目经济评价方法与参数》（第三版）的要求进行。

油（气）管道建设项目经济评价方法条文说明

1 总 则

1.1 制定《油（气）管道建设项目经济评价方法》的目的。

1. 为适应我国社会主义市场经济发展的需要，按照投资改革的要求，在总结我国建设项目经济评价工作经验的基础上，借鉴国内外经济评价近年的成果，根据《国家发展改革委、建设部关于印发建设项目经济评价方法与参数的通知》（发改投资［2006］1325号），结合油（气）管道行业特点，制定《油（气）管道建设项目经济评价方法》（以下简称《油（气）管道评价方法》）。

2. 建设项目经济评价是建设项目决策的重要依据，对于提高建设项目决策的科学化水平，引导和促进各类资源的合理有效配置，优化投资结构，充分发挥投资效益具有重要作用。

1.3 经济评价方法的适用范围。所有项目经济评价都是基于资金时间价值这一原理，因此《油（气）管道评价方法》适用于项目评价的所有阶段。同时随着人们对提高国家整体投资效率认识的深入，国家投资体制的改革，企业自主决策，评价方法逐步被用于行业规划、大型项目的规划研究和机会识别阶段。在项目完工投产运营后，对照项目早期的评估结论进行全面的后评价，包括对项目实际取得的经济效益进行测算和评估，总结经验、汲取教训、得到启示，为今后建设项目科学决策提供参考。项目经济评价在后评价工作中也可以参照。项目申请报告的重点与项目可行性研究的重点有区别，但经济评价的原理是一致的，同样可以采用。

1.4 经济评价的作用。

1. 建设项目前期研究是在建设项目投资决策前，对项目建设的必要性和项目备选方案的工艺技术、运行条件、环境与社会等方面进行全面的分析论证和评价工作。经济评价是项目前期研究诸多内容中的重要内容和有机组成部分。

2. 在完成项目资源与市场方案、技术方案、工程方案的基础上，采用科学的分析方法，做出全面、正确的经济评价结论，为投资者提供科学的决策依据。

3. 项目经济效益指标是投资决策的重要指标之一，项目前期研究阶段还要做技术的、环境的、社会的、生态影响的分析论证，因此，在项目决策时，应同时考虑多种影响因素和多个目标的选择，并把这些影响和目标相互协调起来，才能实现项目系统优化，进行最终决策。

1.5 经济评价内容与方法的选择及侧重点。经济评价包括财务分析和经济分析两个方面。经济分析又包括从微观项目层面的经济费用效益分析和经济费用效果分析、中观经济层面的区域（含行业）经济影响分析以及宏观经济层面的宏观经济影响分析等三个层面。根据国家投资体制改革的要求，对企业建设项目实行“核准制”与“备案制”。“核准项目”应向国家主管部门上报项目申请报告，根据核准的需要开展经济费用效益分析，特别重大的项目可辅以区域经济与宏观经济影响分析；“备案项目”一般只需开展财务分析或费用效果分析，以满足企业油（气）管道建设项目投资决策的需要。

1.6、1.7 经济评价的内容和深度要求。

项目前期研究各阶段项目研究的目的、内容深度和要求等不相同，因此，项目经济评价的内容深度和侧重点也不同。可行性研究阶段，应按照《油（气）管道评价方法》的内容要求，对建设项目财务可接受性和经济合理性进行详细、全面的分析论证。

规划及项目预可行性研究阶段，可适当进行简化，主要是效益和费用估算的内容、分项、费用估算的方法等，所需编制的报表和计算的指标也可以简化，如流动资金估算表、资产负债表、财务计划现金流量表等一般不需编制。

1.10 经济评价应遵循的基本原则。

1．“有无对比”原则。“有无对比”求出项目的增量效益，排除了项目实施以前各种条件的影响，突出项目活动的效果。

2．效益与费用计算口径对应一致的原则。将效益与费用限定在同一范围内，才有可能进行比较，计算的净效益才是项目投入的真实回报。

3．收益与风险权衡的原则。在进行投资决策时，不仅要看到效益，也要关注风险，权衡得失利弊后再行决策。

4．定量分析与定性分析相结合，以定量分析为主的原则。经济评价的本质就是要对拟建项目在整个计算期的经济活动，通过效益与费用的计算，对项目经济效益进行分析和比较。一般来说，项目经济评价要求尽量采用定量指标，但对一些不能量化的经济因素，不能直接进行数量分析，对此要求定性分析，并与定量分析结合起来进行评价。

5．动态分析与静态分析相结合，以动态分析为主的原则。动态分析是指利用资金时间价值原理对现金流量进行折现分析。静态分析是指不对现金流量进行折现分析。项目经济评价的核心是折现，所以分析评价要以折现动态指标为主。静态指标与一般的财务和经济指标内涵基本相同，比较直观，但是只能作为辅助指标。

1.11 项目的计算期。

1．项目计算期是指经济评价中为进行动态分析所设定的期限，包括建设期和运营期。建设期是指项目资金正式投入开始到项目建成投产为止所需要的时间，一般按合理工期或预计的建设进度确定。

2．项目运营期可按规定确定，也可以根据项目的特点，采用经济寿命。天然气管道项目的计算期应考虑下游用户供气协议年限。合资经营管道建设项目可根据合同期限确定。运营期一般不宜超过30年。

1.12 价格体系。

1．项目评价是对未来活动的估计，投入和产出都是在未来时间发生，应采用以市场价格体系为基础的预测价格。

2．影响价格的因素很多，由于项目计算期较长，预测计算期的价格是很困难的，可简化处理：

（1）对建设期的投入物，由于需要预测的年限较短，可既考虑相对价格变化，又考虑价格总水平变动；又由于建设期投入物品种繁多，分别预测难度大，还可能增加不确定性，因此，在实际中一般以价差预备费的形式综合计算。

（2）对运营期的投入物和产出物价格，由于运营期比较长，在前期研究阶段对将来的物价上涨水平较难预测，预测结果的可靠性也难以保证，因此，若能合理判断未来市场价格变动趋势，投入与产出可采用相对变动价格；若难以确定投入与产出的价格变动，一般可采用项目运营期初价格。

（3）项目投入物、产出物如果考虑了通货膨胀因素，财务分析采用的财务基准收益率也应考虑通货膨胀因素。

（4）在经济费用效益分析中，采用以影子价格体系为基础的预测价格，影子价格体系不考虑通货膨胀因素的影响。

1.13 按照我国现行财务制度的规定，企业财务报表采用的价格统一为不含增值税的价格，为与财务制度相对应，项目评价中采用的价格宜采用不含税价格。国家进行增值税改革，由“生产型增值税”，改为“消费型增值税”，允许建设投资中固定资产购置中所包含的进项税额抵扣，因此，评价中收入和成本采用不含税价格，而投资估算、资金筹措和现金流量表中的建设投资均应包括增值税，但为便于购入设备、材料进项税的抵扣，应单独计算和说明建设投资中所含的增值税。

2 财务效益与费用估算

2.1 财务效益与费用。财务效益与费用是财务分析的重要基础，其估算的准确性与可靠性直接影响财务分析结论。财务效益与费用的识别和估算应注意以下问题：

1．财务效益与费用的估算应注意遵守现行财务、会计以及税收制度的规定。由于财务效益与费用的识别和估算是对未来的预测，经济评价允许做有别于财会制度的处理，但是要求财务效益与费用的识别和估算在总体上与会计准则以及税收制度相适应。

2．财务效益与费用的估算应遵循有无对比的原则。“有无对比”是国际上项目评价中通用的效益与费用识别的基本原则，与项目评价的许多方面一样，财务效益与费用的识别同样需要遵循这条原则。

3．财务效益与费用的估算范围应体现效益与费用对应一致的原则。即在合理确定的项目范围内，对等地估算财务主体的直接效益以及相应的直接费用，避免高估或低估项目的净效益。

2.2 财务效益与费用的估算步骤。财务效益与费用的估算应该与财务分析的步骤相匹配。在进行融资前分析时，应先估算独立于融资方案的建设投资和营业收入，然后是经营成本和流动资金。在进行融资后分析时，应先确定初步融资方案，然后估算建设期利息，进而完成固定资产原值的估算，通过还本付息计算求得运营期各年利息，最终完成总成本费用的估算。

2.3 财务效益与费用估算采用的价格。

1．选取财务效益与费用价格时应正确处理价格总水平变动因素，原则上盈利能力分析应考虑相对价格变化，而偿债能力分析应同时考虑相对价格变化和物价总水平变动的影响。

2．项目投资估算应采用含增值税价格，包括建设投资、流动资金和运营期内的维持运营投资。

3. 管道运输服务模式的油（气）管道建设项目，经营成本中应采用含增值税的价格计算；运输加销售模式的油（气）管道建设项目，营业收入和经营成本计算统一采用不含增值税的价格。对于实行消费型增值税的项目，建设投资中所含的增值税应单独计算并说明。若采用含增值税价格时应予说明，并调整相关表格。无论采用哪种价格，项目效益估算与费用估算所采用的价格体系应一致。

2.4 财务效益。项目财务效益主要是指因项目实施后提供管道运输服务所获得的营业收入，也包括补贴收入。

2.5 营业收入。油（气）管道建设项目作为承运方为托运方提供管道运输服务所取得的营业收入，应根据管道运输量和管道运输收费标准计算，编制“营业收入、营业税金及附加估算表”。

营业收入计算公式如下：

$$年营业收入=年管道运输量\times管道运输收费标准 \tag{1}$$

1. 管道运输量根据项目形成的管道运输能力和负荷率计算。负荷率须在充分论证、落实相关资源和市场的前提下，考虑投产后的技术约束和用户的相关条件综合取定。管道运输量也可以根据项目主体与用户签订的管道输送服务有关协议确定。

2. 管道运输收费标准一般有两种形式：按单位管道运输量收取费用形式，简称“管道运输费”；按单位周转量（输量与运距的乘积）收取费用形式，简称“管道运输单价”。

（1）管道运输费是承运方对托运方不区别运输距离（或运距固定不变）而按输量收取管道运输服务费用时所使用的管道运输收费价格，以此计算营业收入的公式如下：

$$营业收入=管道运输费\times油（气）管道运输量 \tag{2}$$

（2）管道运输单价是在管道多出口和（或）多入口的情况下，承运方对托运方按管道运输量和距离收取管道运输服务费用时使用的管道运输收费价格，以此计算营业收入的公式如下：

$$营业收入=管道运输单价\times油（气）管道运输周转总量 \tag{3}$$

$$油（气）管道运输周转总量=\sum各分输点的油（气）周转量 \tag{4}$$

$$各分输点的油（气）周转量=油（气）分输量\times首站至分输点的输送距离 \tag{5}$$

3. 新建油（气）管道的管道运输收费标准一般按“新线新价”的原则，以项目能够获取基准收益率（项目融资前的税后内部收益率）为目标进行测算。

管道运输费计算公式为：

$$F=\frac{\sum_{t=1}^{n}(CO-R_{\mathrm{b}}-S_{\mathrm{v}}-W)_{\mathrm{t}}(1+i_{\mathrm{c}})^{-t}}{\sum_{t=1}^{n}Q_{\mathrm{t}}(1+i_{\mathrm{c}})^{-t}} \tag{6}$$

式中 F——项目管道运输费；

CO——现金流出量；

R_{b}——补贴收入；

S_{v}——回收的固定资产余值；

W——回收的流动资金；

Q_{t}——第 t 年的管道运输量；

i_c——项目基准收益率；

n——项目计算期；

t——第 t 年。

管道运输单价计算公式为：

$$P_f = \frac{\sum_{t=1}^{n}(CO - R_b - S_v - W)_t(1 + i_c)^{-t}}{\sum_{t=1}^{n}\left[\sum_{k=1}^{m}(Q_k \cdot L_k)\right]_t \cdot (1 + i_c)^{-t}} \tag{7}$$

式中 P_f——项目管道运输单价；

Q_k——第 k 个分输点的分输量；

L_k——首站至第 k 分输点的距离；

m——管道沿线分输点的数量。

2.6 补贴收入。某些项目还包括补贴收入，包括先征后返的增值税和符合企业会计制度的财政补贴。补贴收入同营业收入一样，应列入利润与利润分配表、财务计划现金流量表和项目投资现金流量表与项目资本金现金流量表。应根据财政、税务部门的规定，分别计入应税收入。

2.7 项目总投资。油（气）管道建设项目总投资是指项目建设和投入运营所需要的全部投资，包括建设投资、建设期利息和流动资金。

2.8 建设投资。油（气）管道建设项目建设投资是指项目从建设到投入运营前所需花费的全部资本性支出。

1. 油（气）管道工程包括的范围。油（气）管道工程内容一般包括线路工程、大中型穿跨越工程、站场工程、供电工程、通信工程、道路工程、控制中心、辅助生产设施等配套工程。

2. 油（气）管道工程投资的构成。油（气）管道投资由工程费用、工程建设其他费用和预备费组成。工程费用包括设备购置费、安装工程费和建筑工程费，工程建设其他费用包括固定资产其他费用、无形资产费用和其他资产费用，预备费包括基本预备费和价差预备费。

（1）工程费用：

1）设备购置费指需要安装和不需要安装的全部设备（含必要的备品备件）的购置费、工器具及生产家具购置费。是由设备价格、引进设备的从属费用、设备运杂费（包括成套设备订货手续费）构成。设备运杂费等费用计算按有关规定执行。

2）安装工程费指需要安装的各类设备、材料的安装费用和材料费。安装工程费估算主要根据“投资估算指标”、“概算指标”及“典型工程综合指标”等依据，采用“工程量法”和“指标法”进行计算。在估算时还应根据现行价格进行适当的换算与调整。

3）建筑工程费指建设项目设计范围内的建筑物、构筑物、总图竖向布置及其他大型土石方的费用。建筑工程费估算一般采用单位建筑工程投资估算法，即按工程项目所在地建构筑物工程造价水平以综合指标（每平方米、每立方米、每千米等单位造价）进行估算。

（2）工程建设其他费用指在工程建设投资中支付的，除设备购置费、安装工程费及建筑工程费用以外的其他固定资产费用、无形资产和其他资产费用。

1）固定资产其他费用主要包括建设单位管理费、可行性研究费、研究试验费、勘察设计费、环境影响评价费、劳动安全卫生评价费、场地准备及临时设施费、引进技术和引进设备其他费、工程保险费、联合试运转费、特殊设备安全监督检验费、市政公用设施建设及绿化补偿费、建设用地费、水土保持评价费、地震安全性评价费、地质灾害危险性评价费、超限设备运输费等。

2）无形资产费用主要包括专利及专有技术使用费、软件费、土地使用权等。

3）其他资产费用主要包括生产准备及开办费、图纸资料翻译费等。

（3）预备费包括基本预备费和价差预备费。

1）基本预备费是指在可行性研究阶段难以预料的工程费用和其他费用。

2）价差预备费是指建设项目在估算年至工程建成年内由于政策、价格变动而引起工程造价变化的预留费用，包括设备、工器具、建筑、安装及其他费用价格的变动费用。

3. 投资估算的依据。油（气）管道建设项目建设投资应在建设规模、技术方案、产品方案和工程方案初步确定的基础上进行估算，编制依据、方法、内容、表格及编制说明等执行行业及企业投资估算的编制规定。主要包括国家法律、法规，相关行业（或企业）有关规定，设备、材料价格，利率、汇率及有关参考资料等。

4. 建设投资分析包括结构分析和水平分析。对投资估算结果进行分析，结构分析主要对投资的构成比例进行分析，水平分析主要对投资的技术经济指标高低进行分析，可选取近期类似工程项目的投资进行对比，对影响投资的主要因素进行说明。

2.9 建设期利息。估算建设期利息，需要根据项目进度计划，提出建设投资分年计划，列出各年投资额，同时应根据不同情况选择名义年利率或有效年利率。

1. 国内外借款，无论按年、季、月计息，均可简化为按年计息，即将名义年利率按计息时间折算成有效年利率。计算公式为：

$$\text{有效年利率} = \left(1 + \frac{r}{m}\right)^{m} - 1 \tag{8}$$

式中 r——名义年利率；

m——每年计息次数。

2. 为简化计算，通常假定借款均在每年的年中支用，借款当年按半年计息，其后年份按全年计息。按付息方式，建设期利息计算分两种情况：

（1）采用自有资金付息，建设期利息按单利计算。

$$\text{各年应计利息} = (\text{年初借款本金累计} + \text{本年借款额}/2) \times \text{名义年利率} \tag{9}$$

（2）采用银行借款付息，建设期利息按复利计算。

$$\text{各年应计利息} = (\text{年初借款本息累计} + \text{本年借款额}/2) \times \text{有效年利率} \tag{10}$$

3. 建设项目如需从多方面筹措债务资金，由于资金来源渠道不同，每笔借款的名义年利率也不相同，其借款利息的计算方法有两种：一种是每笔借款分别计算，计算公式如前面所述；另一种是计算出一个加权的有效年利率，用加权有效年利率来计算借款利息。运营期利息支出，计入总成本费用中的财务费用。

4. 其他融资费用系指某些债务融资发生的手续费、承诺费、管理费、信贷保险等融资费用，原则上应按借款合同上的约定单独计算，但一般情况下可简化作粗略估计，并一次性进入建设期利息。

5. 对于分期建成投产的油（气）管道建设项目，各期发生的投资作为项目建设投资的组成部分，应按各期建设时间计算借款费用作为建设期利息予以资本化。

2.10 流动资金。

1. 项目运营需要流动资产投资，但项目评价中需要估算并预先筹措的是从流动资产中扣除流动负债，即企业短期信用融资（应付账款）后的流动资金。项目评价中流动资金的估算应考虑应付账款对需要预先筹措的流动资金的抵扣作用。对有预收账款的某些项目，还可同时考虑预收账款对流动资金的抵扣作用。

2. 流动资金可采用扩大指标估算法或分项详细估算法。分项详细估算法具体方法如下：

$$\text{流动资金}=\text{流动资产}-\text{流动负债} \tag{11}$$

$$\text{流动资产}=\text{预付账款}+\text{存货}+\text{应收账款}+\text{现金} \tag{12}$$

$$\text{流动负债}=\text{应付账款}+\text{预收账款} \tag{13}$$

$$\text{流动资金本年增加额}=\text{本年流动资金}-\text{上年流动资金} \tag{14}$$

流动资金的估算首先确定各分项最低周转天数，计算出周转次数，然后进行分项估算。周转次数的计算公式为：

$$\text{周转次数}=360\div\text{最低周转天数} \tag{15}$$

（1）预付账款是指企业为购买各类材料、半成品或服务所预先支付的款项，计算公式为：

$$\text{预付账款}=\text{外购商品或服务费用金额}\div\text{预付账款周转次数} \tag{16}$$

（2）存货是指企业在日常生产经营过程中持有以备出售，或者仍然处在生产过程，或者在生产或提供劳务过程中将消耗的材料或物料等，包括各类材料、商品、在产品、半成品和产成品等。根据油（气）管道建设项目特点，为简化计算，项目评价中存货仅考虑外购辅助材料、燃料、在产品和产成品，并分项计算。计算公式为：

$$\text{存货}=\text{外购辅助材料}+\text{外购燃料}+\text{在产品}+\text{产成品} \tag{17}$$

$$\text{外购辅助材料}=\text{年外购辅助材料费用}\div\text{外购材料周转次数} \tag{18}$$

$$\text{外购燃料}=\text{年外购燃料费用}\div\text{外购燃料周转次数} \tag{19}$$

$$\begin{aligned}\text{在产品}=&（\text{年外购辅助材料}+\text{年外购燃料动力}+\text{年人员费用}+\text{年修理费}\\&+\text{年其他运营费用}）\div\text{在产品周转次数}\end{aligned} \tag{20}$$

$$\text{产成品}=（\text{年经营成本}-\text{年营业费用}）\div\text{产成品周转次数} \tag{21}$$

（3）应收账款是指企业对外销售商品、提供劳务后尚未收回的资金，计算公式为：

$$\text{应收账款}=\text{年经营成本}\div\text{应收账款周转次数} \tag{22}$$

（4）现金是指企业为维持正常生产经营必须预留的货币资金，计算公式为：

$$\text{现金}=（\text{年人员费用}+\text{年其他费用}）\div\text{现金周转次数} \tag{23}$$

$$\text{年其他费用}=\text{年其他运营费用}+\text{年其他管理费用}+\text{年营业费用} \tag{24}$$

（5）应付账款是指企业对外购买各种材料、燃料、动力等应付但未付的款项，计算公式为：

$$\text{应付账款}=\text{年外购材料、燃料、动力费用}\div\text{应付账款周转次数} \tag{25}$$

（6）预收账款是指企业对外销售商品所预先收取的款项，计算公式为：

$$预收账款=预收的营业收入年金额\div预收账款周转次数 \tag{26}$$

各类流动资产和流动负债的最低周转天数参照同类企业的平均周转天数并结合项目特点确定，应充分考虑储存天数、在途天数以及适当的保险系数。

流动资金一般应在项目投产前开始筹措。为简化计算，流动资金可在投产第一年开始安排，并根据不同的生产运营计划分年进行估算。

2.12 维持运营投资。按照《企业会计准则第4号——固定资产》规定："与固定资产有关的后续支出，符合本准则第四条规定的确认条件的，应当计入固定资产成本；不符合本准则第四条规定的确认条件的，应当在发生时计入当期损益"。油（气）管道项目为维持正常生产运营需要更新设备、设施，应估算项目维持运营的投资费用，在现金流量表中直接列入现金流出，其资金来源一般按项目或企业自有资金考虑。该投资应予以资本化，计入固定资产原值，并计取折旧。

2.13 总成本费用。项目评价中总成本费用的估算可采用"生产要素法"，可采用"生产成本加期间费用法"估算，也可以采用成本要素估算法进行计算。采用成本要素估算法总成本费用包括外购辅助材料费、外购燃料及动力费、人员费用、折旧费、摊销费、修理费、财务费用（利息支出）和其他费用，其他费用包括"作业成本加期间费用估算法"中的其他运营费用、其他管理费用和营业费用。

根据油（气）管道项目的特点和实际，《油（气）管道评价方法》推荐"生产成本加期间费用法"估算。

1. 作业成本。

（1）辅助材料费是指管道输送油（气）过程中，根据输油输气工艺需要使用的添加剂、降凝剂、减阻剂等费用，也包括站场（压缩机站）消耗的材料费，应编制"辅助材料费估算表"，计算公式如下：

$$辅助材料费=\sum设计消耗量\times价格 \tag{27}$$

也可根据统计资料，按输送单位油（气）所消耗的辅助材料费估算。

（2）燃料费是指输油输气生产过程中，为原油加热、天然气加压、混合油处理等消耗的各种固体、液体和气体燃料的费用，编制"燃料和动力费估算表"。计算公式如下：

$$燃料费=\sum设计消耗量\times价格 \tag{28}$$

燃料费的价格应按管道输送起点的交接或购买价格计算。

（3）动力费是指管道项目主体在输送油（气）过程中直接消耗的电力支出，编制"燃料和动力费估算表"，计算公式如下：

$$动力费=\sum设计消耗量\times价格 \tag{29}$$

（4）油（气）损耗费用是指输油输气生产过程中发生的正常油、气损耗，其计算公式如下：

$$油（气）损耗费用=输油（气）量\times损耗率\times油（气）价格 \tag{30}$$

（5）人员费用系指项目（或企业）为获得职工提供的服务而给予各种形式的报酬以及其他相关支出，通常包括全部人员的工资、奖金、津贴和补贴以及职工福利费，医疗保险费、养老保险费、失业保险费、工伤保险费和生育保险费等社会保险费；住房公积金；工会经费和职工教育经费；非货币性福利；因解除与职工劳动关系给予的补偿；其他与获得职工提供的服务相关的支出；提供给职工配偶、子女或其他赡养人的福利等。依托老企业的项目，还要考虑原企业工资水平。其计算公式如下：

人员费用=项目定员×人均年人员费用 (31)

（6）折旧费用是指管道线路、泵站、压缩机站以及其他设施按规定提取的折旧，一般采用平均年限法。编制“折旧摊销估算表”，计算公式如下：

年折旧额=固定资产原值×（1-预计净残值率）×折旧率 (32)

可按不同类型资产的折旧年限计算折旧率，也可根据资产的构成比例确定综合折旧年限计算综合折旧率。

由于项目财务分析要求进行项目融资前分析和项目融资后分析，建设期利息计算与否直接影响固定资产原值和折旧。为简化计算，项目融资前分析和项目融资后分析的折旧都按包含建设期利息的固定资产原值计算。

（7）修理费用是指管道项目主体为使管道正常运营，对管道线路、泵站、压缩机站以及其他设施进行的大中小修理所发生的费用，一般可按占固定资产原值（不含建设期利息）一定比例进行计算，公式如下：

修理费用=固定资产原值（不含建设期利息）×比例 (33)

（8）其他运营费用是指在输油（气）作业成本中除以上费用外的其余部分，以定员为基础计算。

按照《企业会计制度》，运营费用指企业为提供管道运输服务而发生的各项间接费用，包括人员费用（输油/气队的管理人员）、折旧费、修理费（管理用房屋、建筑物、设备）、经营租赁费、保险费、办公费、差旅费、水电费、机物料消耗、劳动保护费，季节性和修理期间的停工损失等，不包括企业行政管理部门为组织和管理生产经营活动而发生的管理费用。为便于计算，营运费用中的折旧费、修理费、管理人员费用已按项目总体计算。

2. 期间费用。

（1）管理费用是指企业为管理和组织生产经营活动而发生的各项费用，包括公司管理部门人员费用、公司经费、劳动保险费、财产保险、残疾人就业保障金、董事会费、咨询费、聘请中介机构费、诉讼费、房产税、车船使用税、土地使用税、印花税、排污费、绿化费、技术转让费、研究与开发费、管理系统折旧费、公司管理固定资产修理费、无形资产和其他资产摊销、业务招待费、损失或准备等。

由于在生产成本中已计算全部定员的人员费用和全部固定资产的折旧和修理费，在项目财务分析中管理费用不再包含公司管理部门的人员费用、折旧费和修理费。为便于计算，将管理费用分为摊销费和其他管理费用。

1）摊销费包括无形资产摊销和其他资产摊销。无形资产从开始使用之日起，按照规定期限分期摊销，没有规定期限的按10年分期摊销；其他资产自投产之日起，按照不短于5年的期限分期摊销。应编制“折旧摊销估算表”。

2）其他管理费用一般以定员为基础进行估算。

（2）财务费用是指项目筹集资金在运营期所发生的费用，包括利息支出和其他财务费用。根据油（气）管道建设项目的特点，为简化计算，在评价中不计算其他财务费用。运营期间发生的利息支出，包括长期借款，流动资金借款和短期借款的利息净支出。

1）长期借款利息指对建设期间借款余额（含未支付的建设期利息）应在生产期支付

的利息。在项目评价时，应根据项目（企业）具体情况及银行等债权人要求选择利息计算方法，编制“借款还本付息计划表”。

长期借款假定还款发生在年末，可以选择等额还本利息照付或等额还本付息方式来计算长期借款利息：

①等额还本、利息照付法，偿还期内每年偿还的本金额是相等的，利息将随本金逐年偿还而减少，利息计算公式如下：

$$第\ t\ 年支付利息 = I_c \times \left(1 - \frac{t-1}{n}\right) \times i \quad 每年偿还本金 = \frac{I_c}{n} \tag{34}$$

式中 I_c——建设期末固定资产借款余额（含未支付的建设期利息）；

i——年利率；

n——贷款方要求的借款偿还年数（由还款年开始计）。

②等额偿还本金和利息法，偿还期内每年偿还的本金与利息之和相等，但还本付息额中的本金和利息逐年不等，偿还的本金部分将逐年增多，支付的利息部分将逐年减少。还本付息总额计算公式如下：

$$A = I_c \times \frac{i(1+i)^n}{(1+i)^n - 1} \tag{35}$$

式中 A——每年的还本付息额；

$$当年支付利息 = 年初借款余额 \times 年利率 \tag{36}$$

$$当年偿还本金 = A - 当年支付利息 \tag{37}$$

2）项目评价中估算的流动资金借款从本质上说应归类为长期借款，但考虑流动资产可变现能力强，通常是按年末偿还、下年初再借的短期借款处理，并按短期利率计息，计算公式为：

$$流动资金借款利息 = 流动资金借款余额 \times 年利率 \tag{38}$$

财务分析中对流动资金的借款偿还一般可设定在计算期最后一年或者在还完长期借款后安排。

3）项目评价中的短期借款指生产运营期间为了资金的临时需要而发生的短期借款。短期借款的数额应在财务计划现金流量表中有所反映，其利息应计入财务费用。短期借款利息的计算同流动资金借款利息，其偿还按照随借随还（即当年借款尽可能于下年偿还）的原则处理。

（3）营业费用是指企业在销售商品和提供劳务过程中发生的各项费用以及专设销售机构的各项经费，包括应由企业负担的运输费、装卸费、包装费、保险费、委托代销手续费、广告费、展览费、销售部门人员费用、差旅费、办公费、折旧费、修理费、物料消耗和低值易耗品摊销等。

由于在作业费用中已计算全部定员的人员费用、全部固定资产的折旧和修理费，在经济评价中营业费用不再包含销售部门人员费用、折旧费和修理费。营业费用按营业收入的一定比例计算。

3．固定成本和可变成本。为进行财务分析的盈亏平衡分析，根据成本费用与产量的关系可以将总成本费用分解为可变成本、固定成本和半可变（半固定）成本。

固定成本是指不受服务量增减变动影响的各项成本费用。油（气）管道建设项目固定成本主要包括人员费用、折旧费、摊销费、修理费、其他运营费用、其他管理费用和财务费用等。可变成本是指随服务量增减而成正比例变化的各项费用。油（气）管道建设项目可变成本主要包括外购辅助材料、燃料及动力费和营业费用等。

2.14 经营成本。经营成本指运营期内为生产产品和提供劳务而发生的各种耗费，是财务分析中现金流量分析的主要现金流出。经营成本为总成本费用扣除固定资产折旧费、无形资产及其他资产摊销费和财务费用（一般仅指利息支出）后的成本费用。

总成本费用按成本要素估算时，经营成本为外购原材料、燃料和动力费、人员费用、修理费和其他费用。

其他费用指从其他运营费用、其他管理费用和营业费用中扣除了折旧费、摊销费、修理费、人员费用以后的其余部分。

2.15 油（气）管道建设运输服务型项目经济评价涉及的税费主要包括营业税、城市维护建设税、教育费附加和企业所得税等。运输加销售型项目涉及的税费主要包括增值税、城市维护建设税和教育费附加构成营业税金及附加。

1. 营业税是对在我国境内提供应税劳务、转让无形资产或者销售不动产的单位和个人征收的一种税。油（气）管道建设项目营业税以营业收入为计税基础，计算公式如下：

$$营业税 = 营业收入 \times 税率 \tag{39}$$

2. 城市维护建设税是以缴纳的增值税与消费税或营业税为依据和规定税率计算缴纳的一种税，专项用于城市维护和建设。油（气）管道建设项目城市维护建设税以营业税为计税基础，计算公式如下：

$$城市维护建设税 = 营业税 \times 税率 \tag{40}$$

3. 教育费附加是对缴纳增值税、消费税、营业税的单位和个人征收的一种附加费，专项用于发展地方性教育事业。油（气）管道建设项目教育费附加以营业税为计税依据，计算公式如下：

$$教育费附加 = 营业税 \times 费率 \tag{41}$$

4. 所得税是对企业就其生产经营所得和其他所得征收的一种税。根据国家有关企业所得税的法律、法规以及相关政策，正确计算应纳税所得额，并采用适宜的税率计算企业所得税，同时注意正确使用有关的所得税优惠政策，并加以说明。所得税在“利润和利润分配表”中计算，计算公式如下：

$$应纳所得税额 = 应纳税所得额 \times 税率 \tag{42}$$

$$应纳税所得额 = 利润总额 - 准予扣除项目金额 \tag{43}$$

按照所得税暂行条例规定“纳税人发生年度亏损的，可以用下一纳税年度的所得弥补；下一纳税年度的所得不足弥补的，可以逐年延续弥补，但延续弥补期最长不得超过5年。”因此，当财务分析中出现年度亏损时应注意用下一年的所得予以弥补。计算公式如下：

$$应纳税额 = 应纳税所得额 \times 税率 \tag{44}$$

在项目融资前分析中所得税为息前所得税，称为调整所得税，以息税前利润为基础计算。如建设期利息占总投资比例很小，为简化计算，在息税前利润计算中，仍使用含建设期利息的固定资产原值计算的折旧。

2.16 财务效益与费用的估算表格。财务效益与费用的估算表格属于财务分析的辅助报表，根据油（气）管道项目的特点给出了报表的格式，使用中应按此编制，并注意表格的注释。

3 资金来源与融资方案

3.1 融资方案与投资估算、财务分析密切相关。一方面，融资方案必须满足投资估算确定的投资额及其使用计划对投资数额、时间和币种的要求；另一方面不同方案的融资后财务分析结论，也是比选、确定融资方案的依据，而融资方案确定的项目资本金和项目债务资金的数额及相关融资条件又为进行资本金盈利能力分析、项目偿债能力分析、项目财务生存能力分析等财务分析提供了必需的基础数据。

3.2 由于管道建设项目投资大，风险高，收益率低，特别是天然气市场还处于成长发展阶段，目前油（气）管道建设项目通常是由各大石油公司建设，各大石油公司企业是综合性的石油（能源）公司，业务范围不仅包括长输管道，还包括油（气）勘探开发，炼油、化工、销售及新能源开发等。因此，不可能作为“既有法人”放入公司整体进行评价，可简化为“新设法人”进行项目评价。

如中国石油天然气股份有限公司实行一级法人的管理体制，采取“集中决策”的管理模式。各管道运输地区分公司和全资子公司实施的油（气）管道建设项目的利益主体、决策主体和融资主体均为股份公司。严格意义上，股份公司实施的油（气）管道建设项目都属于既有法人融资，但项目评价不可能按既有法人模式放入股份公司总体中进行评价，因此在评价中将项目视为模拟“新设法人”。

3.3 资本金的来源主要是企业的直接投资。资本金的比例可按照国家规定的最低比例或企业比例确定。

根据国家的有关规定，作为计算项目资本金基数为总投资，是指固定资产投资（指建设投资、建设期利息之和）与铺底流动资金之和。

投资项目资本金的比例应不低于规定比例的要求。

投资项目资本金可以货币出资，也可以用实物、工业产权、非专利技术、土地使用权作价出资。对作为资本金的实物、工业产权、非专利技术、土地使用权，必须经过有资格的资产评估机构依照法律、法规评估作价。以工业产权、非专利技术作价出资的比例不得超过投资项目资本金总额的20%，国家对采用高新技术成果有特别规定的除外。

3.4 油（气）管道建设项目的债务资金主要是通过商业银行贷款、政策性银行贷款、企业债券、融资租赁等渠道和方式筹措。也可根据企业情况采用内部负息资金。

4 财 务 分 析

4.1 财务分析是项目经济评价的重要组成部分。财务分析是在项目财务效益与费用估算的基础上，通过编制财务报表，计算经济评价指标，分析评价项目的盈利能力、偿债能力和财务生存能力，判断项目的财务可接受性，明确项目对企业的价值贡献，为投资决策、融资决策以及贷款审查提供依据。油（气）管道建设项目可行性研究阶段一般需按本章内容进行全面的财务分析。

4.2 融资前分析和融资后分析。项目决策可分为投资决策和融资决策两个层次。投资决策重在考察项目净现金流量的价值是否大于其投资成本，融资决策重在考察资金筹措方案能否满足要求。投资决策在前，融资决策在后。根据不同决策的需要，财务分析可分为融资前分析和融资后分析。

财务分析一般宜先进行融资前分析，即不考虑债务融资条件下进行的财务分析。在融资前分析结论满足要求的情况下，初步设定融资方案，再进行融资后分析。

融资前分析只进行盈利能力分析，并以项目投资折现现金流量分析为主，计算项目投资内部收益率和净现值指标，也可计算投资回收期指标（静态）。融资后分析主要针对项目资本金折现现金流量和投资各方折现现金流量进行分析，既包括盈利能力分析，又包括偿债能力分析和财务生存能力分析等内容。

4.3 融资前分析。

1. 融资前分析应剔除利息的影响。融资前分析的现金流量应与融资方案无关，各项现金流量的估算中都需要剔除利息的影响。

息税前利润的计算应完全不受融资方案变动的影响，即不受利息多少的影响，包括建设期利息对折耗的影响。在项目财务分析中，如果建设期利息占总投资的比例很小，为简化计算，可按利润与利润分配表中的息税前利润计算调整所得税，计算公式如下：

$$\text{息税前利润} = \text{利润总额} + \text{财务费用} \tag{45}$$

$$\text{调整所得税} = \text{息税前利润} \times \text{所得税税率} \tag{46}$$

2. 油（气）管道建设项目现金流入主要包括营业收入、补贴收入、回收固定资产余值和回收流动资金，现金流出主要包括建设投资、流动资金、经营成本、营业税金及附加、调整所得税以及维持运营投资。

根据需要，可从所得税前和（或）所得税后两个角度进行考察，选择计算所得税前指标和（或）所得税后指标。计算所得税前指标的融资前分析是从息税前角度进行的分析，是投资盈利能力的完整体现，用以考察由项目方案设计本身所决定的财务盈利能力，它不受融资方案和所得税政策变化的影响，仅体现项目方案本身的合理性，可以作为初步投资决策的主要指标，用于考察项目是否基本可行。计算所得税后指标的融资前分析是从息前税后角度进行的分析，是所得税前分析的延伸，可用于判断项目对企业价值的贡献，是企业投资决策依据的主要指标。从企业角度出发，建设项目主要依据税后指标判断项目的可行性。

4.4 融资后分析。在融资前分析结果可以接受的前提下，可以开始考虑融资方案，进行融资后分析。融资后分析包括项目的盈利能力分析、偿债能力分析以及财务生存能力分析，进而判断项目方案在融资条件下的合理性。融资后分析是比选融资方案，进行融资决策和投资者最终决定出资的依据。可行性研究阶段必须进行融资后分析，但只是阶段性的。实际中，在可行性研究报告完成之后，还需要进一步深化融资后分析，才能完成最终融资决策。

4.5 融资后的盈利能力分析。融资后盈利能力分析包括动态分析和静态分析：

1. 动态分析。动态分析是通过编制财务现金流量表，根据资金时间价值原理，计算财务内部收益率、财务净现值等指标，分析项目的获利能力。融资后的动态分析可分为下列两个层次：

（1）项目资本金现金流量分析。项目资本金现金流量分析是从项目权益投资者整体的角度，考察项目给项目权益投资者带来的收益水平。它是在拟定的融资方案基础上进行的息税后分析，依据的报表是项目资本金现金流量表。

项目资本金现金流量表将各年投入的项目资本金作为现金流出，各年缴付的所得税和还本付息也作为现金流出，其净现金流量表示为在缴税和还本付息之后的剩余，即项目增加的净收益，也是投资者的权益性收益。油（气）管道建设项目现金流入主要包括营业收入、补贴收入、固定资产进项税抵扣额、回收固定资产余值和回收流动资金，现金流出主要包括项目资本金、借款本金偿还、借款利息支付、经营成本、营业税金及附加、所得税以及维持运营投资。

（2）投资各方现金流量分析。投资各方的内部收益率表示了投资各方的收益水平。一般情况下，投资各方按股本比例分配利润和分担亏损风险，因此投资各方的利益一般是均等的，没有必要计算投资各方的内部收益率。只有投资者中的各方有股权之外的不对等的利益分配时，投资各方的收益率才会有差异，此时需要计算投资各方的内部收益率。有助于投资各方的合作谈判。

投资各方现金流量表中，投资方的现金流入主要体现在实分利润、资产处置收益分配、租赁收入、技术转让或使用收入等，现金流出主要体现在实缴资本、租赁资产支出等。实分利润是指投资者由项目获得的利润；资产处置收益分配是指对有明确合营或合资期限的项目，在期满时对资产余值的分配；租赁收入是指出资方将自己的资产租赁给项目使用所获得的收入，此时将资产价值以租赁资产支出的科目列入现金流出；技术转让或使用收入是指出资方将专利或专有技术转让或允许项目使用所获得的收入。

2. 静态分析。静态分析是不采取折现方式处理数据，主要依据“利润与利润分配表”，并借助现金流量表计算相关盈利能力指标，包括项目资本金净利润率和总投资收益率指标。

4.6 盈利能力分析的主要指标包括项目投资财务内部收益率和财务净现值、项目资本金财务内部收益率、投资回收期、总投资收益率、资本金净利润率等，可根据项目的特点及财务分析的目的、要求等选用。

作为项目投资判断的财务基准收益率或计算财务净现值的折现率，应主要依据“资金机会成本”和“资金成本”确定，并充分考虑项目可能面临的风险。一般按有关主管部门发布的财务基准收益率执行。

项目资本金财务内部收益率的判别基准是项目投资者整体对投资获利的最低期望值，亦即最低可接受收益率。当计算的项目资本金内部收益率大于或等于该最低可接受收益率时，说明投资获利水平大于或达到了要求，是可以接受的。

4.7 偿债能力分析。

1. 对筹措了债务资金（以下简称借款）的项目，偿债能力考察项目能否按期偿还借款的能力。通过计算利息备付率和偿债备付率指标，判断项目的偿债能力。如果能够得知或根据经验设定所要求的借款偿还期，可以直接计算利息备付率和偿债备付率指标；如果难以设定借款偿还期，也可以先大致估算出借款偿还期，再采用适宜的方法计算出每年需要还本付息的金额，代入公式计算利息备付率和偿债备付率指标。估算借款偿还期的计算公式如下：

$$借款偿还期 = 借款偿还后开始出现盈余的年份 - 开始借款年份 + (当年偿还借款额 \div 当年可用于还款的金额) \quad (47)$$

该借款偿还期不是偿债能力分析指标，只是为估算利息备付率和偿债备付率指标所用，不应与利息备付率和偿债备付率指标并列。

2. 按照有关法规，融资租赁油（气）资产可视同购置的油（气）资产一样计提折旧，同时按税法规定，融资租赁费用不应在所得税前扣除，因此项目评价中融资租赁费用的支付，可视作偿还本金处理，按要求的期限和数额逐年偿还。

4.8 财务生存能力分析。在项目（企业）运营期间，确保从各项经济活动中得到足够的净现金流量是项目能够持续生存的条件。财务分析中应根据财务计划现金流量表，综合考虑项目计算期内各年的投资活动、融资活动和经营活动所产生的各项现金流入和流出，计算净现金流量和累计盈余资金，分析项目是否有足够的净现金流量维持正常运营。为此，财务生存能力分析亦称为资金平衡分析。

财务生存能力分析应结合偿债能力分析进行，如拟安排的还款期过短，致使还本付息负担过重，导致为维持资金平衡必须筹措的短期借款过多，可以调整还款期，减轻各年还款负担。

4.10 财务分析报表

1. 现金流量表，反映计算期内的现金流入和流出，具体可分为下列三种类型：

（1）项目投资现金流量表（基本表1.1），用于计算项目投资财务内部收益率及净现值等财务分析指标。

（2）项目资本金现金流量表（基本表1.2），用于计算项目资本金财务内部收益率。

（3）投资各方现金流量表（基本表1.3），用于计算投资各方内部收益率。

2. 利润与利润分配表（基本表2），反映项目计算期内各年营业收入、总成本费用、利润总额等情况，以及所得税后利润的分配，用于计算总投资收益率、项目资本金净利润率等指标。

3. 财务计划现金流量表（基本表3），反映项目计算期各年的投资、融资及经营活动的现金流入和流出，用于计算累计盈余资金，分析项目的财务生存能力。

4. 资产负债表（基本表4），用于综合反映项目计算期内各年年末资产、负债和所有者权益的增减变化及对应关系，计算资产负债率。

5 经济费用效益分析

5.1 经济费用效益分析是项目投资决策的主要内容之一。经济费用效益分析是项目评价方法体系的重要组成部分，市场分析、技术方案分析、财务分析、环境影响分析、组织机构分析和社会评价都不能代替经济费用效益分析的功能和作用。

在新的投资体制下，国家对项目的审批和核准的重点放在项目的外部效果、公共性方面，经济费用效益分析强调从资源配置经济效率的角度分析项目的外部效果，通过费用效益分析及费用效果分析的方法判断建设项目的经济合理性，是政府审批或核准项目的重要依据。

5.2 国家核准项目的经济费用效益分析。按照国家规定，下列类型项目需要上报国家核准：

（1）液化石油（气）接收、存储设施〔不含油（气）田、炼油厂的配套项目〕。

（2）进口液化天然气接收、储运设施、国家原油存储设施。

（3）输油管网（不含油田集输管网）。

（4）输气管网〔不含油（气）田集输管网〕。

对于这类项目在核准时根据需要决定是否进行经济效益与费用分析，如需要按《油（气）管道评价方法》规定进行。

5.3 经济效益和费用的识别。在经济费用效益分析中，应尽可能全面地识别建设项目的经济效益和费用，并需要注意以下几点：

1．对项目涉及的所有社会成员的有关费用和效益进行识别和计算，全面分析项目投资及运营活动耗用资源的真实价值，以及项目为社会成员福利的实际增加所做出的贡献。

（1）分析体现在项目实体本身的直接费用和效益，以及项目引起其他组织、机构或个人发生的各种外部费用和效益。

（2）分析项目的近期影响，以及项目可能带来的中期、远期影响。

（3）分析与项目主要目标直接联系的直接费用和效益，以及各种间接费用和效益。

（4）分析具有物质载体的有形费用和效益，以及各种无形费用和效益。

2．效益和费用的识别遵循以下原则：

（1）增量分析的原则。项目经济费用效益分析应建立在增量效益和增量费用识别和计算的基础之上，不应考虑沉没成本和已实现的效益。应按照“有无对比”增量分析的原则，通过项目的实施效果与无项目情况下可能发生的情况进行对比分析，作为计算机会成本或增量效益的依据。

（2）考虑关联效果原则。应考虑项目投资可能产生的其他关联效应。

（3）以本国居民作为分析对象的原则。对于跨越国界，对本国以外的其他社会成员产生影响的项目，应重点分析对本国公民新增的效益和费用。项目对本国以外的社会群体所产生效果，应进行单独陈述。

（4）剔除转移支付的原则。在经济费用效益分析中，税赋、补贴、借款和利息属于转移支付，由于转移支付的行为没有导致新增资源的发生和消耗，因此一般不计算转移支付的影响。

3．在实际的分析过程中，转移支付的处理应区别对待。

（1）剔除企业所得税或补贴对财务价格的影响。

（2）一些税收、补贴或罚款往往是用于校正项目“外部效果”的一种重要手段，这类转移支付不可剔除，可以用于体现外部效果。

（3）在不能判别产出或投入是增加供给还是挤占（替代）原有供给的情况下，可简化处理为：产出的影子价格一般包含缴纳流转税，投入的影子价格一般不包含缴纳流转税。

4．经济费用与效益识别的时间范围应足以包含项目所产生的全部重要费用和效益，而不应仅根据有关财务核算规定确定。如财务分析的计算期可根据投资各方的合作期进行计算，而经济费用效益分析不受此限制。

5．应对项目外部效果的识别是否适当进行评估，防止漏算或重复计算。对于项目的投入或产出可能产生的第二级乘数波及效应，在经济费用效益分析中一般不予考虑。

5.4 经济效益和经济费用的计算。投资项目所造成的经济费用和经济效益的计算，应在利益相关者分析的基础上，研究在特定的社会背景条件下相关利益主体获得的收益和付出的代价，计算项目相关的费用和效益，应遵循的原则如下：

1. 支付意愿原则。项目产出物的正面效果的计算遵循支付意愿（WTP）原则，用于分析社会成员为项目所产出的效益愿意支付的价值。

2. 受偿意愿原则。项目产出物的负面效果的计算遵循接受补偿意愿（WTA）原则，用于分析社会成员为接受这种不利影响所得到补偿的价值。

3. 机会成本原则。项目投入的经济费用的计算应遵循机会成本原则，用于分析项目所占用的所有资源的机会成本。机会成本应按资源的其他最有效利用所产生的效益进行计算。

4. 实际价值计算原则。项目经济费用效益分析应对所有的费用和效益采用反映资源真实价值的实际价格进行计算，不考虑通货膨胀因素的影响，但应考虑相对价格变动。

5.5 经济效益和经济费用采用影子价格计算。经济费用效益分析中投入物和产出物使用的计算价格称为“影子价格”。影子价格应是能够反映项目投入物和产出物真实经济价值的计算价格。

影子价格的测算在建设项目的经济费用效益分析中占有重要地位。

5.6 管道运输影子价格的测算。

将外汇折算成本币时，应采用影子汇率。计算公式为：

$$影子汇率 = 外汇牌价 \times 影子汇率换算系数 \tag{48}$$

5.7 特殊投入物影子价格。

1. 项目占用的人力资源，是一种特殊投入物，是项目实施所付出的代价。如果财务工资与人力资源的影子价格之间存在差异，应对财务工资进行调整计算，以反映其真实经济价值。人力资源投入的影子价格的计算公式如下：

$$人力资源投入的影子价格 = 劳动力机会成本 + 新增资源消耗 \tag{49}$$

（1）劳动力机会成本是拟建项目占用的人力资源，由于在本项目使用而不能再用于其他地方或享受闲暇时间而被迫放弃的价值，应根据项目所在地的人力资源市场及劳动力就业状况，按下列原则进行分析确定：

1）过去受雇于别处，由于本项目的实施而转移过来的人员，其影子工资应是其放弃过去就业机会的工资（含工资性福利）及支付的税金之和。

2）对于自愿失业人员，影子工资应等于本项目的使用所支付的税后净工资额，以反映边际工人投入到劳动力市场所必须支付的金额。

3）非自愿失业劳动力的影子工资应反映他们为了工作而放弃休闲愿意接受的最低工资金额，其数值应低于本项目的使用所支付的税后净工资并大于支付的最低生活保障收入。当缺少信息，可以按非自愿失业人员接受的最低生活保障收入和税后净工资率的平均值近似测算。

（2）新增资源耗费是指劳动力在本项目新就业或由其他就业岗位转移到本项目而发生的经济资源消耗，而这种消耗与劳动者生活水平的提高无关。在分析中应根据劳动力就业的转移成本测算。

2．土地是一种重要的经济资源，是一种特殊投入物。项目占用的土地无论是否需要实际支付财务成本，均应根据土地用途的机会成本原则或消费者支付意愿的原则计算其影子价格。

(1) 生产性用地，按照这些生产用地未来可以提供的产出物的效益及因改变土地用途而发生的新增资源消耗进行计算，公式如下：

$$土地的经济成本 = 土地机会成本 + 新增资源消耗 \tag{50}$$

其中，土地的机会成本应按照社会对这些生产用地未来可以提供的消费产品的支付意愿价格进行分析计算，一般按照项目占用土地在“无项目”情况下的“最佳可行替代用途”的生产性产出的净效益现值进行计算。

新增资源耗费应按照在“有项目”情况下土地的征用造成原有地上附属物财产的损失及其他资源耗费来计算。土地平整等开发成本应计入工程建设成本中，在土地经济价值估算中不再重复计算。

(2) 非生产用地，应按照支付意愿的原则，根据市场交易价格测算影子价格。

(3) 在经济费用效益分析中，应根据项目计算期内未来土地用途的可能变化，合理预测项目占用土地的影子价格。对土地机会成本的计算应按以下要求进行：

1）通过政府公开招标取得的国有土地出让使用权，以及通过市场交易取得的已出让国有土地使用权，应按市场交易价格计算其影子价格。

2）未通过正常市场交易取得的土地使用权，应分析价格优惠或扭曲情况，参考当地正常情况下的市场交易价格，调整或类比计算其影子价格。

3）当无法通过正常市场交易价格类比确定土地影子价格时，应采用收益现值法或以土地开发成本加开发投资应得收益确定。

4）由于土地开发规划的取得，会对土地市场价格产生影响，土地价值的估算应反映实际的或潜在的规划批准情况，应分析规划得到批准的可能性及其对地价的影响。如果土地用途受到限制，其影子价格就会压低。应分析这些限制被解除的可能性，以及解除限制对土地价值的影响。

5）项目征用农村土地，应按土地征用费调整计算其影子价格。其中耕地补偿费及青苗补偿费应视为土地机会成本，地上建筑物补偿费及安置补偿费应视为新增资源消耗。这些费用如果与农民进行了充分协商并获认可，可直接按财务成本计算其影子价格；若存在征地费优惠，或在征地中没有进行充分协商，导致补偿和安置费低于市场定价，应按当地正常征地补偿标准调整计算土地的影子价格。

6）在征收过程中收取的土地管理费、耕地占用税、耕地开垦费、土地管理费、土地开发费等各种税费，应视为转移支付，不列入土地经济费用计算。

5.8　外部效果。外部效果计算的范围应考虑环境及生态影响效果、技术扩散效果和产业关联效果。一般计算一次性的外部影响效果。

计算外部效果应明确项目“范围”的边界。根据项目具体情况，合理确定项目扩展的边界。有条件时可将具有相互关联的项目拴在一起作为“项目群”进行评价，使外部效果的处理内部化。对无法量化的外部效果，应进行定性分析。

5.9　项目经济费用和效益的识别和计算

1．直接进行经济费用效益流量的识别和计算，基本步骤如下：

（1）对于项目的各种投入物，应按照机会成本的原则计算其经济价值。

（2）识别项目产出物可能带来的各种影响效果。

（3）对于具有市场价格的产出物，以市场价格为基础计算其经济价值。

（4）对于没有市场价格的产出效果，应按照支付意愿及接受补偿意愿的原则计算其经济价值。

（5）对于难以进行货币量化的产出效果，应尽可能地采用其他量纲进行量化。难以量化的，进行定性描述，以全面反映项目的产出效果。

2. 在财务分析的基础上进行经济费用效益流量的识别和计算，基本步骤如下：

（1）剔除财务现金流量中的通货膨胀因素，得到以实价表示的财务现金流量。

（2）剔除财务现金流量中不反映真实资源流量变动状况的转移支付因素。

（3）调整建设投资。将建设投资中价差预备费从费用流量中剔除，建设投资中的劳动力按影子工资计算费用，土地费用按土地的影子价格调整，其他投入物可根据情况决定是否调整。有进口用汇的应按影子汇率换算并剔除作为转移支付的进口关税和进口环节增值税。

（4）调整流动资金，将流动资产和流动负债中不反映实际资源耗费的有关现金，应收、应付、预收、预付款项，从流动资金中剔除。

（5）调整经营费用，用影子价格调整主要材料、燃料及动力费用、人员费用等。

（6）调整营业收入，用管道运输的影子价格调整管道运输营业收入，其他产品价格不做调整。

（7）对于难以进行货币量化的产出效果，应将货币化的外部效果计入经济效益费用流量；对于难以进行货币化的外部效果，应尽可能采用其他量纲进行量化。难以量化的，进行定性描述，以全面反映项目的产出效果。

5.10 社会折现率。社会折现率是用以衡量资金时间价值的重要参数，代表资金占用的机会成本，并且用作不同年份之间资金价值换算的折现率。社会折现率由国家公布，是经济费用效益进行折现的折现率。

6 费用效果分析

6.1 费用效果分析的定义。经济评价中费用效果分析是指耗费采用货币计量、效果采用非货币计量的分析方法。效果和耗费均用货币计量的称为费用效益分析。

费用效果分析回避了效果定价的难题，直接用非货币化的效果指标与费用进行比较，方法相对简单，最适用于难以货币化的领域。如安全、环保项目。

费用效果分析既可用于财务现金流量，也可以用于经济费用效益流量。用于前者，主要用于项目各个环节的方案比选，如工艺方案比较、设备选型等，或以解决危及安全生产、环境保护、职业卫生等为目标的项目，支持社会公益事业、扶贫项目，可只进行费用计算和简单的效果分析。

6.2 公共项目的效果往往难以货币化，或者直接的货币收益不反映效果的本质特征。

6.3 各个方案必须具有共同的既定实物目标，所谓实物目标是指不以货币计量的一项具体的使命。目标不同的方案，不满足目标最低要求的方案不可比。

6.4 项目目标或目的必须清晰，应当尽可能将项目目标转化为具体的可量化的指标，并有明确的最低要求。项目目标既可能是单一的，也可能是多目标的，

根据项目目标探索不同的实现途径，构想和建立比较方案。

对各个方案的效果和费用进行识别和测算。

根据费用效果分析计算方法，综合比较、分析各个方案优缺点，推荐最佳方案或提出优先采用的次序。

对评价的可靠性进行审查，分析疑点，考虑其他因素，最后做出决策。

6.5 费用的测算强调采用寿命周期费用。它是项目从建设投资开始到项目终结整个过程期限内所发生的全部费用，包括投资、经营成本、计算期末资产回收和拆除、恢复环境的处置费用。寿命周期费用一般按现值计算或按年值计算。

6.6 项目的效果可以采用有助于说明项目收效的任何量纲。计量单位的选择，既要能够切实度量项目目标的实现程度，又要便于计算。

效果用非货币指标计算，应选择能真实反映项目目标实现程度的指标。如管线更换，选用管道长度（千米）等。费用采用货币指标，包括投资、运营及寿命期处理全过程的折现费用，即项目寿命周期费用。根据分析的需要和方便，费用可以选用现值或年值。

6.7 $[E/C]_0$是该类项目的基准指标，即该类项目可行的最低要求。它用单位费用所应该达到的效果值表示。基准指标也可以采用其倒数形式，即单位效果可接受的费用，项目不得突破。

基准指标是项目可以接受的效果费用比的最低要求。基准指标决定因素较为复杂，受经济实力、技术水平、社会需求等多方面的影响，可参照本企业或相关油（气）管道类似工程确定。

6.8 方案比较方法常用最小费用法和最大效果法。在项目的效果有明确数量要求时，如需要增加的污水处理量，采用达到相同目标所需要费用最低的方案。当对费用有明确的规定时，采用相同费用下效果最大方案。

有时，各个方案的费用和效果都不固定，则必须进行增量分析，分析增加的效果与增加的费用相比是否值得。不可盲目选择效果与费用比值最大的方案。

7 不确定性分析与风险分析

7.1 不确定性分析与风险分析的区别与联系。

1. 项目经济评价采用的基本变量都是对未来的预测和假设，因而具有不确定性。通过对拟建项目具有较大影响的不确定性因素进行分析，计算基本变量的增减变化引起项目财务或经济效益指标的变化，找出最敏感因素及其临界点。预测项目可能承担的风险，使项目的投资决策建立在较为稳妥的基础上。

2. 风险是指未来发生不利事件的概率或可能性。投资建设项目经济风险是指由于不确定性的存在导致项目实施后偏离预期财务和经济效益目标的可能性。经济风险分析是通过对风险因素的识别，采用定性或定量分析的方法估计各风险因素发生的可能性及对项目的影响程度，揭示影响项目成败的关键风险因素，提出项目风险的预警、预报和相应的对策，为投资决策服务。经济风险分析的另一重要功能还在于它有助于在可行性研究的过程

中，通过信息反馈，改进或优化项目设计方案，直接起到降低项目风险的作用。风险分析的程序包括风险因素识别、风险估计、风险评价与防范应对。

3. 不确定性分析与风险分析既有联系，又有区别，由于人们对未来事物认识的局限性，可获信息的有限性以及未来事物本身的不确定性，使得投资建设项目的实施结果可能偏离预期目标，这就形成了投资建设项目预期目标的不确定性，从而使项目可能得到高于或低于预期的效益，甚至遭受一定的损失，导致投资建设项目“有风险”。通过不确定性分析可以找出影响项目效益的敏感因素，确定敏感程度，但不知这种不确定性因素发生的可能性及影响程度。借助于风险分析可以得知不确定性因素发生的可能性以及给项目带来经济损失的程度。不确定性分析找出敏感因素又可以作为风险因素识别和风险估计的依据。

7.2 盈亏平衡分析。

1. 盈亏平衡分析是指项目达到设计生产能力的条件下，通过盈亏平衡点（*BEP*），分析项目成本与收入的平衡关系。盈亏平衡点是项目盈利与亏损的转折点，即在这一点上，营业收入等于总成本费用，正好盈亏平衡，用于考察项目对产出品数量变化的适应能力和抗风险能力。盈亏平衡点越低，表明项目适应产出品变化的能力越大，抗风险能力越强。

2. 盈亏平衡点可通过正常年份的产量或者销售量、可变成本、固定成本、产品价格和销售税金及附加等数据计算。可计算正常生产年份的盈亏平衡点，也可通过计算生产运营期内的平均盈亏平衡点进行盈亏平衡分析。

3. 盈亏平衡点分析分为线性盈亏平衡分析和非线性盈亏平衡分析，项目评价中仅进行线性盈亏平衡分析。

4. 盈亏平衡点的计算。盈亏平衡点的表达形式有多种。根据油（气）管道建设项目的特点，在项目评价中常用的是以生产能力利用率和产量表示的盈亏平衡点，可按条文公式（7－1）、（7－2）计算。

盈亏平衡点也可利用盈亏平衡图求取（见图7－1）。图中营业收入线（如果营业收入和成本费用都是按含税价格计算的，还应减去增值税）与总成本费用线的交点即为盈亏平衡点，这一点所对应的产量即为$BEP_{产量}$，也可换算为$BEP_{生产能力利用率}$。

7.3 敏感性分析。

1. 敏感性分析是投资建设项目评价中应用十分广泛的一种技术，用以考察项目涉及的各种不确定性因素对项目基本方案经济评价指标的影响，找出敏感因素，估计项目效益对它们的敏感程度，粗略预测项目可能承担的风险，为进一步的风险分析打下基础。

2. 敏感性分析包括单因素和多因素分析。单因素分析是指每次只改变一个因素的数值来进行分析，估算单个因素的变化对项目效益产生的影响；多因素分析则是同时改变两个或两个以上相互独立的因素来进行分析，估算多因素同时发生变化的影响。为了找出关键的敏感性因素，通常只进行单因素敏感性分析。

3. 单因素敏感性分析。根据油（气）管道建设项目的特点，通常选择油（气）管输价格、油（气）输量、经营成本、投资等对项目效益影响较大且重要的不确定性因素作为敏感性因素，变化的百分率为±5%、±10%、±15%、±20%等；选取的效益指标以项目财务内部收益率为主，必要时也可分析其他指标如净现值、投资回收期等。敏感性分析结果可通过敏感性分析表或敏感性分析图表示（见表7－1和图7－2）。

4. 敏感度系数是指项目效益指标变化率与不确定性因素变化率之比。敏感度系数高，表明项目效益对该不确定因素敏感程度高。计算公式如条文中公式（7－3）。

5. 临界点是指不确定性因素的变化使项目由可行变为不可行（或由不可行变为可行）的临界数值，可采用不确定性因素相对基本方案的变化率或其对应的具体数值表示。采用何种表示方式由不确定因素的特点决定。临界点可通过试算法或公式求解，也可根据敏感性分析图求得。在敏感性分析图上以基准收益率为基点划一条水平线，水平线与各敏感因素曲线的交点即为该敏感因素的临界点，其所对应的横坐标值就是该因素变动的临界值。

7.4 经济风险。

1. 经济风险的来源。建设项目的经济风险来源于法律、法规及政策变化，市场供需变化，资源开发与利用、技术的可靠性、工程方案、融资方案、环境与社会、外部配套条件等一个方面或几个方面的共同影响，具体内容如下：

（1）政策方面：由于政府政策调整，使项目原定目标难以实现造成的损失，如税收、金融、环保、产业政策等的调整变化，税收、利率、汇率、通货膨胀率的变化都会对项目经济效益带来影响。

（2）市场方面：由于市场需求的变化、竞争对手的竞争策略调整，项目产量受地质条件的影响，或受下游市场或炼油加工能力的影响，原油或天然气价格波动，导致管输量和营业收入达不到预期目标，给项目预期收益带来的损失。

（3）资源方面：由于受油（气）资源量等与原预测结果发生较大偏离，导致项目建设规模变化，输量降低或经济寿命期缩短，造成经济损失。

（4）技术方面：项目采用的输送技术等，如果与原预测方案发生重大变化，不仅会造成作业成本提高，还会影响到油（气）输量达不到设计规模。

（5）工程方面：因管道沿线地质条件或油（气）性质的变化，造成工程设计发生重大变化，导致工程量的增加或减少，造成投资增加或浪费、工期延长；工程设计规模与实际产能不匹配，可能给项目的生产经营带来影响，造成经济损失或影响经营的经济性。

（6）融资方面：项目资金来源的可靠性、充足性和及时性不能保证；由于工程量预计不足、或设备材料价格上升导致投资增加；由于设备订货周期或其他外部条件等因素导致建设工期延长；利率、汇率变化导致融资成本升高所造成的损失。

（7）环境与社会方面：外部环境因素包括自然环境和社会环境因素的影响。如项目选址不当，项目对社区的影响、生态环境影响估计不足，或是项目环保措施不当，在项目建成后，可能对社区和生态带来严重影响，导致社区居民和社会的反对，造成直接经济损失。

（8）配套条件方面：建设项目需要的外部配套设施，如供电、供水排水、道路、上中下游等，在可行性研究中虽都作了考虑，但实际中仍然可能存在没有如期落实或建成的情况，尤其是天然气上中下游必须协调，否则致使建设项目不能发挥应有效益，从而带来风险。

2. 经济风险因素。经济风险因素分析的任务之一，是通过对政策、市场、资源、技术、工程、资金、管理、环境、外部配套条件等的分析，找出风险因素。上述各方面经常是相互关联的，有时也难以分清。为寻找风险根源，有必要区分事件、后果和根源。

7.5 风险识别。风险识别是风险分析的基础。运用系统论的方法对项目进行全面考察综合分析，找出潜在的各种风险因素，并对各种风险进行比较、分类，确定各因素间的相关性与独立性，判断其发生的可能性及对项目的影响程度，按其重要性进行排队，或赋予权重。

1. 风险识别方法。可选用问卷调查、专家调查法和情景分析等。

2. 风险识别应注意的问题：

（1）建设项目的不同阶段存在的主要风险有所不同。

（2）风险因素依项目不同具有特殊性。

（3）对于项目的有关各方（不同的风险管理主体）可能会有不同的风险。

（4）风险的构成具有明显的递阶层次，风险识别应层层剖析，尽可能深入到最基本的风险单元，以明确风险的根源。

（5）正确判别风险因素间的相关性和独立性。

（6）识别风险应注意借鉴历史经验，要求分析者富有经验、创建性和系统观念。

7.6 风险估计，又称为风险衡量和估算等。风险估计是在风险识别之后，通过定量分析的方法测度风险发生的可能性及对项目的影响程度。

7.7 风险评价。风险评价是对项目经济风险进行综合分析，是依据风险对项目经济目标的影响程度进行项目风险分级排序的过程。它是在项目风险识别和估计的基础上，通过建立项目风险的系统评价模型，列出各种风险因素发生的概率及概率分布，确定可能导致的损失大小，从而找到该项目的关键风险，确定项目的整体风险水平，为如何处置这些风险提供科学依据。风险评价的判别标准可采用两种类型：

1. 以经济指标的累计概率、标准差为判别标准。

2. 以综合风险等级作判别标准。风险等级的划分既要考虑风险因素出现的可能性又要考虑风险出现后对项目的影响程度，有多种表述方法，一般应选择矩阵列表法划分风险等级。矩阵列表法简单直观，将风险因素出现的可能性及对项目的影响程度构造一个矩阵，表中每一单元对应一种风险的可能性及其影响程度。为适应现实生活中人们往往以单一指标描述事物的习惯，将风险的可能性与影响程度综合起来，用某种级别表示（见条文表7－2），该表是以风险应对的方式来表示风险的综合等级。

综合风险分为K级、M级、T级、R级、I级风险等级：

K（Kill）级：风险很强，出现这类风险就要放弃项目。

M（Modify plan）级：风险强，修正拟议的方案，通过改变设计或采取补偿措施等。

T（Trigger）级：风险较强，设定某些指标的临界值。指标一旦达到临界值，就要变更设计或对负面影响采取补偿措施。

R（Review and reconsider）级：风险适度（较小），适当采取措施后不影响项目。

I（Ignore）级：风险弱，可忽略。

7.8 风险应对。在经济风险分析中找出的关键风险因素，对项目的成败具有重大影响，需要采取相应的应对措施，尽可能降低风险的不利影响，实现预期投资效益。

1. 选择风险应对的原则。

（1）贯穿于项目可行性研究的全过程。可行性研究是一项复杂的系统工程，而经济风险来源于技术、市场、工程等各个方面，因此，应从规划设计上就采取规避防范风险的措施，才能防患于未然。

（2）针对性。风险对策研究应有很强的针对性，应结合行业特点，针对特定项目主要的或关键的风险因素提出必要的措施，将其影响降低到最小程度。

（3）可行性。可行性研究阶段所进行的风险应对研究应立足于现实客观的基础之上，提出的风险应对在财务、技术等方面是切实可行的。

（4）经济性。规避防范风险是要付出代价的，如果提出的风险应对花费的费用远大于可能造成的风险损失，该对策将毫无意义。在风险应对研究中应将规避防范风险措施所付出的代价与该风险可能造成的损失进行权衡，旨在寻求以最少的费用获取最大的风险收益。

2. 决策阶段风险应对的主要措施。

（1）提出多个备选方案，通过多方案的技术、经济比较，选择最优方案。

（2）对有关重大工程技术难题潜在风险因素提出必要研究与实验课题，准确地把握有关问题，消除模糊认识。

（3）对影响投资、质量、工期和效益等有关数据，如管道运输量、管道运输价格、汇率和利率等风险因素，在编制投资估算、制定建设计划和分析经济效益时，应采取谨慎决策，并在项目执行过程中实施有效监控。

3. 建设或运营期的风险可采取回避、转移、分担和自担措施。

（1）风险回避是彻底规避风险的一种做法，即断绝风险的来源。风险回避一般适用于以下两种情况：某种风险可能造成相当大的损失；风险应对防范风险代价昂贵，得不偿失。

（2）风险分担是针对风险较大，投资人无法独立承担，或是为了控制项目的风险源，而采取与其他企业合资或合作等方式，共同承担风险、共享收益的方法。

（3）风险转移是将项目业主可能面临的风险转移给他人承担，以避免风险损失的一种方法。转移风险有两种方式，一是将风险源转移出去；二是只把部分或全部风险损失转移出去，包括保险转移方式和非保险转移方式。

（4）风险自担就是将风险损失留给项目业主自己独立承担项目的风险。投资者已知有风险但由于可能获利而需要冒险时，同时又愿意将获利的机会分给别人，必须保留和承担这种风险。

7.9、**7.10**　风险分析方法。风险分析可采用定量与定性相结合的方法。对不能定量的可采用定性分析方法。常用经济风险估计与评价方法定量分析方法有如下几种，在使用时应针对实际问题不同的特点进行选择，一般可采用概率树法。

1. 调查和专家打分法。调查和专家打分法简单、易操作，它凭借专家的经验对项目各类经济风险因素及其风险程度做出定性估计。首先通过经济风险辨识将项目的经济风险列出，设计风险调查表，然后通过发函、开会或其他形式向专家进行调查，对项目经济风险因素、经济风险发生的可能性及经济风险对项目的影响程度进行评定，将多位专家的经验集中起来形成分析结论。

2. 分析报酬法（又称调整标准贴现率法）。从西方投资理论可以看出，资本除了有时间价值外，同时还存在风险价值，即投资者因在投资中冒风险而取得的报酬。在经济评价时，除采用标准贴现率外，还应考虑风险的报酬问题，此时采用的标准贴现率是无风险贴现率和调整风险贴现率之和，以此作为基准评价方案的可行性。

3．风险当量法。风险当量法是对贴现率的调整转化为对净现金流量的调整，即先用当量系数（无风险的净现金流量占含风险的净现金流量的比例）把含风险的净现金流量转化为等价的无风险净现金流量，然后计算净现值 *NPV* 或内部收益率 *IRR*，以决定项目的可行性。

4．概率树法。概率树法是假定风险变量之间是相互独立的，在构造概率树的基础上，将每个风险变量的各种状态取值组合计算，分别计算每种组合状态下的评价指标值及相应的概率，得到评价指标的概率分布，并统计出评价指标低于或高于基准值的累计概率，计算评价指标的期望值、方差、标准差和离散系数。可以绘制以评价指标为横轴，累计概率为纵轴的累计概率的计算步骤：

（1）通过敏感性分析，确定风险变量。

（2）判断风险变量可能发生的情况。

（3）确定每种情况可能发生的概率，每种情况发生的概率之和必须等于1。

（4）求出可能发生事件的净现值、加权净现值，然后求出净现值的期望值。

（5）可用插入法求出净现值大于或等于零的累计概率。

5．蒙特卡洛模拟法。蒙特卡洛模拟法（Monte－Carlo Simulation）又称随机模拟法或统计试验法，是一种通过对随机变量进行统计试验和随机模拟，求解数学、物理以及工程技术等有关问题的近似的数学求解方法。

蒙特卡洛模拟技术，是用随机抽样的方法抽取一组满足输入变量的概率分布特征的数值，输入这组变量计算项目评价指标，通过多次抽样计算可获得评价指标的概率分布及累计概率分布、期望值、方差、标准差，计算项目可行或不可行的概率，从而估计项目投资所承担的风险。模拟过程：

（1）通过敏感性分析，确定风险变量。

（2）构造风险变量的概率分布模型。

（3）为各输入风险变量抽取随机数。

（4）将抽得的随机数转化为各输入变量的抽样值。

（5）将抽样值组成一组项目评价基础数据。

（6）根据基础数据计算出评价指标值。

（7）整理模拟结果所得评价指标的期望值、方差、标准差和它的概率分布及累计概率，绘制累计概率图，计算项目可行或不可行的概率。

8 区域经济与宏观经济影响分析

8.2 项目对所在地区及宏观经济发展产生的影响，以不同层次体现出来。

1．个人层面。项目实施对社会成员个人的影响表现为各个方面，如个人作为生产因素对项目的人力资本投入、获得的工资收入及对个人权益的损害等，并通过个人传递到区域经济更广的层面。

2．社会组织层面。包括对各种社会法人及其他各种结构的影响。如通过项目的实施，对推进现代企业制度的建立、企业结构改革、产权制度改革、实现政府职能转变等。

3．产业及部门层面。项目的实施对产业及行业部门的影响，包括项目与区域产业发展政策与结构改革目标是否协调，项目在哪些领域符合（或不符合）正在实施的国家产业结构调整政策等。

4．区域和宏观经济层面。项目实施对区域经济发展所产生的影响，以及拟建项目与区域及国家宏观经济层面的政策导向是否一致，包括经济增长政策、外汇政策、财政预算政策、扶贫政策、环保政策、就业政策、收入分配政策。

8.3 区域经济与宏观经济影响分析的种类。

1．项目对经济发展的影响。主要分析项目的实施对促进和保障当地经济有序高效运行和可持续发展的贡献，可通过计算增加值、净产值、纯收入等指标，定性、定量分析项目对当地经济增长的贡献。

2．对产业布局的影响。主要分析项目与区域发展战略和国家中长期油气发展战略规划的关联性和适应性，油气管道对下游石化产业及相关配套产业的聚集和发展，对增进本地区形成石油产业发展空间和空间区位优势的贡献。

3．对财政收支平衡的影响。主要分析项目向国家和地方政府缴纳税收的情况及对社会发展所做出的贡献。根据我国税法的规定，一般原油、天然气管道项目应该缴纳营业税（或增值税）、城市维护建设税和教育费附加、所得税和关税等，应分别计算项目在运营期间内年平均向中央和地方缴纳的税收情况。

4．对市场竞争结构的影响。项目的实施对培育石油产业市场环境、促进竞争、优化市场经济秩序、提高资源配置效率的贡献。

5．对外汇收支的影响。项目建设及运营过程中对外汇的需求及产出替代油气进口可能的外汇收入贡献。

6．对就业和收入分配的影响。包括项目在建设期和运营期直接的就业机会和间接就业机会，可通过计算单位投资创造的就业岗位等指标，进行定量分析。项目对居民收入增长、改善居民生活条件、提高居民生活质量的贡献。如天然气清洁能源的使用对改善环境，提高人民生活质量的影响。

8.5 区域经济与宏观经济影响分析的评价指标体系。

1．总量指标．反映项目对国民经济总量的贡献，包括增加值、净产值、社会纯收入、财政收入等经济指标。总量指标可使用当年值、净现值总额和折现年值等。

2．结构指标反映项目对经济结构的影响。主要包括影响力系数及项目对三次产业的贡献率等指标。

3．社会与环境指标。包括就业效果指标、收益分配效果指标、对资源与环境的影响效果指标。

4．国力适应性指标。用于反映国家的人力、物力和财力承担重大项目投资建设的能力，一般用项目占用资源占全部资源的百分比或财政资金投入占财政收入或支出的百分比表示。

9　方案经济比选

9.1 方案经济比选的目的与用途。

1．方案经济比选是项目评价的重要内容。建设项目的投资决策以及项目可行性研究的过程是方案比选和择优的过程，在可行性研究和投资决策过程中，对涉及决策要素和研究方面，都应从技术和经济相结合的角度进行多方案分析论证，比选优化，根据比选的结果，结合其他因素进行方案决策。油（气）管道建设项目备选方案主要包括线路走向方案、管道材质、管径方案、穿跨越方案、工程方案、设备选型、站址选择、供电方案、通信方案等。

2．各个方案之间具有可比性，主要表现如下：

（1）计算期可比，所比方案的计算期相同。当计算期不同时，可采用年值法进行比选（包括净年值比较法和等额年费用法），采用其他比选方法时应保证计算期相同。将计算期不同的各方案变为相同的方法主要有以下两种：

1）直接取各备选方案中最短的计算期作为各方案的共同计算期。

2）将各备选方案计算期的最小公倍数作为各方案共同的计算期，对各方案在寿命终了后接替工程的投资、成本等均应与方案一并考虑。

（2）计算基础指标可比，包括产品价格、产量的计算方法、设备、材料价格等要相同，成本和投资估算应采用同一指标体系等。

（3）设计深度相同。各设计方案的详细程度相同，效益与费用的计算范围一致。

（4）经济计算方法相同。

3．方案比较可按方案所含的全部因素（相同因素和不同因素），计算各方案的全部经济效益和费用进行全面对比，也可仅就不同因素计算相对经济效益和费用，进行局部比较。

9.3 方案经济比选可采用效益比选法、费用比选法和最低价格法。

1．效益比选方法包括净现值比较法、净年值比较法、差额投资内部收益率法。

（1）净现值比较法，比较备选方案的财务净现值或经济净现值，以净现值（NPV）大的方案为优。比较净现值时应采用相同的折现率。计算公式如下：

$$NPV = \sum_{t=1}^{n} (CI - CO)_t (1 + i_c)^{-t} \tag{51}$$

式中 CI——年现金流入量；

CO——年现金流出量；

$(CI - CO)_t$——第 t 年净现金流量；

i_c——设定的折现率。

（2）净年值比较法，比较备选方案的净效益等额年值（简称净年值 AW），以净年值大的方案为优。比较净年值时应采用相同的折现率。计算公式如下：

$$AW = \left[\sum_{t=1}^{n} (S - I - C' + S_v + W)_t (P/F, i_c, t) \right] (A/P, i_c, n) \tag{52}$$

或

$$AW = NPV(A/P, i_c, n) \tag{53}$$

式中 S——年营业收入；

I——年全部投资；

C'——年经营成本费用；

S_v——计算期末回收的固定资产余值；

W——计算期末回收的流动资金；

$(P/F, i_c, t)$——现值系数；

$(A/P, i_c, n)$——资金回收系数；

i_c——设定的折现率；

n——计算期。

2. 费用比选方法，包括费用现值比较法和费用年值比较法。

(1) 费用现值比较法，计算备选方案的总费用现值并进行对比，应以费用现值（PC）较低的方案为优。可采用下式计算：

$$PC = \sum_{t=1}^{n} (I + C' - S_v - W)_t (P/F, i_c, t) \tag{54}$$

式中 PC——费用现值。

(2) 费用年值比较法，计算备选方案的费用年值（AC）并进行对比，以费用年值较低的方案为优。可采用下式计算：

$$AC = \sum_{t=1}^{n} [(I + C' - S_v - W)_t (P/F, i_c, t)](A/P, i_c, n) \tag{55}$$

或

$$AC = PC(A/P, i_c, n) \tag{56}$$

式中 $(A/P, i_c, n)$——资金回收系数。

3. 最低价格（服务收费标准）比较法，在相同产品方案比选中，以净现值为零推算各方案的产品最低价格 P_{min}，应以最低产品价格较低的方案为优。

4. 方案比选方法的选择。

(1) 在项目无资金约束的条件下，一般采用净现值比较法、净年值比较法和差额投资内部收益率法。

(2) 方案效益相同或基本相同时，可采用最小费用法，即费用现值比较法和费用年值比较法。

9.5 计算期不同互斥方案的比选

计算期不同的互斥方案的比选，需要对各备选方案的计算期和计算公式进行适当的处理，使各方案在相同的条件下进行比较。

满足时间可比条件而进行处理的方法很多，常用的有年值法、最小公倍数法和研究期法等。

方案比选中经济评价指标的应用范围见条文中表9-1。

10 改扩建、销售型管道、地下储气库、LNG项目经济评价特点

10.1 改扩建项目的范畴和特点。改建、扩建、技术改造、迁建、停产复建等项目都可以归入改扩建项目的范畴。如油（气）管道建设项目中为增加输量建设增压站项目、某段管道的更换、站场设备的更换等。

改扩建项目的目的在于增加产量、提高技术水平、降低能源消耗、节省运行费用、改

善劳动条件，治理生产环境等。项目的效益与其目的有关，有些效益可以用目的直接体现，有些效益要通过间接途径来表现。

10.2 改扩建项目通过既有法人融资并承担债务偿还，以“增量”投资（费用），使用一部分“存量”资产与资源，带来“总量”效益。

10.3 分析改扩建项目要使用到五种数据。

1. “有项目”是指既有企业进行投资活动后，在项目的经济寿命期内，在项目范围内可能发生的效益与费用流量。它是项目实施之后的总量效益（费用），是经计算、预测而得出的时间序列数值。

2. “无项目”是指既有企业利用拟建项目范围内的部分或全部原有生产设施（资产），在项目计算期内可能发生的效益和费用流量。它是在不实施项目的情况下，在现状基础上，考虑计算期内效益（费用）的变化趋势，经预测得出的时间序列数值。

“无项目”数据是非常重要的基础数据。如果不投资，不上项目，和现状相比，各项效益（费用）一般是要发生变化的，因此分析项目时，必须对“无项目”时的变化趋势进行预测。

3. “增量”是指“有项目”的流量减“无项目”的流量，是时间序列的数据。“有项目”的投资减“无项目”的投资是增量投资；“有项目”的效益减“无项目”的效益是增量效益；“有项目”的费用减“无项目”的费用是增量费用。

4. “现状”是指项目实施前的资产与资源、效益与费用数据，也可称基本值，是一个时点数。“现状”数据对于比较“项目前”与“项目后”的效果有重要作用。“现状”数据也是预测“有项目”与“无项目”的基础。“现状”数据一般可用实施前一年的数据，当该年的数据不具有代表性时，可选用有代表性年份的数据或近几年数据的平均值。其中，特别是对生产能力的估计，应慎重取值。

5. “新增”是指项目实施过程中各时点“有项目”的流量与“现状”数据之差，也是时间序列的数据。“新增”投资包括建设投资、建设期利息和流动资金，还包括原有资产的改良支出、拆除、运输和重新安装费用。“新增”投资是改扩建项目筹措资金的依据。

10.4 项目范围的界定是改扩建项目经济评价中非常重要的一环。项目范围界定合适与否与项目的经济效益和评价的繁简程度有直接关系。

1. 对于“整体改扩建”的项目，项目范围包括整个既有企业，除要使用既有企业的部分原有资产、场地、设施，还要另外新投入一部分资金进行扩建或技术改造。企业的投资主体、融资主体、还债主体、经营主体是统一的，项目的范围就是企业的范围。

2. 对于“局部改扩建”项目，项目范围只包括既有企业的一部分，只使用既有企业的一部分原有资产、资源、场地、设施，加上新投入资金，形成改扩建项目；企业的投资主体、融资主体与还债主体仍然是一致的，但可能与经营主体分离。整个企业只有一部分包含在项目“范围内”，还有相当一部分在“企业内”但属于项目“范围外”。根据油（气）管道项目的特点，油（气）增加输量的改造项目等属于改扩建项目，均按照“局部改扩建”进行评价。

10.5 改扩建项目的财务分析。

1. 盈利能力分析。改扩建项目财务分析采用新建建设项目财务分析的基本原理和分析指标。遵循“有无对比”的原则对比，利用“有项目”与“无项目”的效益与费用计算增量效益与增量费用，用于分析项目的增量盈利能力，并作为项目决策的重要依据之一。为简化计算，油（气）管道改扩建项目，当项目增量效益和增量费用可以直接计算时，可直接计算增量效益和增量费用，进行增量分析。

2. 偿债能力分析。由于项目与既有企业既有联系又有区别，一般可进行以下两个层次的分析。

（1）项目层次的偿债能力分析，编制借款还本付息计划表并分析拟建项目“有项目”的偿债能力，计算利息备付率和偿债备付率，考察还款资金来源（折旧、摊销、利润）是否能按期偿还借款利息和本金。若“有项目”还款资金不足，应分析“有项目”还款资金缺口，即既有企业应为项目额外提供的还款资金的数额。

对油（气）管道改扩建项目一般按照直接用“增量”数据和相关指标进行分析。

（2）企业层次：分析既有企业以往的财务状况与今后可能的财务状况，了解企业生产与经营情况、资产负债结构、发展战略、资源利用优化的必要性、企业的信用等。特别关注企业为项目的融资能力、企业自身的资金成本或同项目有关的资金机会成本，有条件时要分析既有企业包括项目债务在内的还款能力。

3. 财务生存能力分析。改扩建项目只进行“有项目”状态的生存能力分析，分析的内容同新建项目。

10.6 改扩建项目经济评价要考虑对企业经济效益的影响。改扩建项目是实现既有企业总体战略目标的手段，其目的是通过实施项目，提高既有企业总体经济效益。分析项目对既有企业的贡献，可计算项目实施后既有企业的营业收入、利润总额等指标的“新增”数据及相关增长率，估算项目投资活动对既有企业财务状况改善的贡献。

10.10 改扩建项目经济评价应注意的几个问题：

1. 计算期的可比性。根据“费用与效益口径一致”的原则，改扩建项目经济评价的计算期一般取“有项目”情况下的计算期。如果“无项目”的计算期短于“有项目”的计算期，可通过追加投资（局部更新或全部更新）来维持“无项目”的计算期，延长其寿命至“有项目”的结束期，并于计算期末回收资产余值；若在经济或技术上延长寿命不可行，则适时终止“无项目”的计算期，其后各期现金流量为零。

2. 原有资产的利用问题。既有企业改扩建项目范围内的原有资产无论利用与否，“有项目”时均与新增投资一起计入投资费用。“可利用”的原有资产要按其净值提取折旧与修理费，“不可利用”的资产如果变卖，按其变现价值计作现金流入，不能冲减新增投资。如果“不可利用”的资产不变现或报废，仍然是资产的一部分，但计算折旧时不考虑。

3. 停产或减产损失。改扩建项目的改扩建活动与生产活动同时进行，一般会造成部分停产或减产，这一部分停产或减产损失的直接结果是减少“老产品”的营业收入，同时也会减少相应的生产费用。这些流量的变化均应在营业收入表和生产成本表有所体现，最终反映在现金流量表中，因此不必单独估算。

4. 沉没成本处理。沉没成本是既有企业过去投资决策发生的、非现在决策能改变、已经计入过去投资费用回收计划的费用。沉没成本是“有项目”和“无项目”都存在的成本，对于实现项目的效益不会增加额外的费用。对于项目是否应当实施的决策来说，沉没成本不应包括在项目增量费用中。

5. 机会成本。如果项目利用的现有资产，有明确的其他用途（出售，出租或有明确的使用效益），那么将资产用于该用途能为企业带来的收益被看作项目使用该资产的机会成本，也是“无项目”时的收入，按照“有无对比”识别效益和费用的原则，应该将其作为“无项目”时的现金流入。

10.11 运输加销售模式的油（气）管道项目经济评价要注意以下几点：

1. 在充分论证、落实相关资源和市场的前提下，或根据项目主体与用户签订有关协议，确定分年商品销售量。

商品销售价格是指管道目标市场门站价格，不含门站以后的销售环节、支线网点或市场用户价格。

2. 从事油（气）管道运输及销售的项目主体，作业成本包括购油（气）成本、辅助材料费、燃料费、动力费、输送油（气）损耗、人员费用、修理费用、折旧费用及其他运营费用。

购油（气）成本指从事油（气）经营的管道运输项目主体从油（气）田购买油（气）产品的费用，计算公式如下：

$$购油(气)成本 = (购买量 - 燃料消耗量 - 输送损耗量) \times 油(气)价格 \tag{57}$$

油（气）价格不含增值税，天然气价格应包括井口价和净化费。

3. 从事油（气）管道运输及销售项目主体应缴纳增值税。增值税是以商品生产和劳务服务各个环节的增值因素为征收对象的一种流转税，按增值税税法规定的方法计算，增值税计算公式如下：

$$增值税 = 销项税 - 进项税 \tag{58}$$

$$销项税 = 营业收入(不含税) \times 增值税税率 \tag{59}$$

进项税包括建设投资中的进项税以及生产成本的进项税。

$$生产成本进项税 = [购油(气)成本 + 外购材料费 + 辅助材料 + 燃料费 + 动力费] \times 增值税税率 \tag{60}$$

按照中华人民共和国国务院令第538号修订的《中华人民共和国增值税暂行条例》，在全国范围内实施增值税转型改革，自2009年1月1日起施行。增值税转型改革允许企业抵扣其购进设备所含的增值税，允许全国范围内（不分地区和行业）的所有增值税一般纳税人抵扣其新购进设备所含的进项税额，未抵扣完的进项税额结转下期继续抵扣。为预防出现税收漏洞，将与企业技术更新无关，且容易混为个人消费的应征消费税的小汽车、摩托车和游艇排除在上述设备范围之外。同时，作为转型改革的配套措施，将相应取消进口设备增值税免税政策和外商投资企业采购国产设备增值税退税政策，企业购买设备，不管是进口的还是国产的，其进项税额均可以抵扣。转型改革后允许抵扣的固定资产主要是机器、机械、运输工具以及其他与生产、经营有关的设备、工具、器具，因此，仍然是上述范围。房屋、建筑物等不动产不能纳入增值税的抵扣范围。

10.12

1. 营业收入是指地下储气库建设项目提供天然气存储服务所取得的营业收入，应根据天然气注采量和储气费计算，编制“营业收入、营业税金及附加估算表”。营业收入计算公式如下：

$$年营业收入 = 年注采天然气量 \times 储气费 + 副产品收入 \tag{61}$$

储气费以项目能够获取基准收益率为目标进行测算，计算公式如下：

$$F = \frac{\sum_{t=1}^{n}(CO_t - R_f - R_b - S_v - W)_t(1 + i_c)^{-t}}{\sum_{t=1}^{n} Q_t(1 + i_c)^{-t}} \tag{62}$$

式中 F——项目储气费；

CO_t——第 t 期的现金流出量；

R_f——副产品营业收入；

R_b——补贴收入；

S_v——回收的固定资产余值；

W——回收的流动资金；

Q_t——第 t 期的注采气量；

i_c——项目预期收益率；

n——项目计算期。

副产品收入主要是指天然气凝液、轻烃等回收的收入，根据权属确定是否作为项目的收入。

2. 地下储气库建设项目总投资分为建设投资、建设期利息和流动资金，建设投资包括勘探工程投资、注采井工程投资、地面工程投资、输气支线管道投资和垫底气投资。

(1) 勘探工程投资是指为找到适合建造地下储气库构造而开展的勘探活动所发生费用，一般根据实际情况计算。

(2) 注采井工程投资应在单井投资概算的基础上根据设计的新钻井数估算，单井投资概算应根据钻井工程方案和采气工程方案以钻井定额和相关价格为依据进行计算。

(3) 地面注采设施投资估算应执行有关部门投资估算的编制规定。对于利用已有地面资产设施，按资产评估结果计列。

(4) 输气支线管道是指连接地下储气库和输气干线管道（管网）的管道工程，投资估算应执行有关部门投资估算的编制规定。

(5) 垫底气是指需要填充到储气层中，并在运行期间长期留在储气库中的天然气，其目的是使储层保持一定的压力，以保证按时能从储气库中采出所需要的天然气量。如果垫底气为储层剩余可采储量，投资按储量价值计列；如果垫底气为注入气，投资按注入量和天然气价格计算，天然气价格应包括天然气购买价、输气成本和注入成本。如财务制度另有规定，垫底气也可摊入成本。

10.16 LNG 建设项目一般包括接收站工程、码头工程及外输管线。根据 LNG 运营模式确定评价的内容和方法，一般接收站工程包括码头，由于天然气用户的特点，外输管道连接的用户和气源不一定是单一的，外输管道通常单独评价。接收站的评价方法与管道运输一样，按照一定的基准收益率反算汽化费。对于反算出的汽化费应结合 LNG 购买价格、用户承受能力、管输费综合进行经济分析。

10.18 LNG 接收站工程建设项目总成本费用指在运营期内所发生的全部费用。总成本费用包括生产成本和期间费用。生产成本包括外购材料费（LNG 购买费用，一般按合同计算到岸价）、燃料动力费、人员费用、折旧、修理费用及其他制造费用。可参照炼油化工建设项目总成本费用估算。

油（气）管道建设项目经济评价参数条文说明

1 总 则

1.1 建设项目经济评价参数的定义、基本组成、基本用途。

财务分析参数一部分包括计算项目财务费用和效益的各类计算参数，如各类价格指数、各种费率利率等；另一部分是反映、判断和比较项目效益水平的各种评价指标的基准值和参考值，如财务基准收益率、总投资收益率、资产负债率、利息备付率和偿债备付率等。

1.2 建设项目经济评价参数的适用范围。

建设项目经济评价参数适用于油（气）管道建设项目各阶段费用与效益的计算、分析与评价。

参数的本质是在对历史数据、现实情况加以分析的基础上，对未来发展所做的预测与判断，其目的是为了满足建设项目在一定时期内的分析、比较、判断、决策的需要。

参数在测算过程中采取了多种测算方法，采用了来自多种渠道的基础数据，最终形成的参数是多种因素综合作用的结果。通常情况下，项目经济评价参数与经济活动中的实际市场实时价格、汇率、利率等是有差别的，因此不能作为财政核算、实际税收计征、外汇结算、商品交易与结算的依据。

1.3 建设项目经济评价参数的分类。

按照使用范围分类：财务分析参数用于建设项目财务分析，按现行的财会制度、税收规定和项目财务分析的报表、指标等进行分析计算与评价；经济费用效益分析参数用于经济费用效益分析，按建设项目经济评价方法与参数的规定和项目经济评价报表、指标进行分析计算与评价。

按照使用功能分类：计算参数用于计算项目费用和效益；判据参数用于比较项目优劣和判定项目取舍。

1.4 建设项目经济评价参数的时效性。

社会经济状况处于不断的发展变化中，不同时期的参数反映不同时期的社会经济状况，因此参数在使用过程中一定要注意其时效性。

2 财务分析参数

2.1 财务分析参数的基本组成、基本用途。

财务分析参数一部分包括计算项目财务费用和效益的各类计算参数，如各类价格指数、各种费率利率等；另一部分是反映、判断和比较项目效益水平的各种评价指标的基准值和参考值，如财务基准收益率、总投资收益率、资产负债率、利息备付率和偿债备付率等。

2.2 财务评价计算参数用于项目费用和效益的计算，包括投资估算参数、营业收入估算参数、成本估算参数、税费估算参数及有关的基础数据。

1. 投资估算参数包括建设投资估算、流动资金估算及建设期利息计算的有关参数，按照国家及有关部门颁布的有关指标、费用定额、取费标准等执行。

2. 成本估算参数，包括燃料动力费、折旧摊销年限、修理费率、人员费用、其他管理费用、其他营业费用等。

（1）主要燃料动力费，包括原油、天然气价格以及电价，由有关部门定期发布或采用以市场价格为基础的预测价格。

（2）综合折旧年限，预计净残值率按有关部门的规定执行或参照主体装置和设备的折旧年限确定；

（3）无形资产摊销年限用于无形资产摊销期限。无形资产的摊销采用直线法，摊销期限为该项无形资产的可使用寿命。无规定的，一般可选择10年摊销。

（4）其他资产摊销年限用于其他资产摊销期限。其他资产摊销年限有明确规定的，按规定期限平均摊销。

（5）油（气）管道建设项目维护及修理费一般按固定资产原值（扣除建设期利息）的比例计取。

3. 营业收入估算参数，包括管道运输费或管道运输单价，由有关部门定期发布或采用以一定收益率为基础反算的预测价格。

4. 税金估算参数，包括营业税（或增值税）、城市维护建设税、教育费附加、所得税等，根据国家有关税法规定确定。

5. 基础参数，包括评价年限、利率、汇率等。

2.3 财务分析判据参数包括判断项目盈利能力的参数和判断项目偿债能力的参数。

1. 判断项目盈利能力的参数主要包括财务内部收益率、总投资收益率、项目资本金净利润率等指标的基准值或参考值。

（1）财务基准收益率是指建设项目财务分析中对可货币化的费用与效益采用折现方法计算财务净现值的基准折现率，是衡量项目财务内部收益率的基准值，是项目财务可行性和方案比选的主要判据。财务基准收益率反映投资者对项目占有资金的时间价值的判断，是投资者可接受的财务收益率。要针对项目、资本金、投资各方指标设定不同的收益率。

财务内部收益率的测定可采用资本资产定价模型、加权平均资本成本法、典型项目模拟法、德尔菲专家调查法等方法，也可同时采用多种方法进行测算，将不同方法测算的结果互相验证，经协调后确定。目前石化行业多采用加权平均资本成本法对财务内部收益率基准值进行测算、发布。

（2）总投资收益率和项目资本金净利润率是采用非折现方法判断项目盈利能力的指标，可采用统计分析法、典型项目模拟法及德尔菲专家调查法等方法，也可同时采用多种方法进行测算。将不同方法测算的结果互相验证，经协调后确定。

2. 判断项目偿债能力的参数主要包括利息备付率、偿债备付率、资产负债率等指标的基准值或参考值。根据行业特点及企业历史统计数据分析测定，发布。或参照《建设项目经济评价方法与参数》（第三版）颁布值。

3　经济分析参数

3.1　社会折现率。目前国家公布的社会折现率为8%。对于超长期项目社会折现率可按时间分段递减的方法取值。

3.2　影子价格。随着社会主义市场经济体制的建立，国内价格与国际价格接轨，价格趋于合理，对于市场价格能反映市场价值的产品可直接采用市场价格计算。

3.3　影子汇率。在项目经济费用效益分析中采用国家外汇牌价乘以影子汇率换算系数得到影子汇率。国家公布的影子汇率换算系数为1.08。

3.4　影子工资换算系数采用技术与非技术劳动力的分类方式，对于技术劳动力，采用影子工资等于财务工资，即影子工资换算系数为1；对于非技术劳动力，推荐采取财务工资的0.2～0.8倍作为影子工资，即影子工资换算系数为0.2～0.8。

第 三 篇

炼油化工建设项目经济评价方法与参数

炼油化工建设项目经济评价方法

1 总 则

1.1 为适应炼油与化工业务发展及建设项目投资决策的需要，规范炼油化工建设项目经济评价工作，保证经济评价的质量，提高决策的科学化水平，根据《国家发展改革委、建设部关于印发建设项目经济评价方法与参数的通知》（发改投资［2006］1325号）的要求，制定《炼油化工建设项目经济评价方法》（以下简称《炼油化工评价方法》）。

1.2 《炼油化工评价方法》适用于炼油化工建设项目前期研究工作（包括规划、预可行性研究和可行性研究），项目中间评价、后评价和项目申请报告可参照执行。

1.3 炼油化工建设项目经济评价是炼油化工建设项目前期研究工作的重要内容，应根据国民经济与社会发展以及炼油化工行业、产业和企业业务发展规划的要求，在资源与产品市场分析、产品方案、技术方案、工程方案初步确定的基础上，采用科学、规范的分析方法，对拟建的炼油化工建设项目的财务可行性和经济合理性进行分析论证，作出全面的经济评价，为科学决策提供经济方面的依据。

1.4 炼油化工建设项目经济评价包括财务分析和经济分析两个方面。

1. 财务分析是在国家现行财税制度和预测价格体系的前提下，从项目财务主体的角度出发，计算项目范围内的财务效益和费用，分析项目的盈利能力、清偿能力和财务生存能力，评价项目在财务上的可行性。

2. 经济费用效益分析是在合理配置社会资源的前提下，从国家经济整体利益的角度出发，分析项目的经济效率、效果和对社会的影响，评价项目在经济上的合理性。

3. 实行“核准制”的企业建设项目，根据核准的需要决定是否进行经济费用效益分析，特别重大的项目可辅以区域经济与宏观经济影响分析；“备案项目”一般只需开展项目财务分析或费用效果分析，以满足项目投资决策的需要。

1.5 经济评价工作内容包括财务效益与费用估算、资金来源与融资方案、财务分析、经济费用效益分析、费用效果分析、不确定性分析与风险分析、区域经济与宏观经济影响分析、方案经济比选。

1.6 根据炼油化工建设项目的目标，凡以获取经济效益为主要目标的项目，经济评价必须认真估算项目的财务效益和费用，进行项目的财务分析，提出在财务上是否可行的结论；凡以解决危及安全生产、环境保护、职业卫生等为主要目标的项目，原则上应进行费用效果分析，如果从技术角度难以设计两个以上备选方案时，可只进行单位功能投资、单位功能运营成本的合理性分析；凡是支持社会公益事业、扶贫项目，经济评价可只进行费用计算和简单的效果分析。

1.7 炼油化工建设项目应根据新建生产装置对全厂物料流程及其他原有生产装置物料平衡的影响及其程度，确定和选择项目财务分析的范围和方法。

对不影响企业原有其他生产装置物料平衡的建设项目，财务分析的范围为项目建设范围，通常可采用新建项目财务分析方法。对全厂物料流程及其他原有生产装置物料平衡有影响的建设项目，财务分析的范围应包含从建设范围扩大到项目所影响到的范围，通过“有无对比”增量费用效益分析，即采用在全厂物料流程“有无对比”增量数据基础上的增量分析。

1.8 独资或合资建设的炼油化工建设项目，财务分析一般只进行项目投资和项目资本金现金流量分析及相关经济评价指标计算。当投资者中各方股权收益不对等时，或由项目带来外部收益时，应进行投资各方的现金流量分析及相关经济评价指标计算。

1.9 在炼油化工建设项目前期研究中，经济评价工作应全过程参与各种技术方案的比选，并根据备选方案的前提条件和目标，选用科学的比选方法。

1.10 炼油化工建设项目经济评价的深度主要体现在对财务效益与费用估算等基础工作可靠性和准确性的要求上，即估算项目的分解、方法的采用和指标费用的选取。经济评价深度应根据项目决策工作不同阶段的要求确定。

1.11 炼油化工建设项目经济评价必须保证客观性、科学性、公正性。根据投资决策的要求，经济评价应遵循“有无对比”的原则，效益与费用计算口径一致的原则，收益与风险权衡的原则，定量分析与定性分析相结合、以定量分析为主的原则，动态分析与静态分析相结合、以动态分析为主的原则。

1.12 炼油化工建设项目经济评价的计算期包括建设期和运营期。建设期应参照项目建设的合理工期或项目建设进度计划合理确定，运营期应根据合理经济寿命期确定。

1.13 炼油化工建设项目财务分析采用的价格体系应采用以市场价格体系为基础的预测价格。建设期内的投资估算，应以编制年的价格水平为基础，通过价差预备费的形式综合计算准备期及建设期内投资价格的变动。在运营期内，主要投入物和产出物可根据未来市场价格变动趋势，采用相对变动价格。对于其他投入物与产出物的价格，若难以确定其价格变动，一般可采用编制年价格水平。有要求时，也可考虑价格总水平的变动。

1.14 根据国家现行财税制度的要求，项目财务分析中的营业收入和经营成本计算宜统一采用不含增值税的价格。对建设投资中所含的增值税应单独列出说明。

1.15 炼油化工建设项目经济费用效益分析应采用以影子价格体系为基础的预测价格，不考虑价格总水平变动因素。

2　财务效益与费用估算

2.1 财务效益与费用是财务分析的重要基础，其估算的准确性将直接影响到项目财务效益指标的预测和评价。炼油化工建设项目财务效益与费用估算应遵循“有无对比”的原则，正确识别和估算项目投资者或财务主体在财务分析范围之内“有项目”和“无项目”状态的财务效益与费用，“有无对比”的差额部分作为项目带来的财务效益与费用。财务效益与费用估算采用的依据应符合国家及企业的有关规定，评价参数选取合理，方法适宜、表格清晰，并反映炼油化工建设项目的特点。

2.2 财务效益与费用估算范围的确定应从项目的目标和必要性出发，满足项目投资者或财务主体投资决策的需要，体现效益与费用对应一致的原则。财务效益与费用估算的顺序一般为收入、投资、成本、营业税金及附加。

2.3 运营期财务效益与费用估算采用的价格，应符合下列要求：

1. 效益与费用采用的价格体系应一致。

2. 采用预测价格，有要求时可考虑价格变动因素。

3. 对适用增值税的项目，运营期内投入和产出的估算表格可采用不含增值税价格；若采用含增值税价格，应予说明，并调整相关表格。

2.4 炼油化工建设项目财务效益主要是指因项目实施后通过销售产品所取得的营业收入，也包括补贴性收入。

项目所支出的费用主要包括投资、成本费用、税金及运营期维护性投资等。

2.5 炼油化工建设项目通过销售产品所取得的营业收入，应根据各种产品销售量和销售价格计算，编制“营业收入、营业税金及附加估算表”。营业收入计算公式如下：

$$年营业收入 = \sum 产品销售量 \times 销售价格 \qquad (2-1)$$

2.6 对于先征后返的增值税和符合企业会计制度的财政补贴，应根据相关规定合理估算，计作补贴收入。

2.7 炼油化工建设项目总投资是指项目建设和投入运营所需要的全部投资，包括建设投资、建设期利息和流动资金，编制“项目总投资估算表”。项目财务分析中总投资有别于项目报批总投资，项目报批总投资包括建设投资、建设期利息和铺底流动资金。

2.8 炼油化工建设项目建设投资是指项目从建设到投入运营前所需花费的全部资本性支出，由工程费用、工程建设其他费用和预备费组成。工程费用包括设备购置费、安装工程费和建筑工程费，工程建设其他费用包括固定资产其他费用、无形资产费用和其他资产费用，预备费包括基本预备费和价差预备费。编制“建设投资估算表”。

1. 炼油化工建设项目一般分为全厂性工程项目和单项工程项目，全厂性工程项目分为工艺生产装置、储运工程、公用工程、辅助工程、服务性工程、生活设施工程和厂外工程等，单项工程项目分为总图竖向布置、建筑物、构筑物、静置设备、机械设备、工业炉、工艺管道安装、电气、电信、自控仪表、供排水、采暖通风、热工和分析化验等。

若拟建项目是大型联合企业，其各厂（分厂）具有一定的独立性，可以分别编制各厂（分厂）的建设投资估算，然后汇成一个联合企业的建设投资总估算。如联合企业各厂（分厂）的辅助生产、公用工程及厂外工程等项目是公用的，可按一个独立生产厂编制建设投资估算。

2. 炼油化工建设项目建设投资应在建设规模、技术方案、产品方案和工程方案初步确定的基础上进行估算，编制依据、方法、内容、表格及编制说明等执行投资估算有关规定。

3. 建设投资分析包括结构分析和水平分析。有条件时对投资估算的结果应与近期类似工程项目的投资进行对比分析。

4. 建设投资的分年使用计划应根据项目进度安排，应明确各期投资额以及其中的外汇额度。

2.9 在建设投资分年计划的基础上，根据融资方案，对采用债务融资的项目应计算建设期利息。建设期利息系指筹措债务资金时在建设期内发生并按规定允许在投产后计入固定资产原值的利息，即资本化利息。

建设期利息包括银行借款和其他债务资金在建设期内发生的利息以及其他融资费用。其他融资费用是指某些债务融资中发生的手续费、承诺费、管理费、信贷保险费等融资费用。一般情况下应将其单独计算并计入建设期利息。在可行性研究阶段也可粗略估算并计入建设期利息。

对于分期建成投产的项目，各期发生的投资作为项目建设投资的组成部分，应按各期建设时间计算借款费用作为建设期利息予以资本化。

2.10 流动资金是指运营期内长期占用并周转使用的资金，不包括运营中临时性需要的营运资金。流动资金估算的基础是经营成本、营业收入和商业信用等，其计算应符合下列要求：

1. 按前期研究阶段的不同，流动资金可选用扩大指标估算法或分项详细估算法。

(1) 扩大指标估算法：是指参照同类企业或项目流动资金占营业收入或经营成本的比例，或单位产量占用营运资金的数额估算流动资金。在预可行性研究阶段可采用扩大指标估算法。

(2) 分项详细估算法：是指利用流动资产与流动负债估算项目占用的流动资金。一般先对流动资产和流动负债的构成要素进行分项估算，进而估算流动资金。项目可行性研究阶段宜采用分项详细估算法。

流动资产的构成要素一般包括存货、现金、应收账款和预付账款；流动负债的构成要素一般只考虑应付账款和预收账款。流动资金等于流动资产与流动负债的差额。

2. 流动资金一般应在项目投产前开始筹措。为简化计算，流动资金可在投产第一年开始安排，并根据不同的生产运营计划分年进行估算。

2.11 项目总投资分别形成固定资产、无形资产、其他资产和流动资产。固定资产是指为生产商品或经营管理而持有的、使用寿命超过一个会计年度的有形资产，投资形成的固定资产原值（扣除建设投资中的增值税）用于计算折旧；无形资产是指企业拥有或控制的没有实物形态的可辨认非货币性资产，其他资产是指除流动资产、固定资产、无形资产以外的其他资产，投资形成的无形资产和其他资产原值用于计算摊销费用。

1. 工程费用中的建筑工程费、设备购置费、安装工程费和固定资产其他费用直接计入固定资产；无形资产费用和其他资产费用形成无形资产和其他资产；预备费在以上四项费用的基础上进行计算，应分别按比例计入固定资产、无形资产和其他资产中，但为简化计算可直接计入固定资产中。

2. 建设期利息全部形成固定资产。

3. 流动资金和流动负债共同构成流动资产。

2.12 在项目运营期内，为维持正常生产运营需要更新设备、设施，应估算项目维持运营的投资费用，在现金流量表中直接列入现金流出，其资金来源一般按项目或企业自有资金考虑。该投资应予以资本化，计入固定资产原值，并计取折旧。

2.13 总成本费用是指炼油化工建设项目在运营期内为生产和销售产品而发生的全部费用。

1. 总成本费用估算可采用下列方法：

(1) 生产成本加期间费用估算法：

$$总成本费用 = 生产成本 + 期间费用 \tag{2-2}$$

$$期间费用=管理费用+财务费用+营业费用 \quad (2-3)$$

生产成本包括直接材料费、直接燃料动力费、直接工资、其他直接支出和制造费用。并据此编制“总成本费用估算表”。

（2）生产要素估算法：

在财务分析中为了便于计算，生产成本按成本要素分解为外购原材料、外购辅助材料、外购燃料、外购动力、人员费用、折旧费、修理费和其他制造费用。

2. 成本费用估算原则上应遵循国家现行《企业会计准则》规定的成本和费用核算方法；同时应遵循有关税法中准予在所得税前列支科目的规定。当两者有矛盾时，一般应按从税的原则处理。

3. 总成本费用可分解为固定成本和可变成本。

炼油化工建设项目固定成本主要包括人员费用、折旧费、摊销费、修理费、其他制造费用、与安全生产有关费用、其他管理费和财务费用等。

炼油化工建设项目可变成本主要包括外购原材料费、外购辅助材料、外购燃料和动力费、营业费用等。

在总成本费用中，有些成本费用属于半可变（或半固定）成本，既有可变因素，又有固定因素。项目财务分析中一般可以进行简化处理，使成本费用最终分解为固定成本和可变成本。

固定成本和可变成本主要用于财务分析的盈亏平衡分析。同时在成本竞争力分析和成本主要影响因素分析中，需要计算单位可变成本与单位固定成本，即可变成本和固定成本分别除以项目产出数量。

4. 炼油化工建设项目应进行单位成本分析。单位加工成本是生产单位产品所耗费的成本，是一个综合性指标，可以用来考察项目（企业）的总体水平（含技术、设备和管理等因素），便于进行技术比较和竞争力分析。

2.14 经营成本是项目经济评价中所使用的特定概念，作为项目运营期的主要现金流出，其构成和估算可采用下式表达：

$$经营成本=总成本费用-折旧-摊销-财务费用 \quad (2-4)$$

$$或：经营成本=外购原材料、燃料和动力费+人员费用+修理费用+其他费用 \quad (2-5)$$

式中其他费用是指从制造费用、管理费用和营业费用中扣除了折旧费、摊销费、修理费、人员费用以后的其余部分。

2.15 炼油化工建设项目经济评价涉及的税费主要包括增值税、消费税、城市维护建设税、教育费附加和企业所得税等。消费税、城市维护建设税和教育费附加构成营业税金及附加，编制“营业收入、营业税金及附加估算表”，税种的税基和税率的选择，应根据相关税法和项目的具体情况确定，如有减免税优惠，应说明依据及减免方式。

2.16 进行财务效益和费用的估算需要编制如下报表：

辅助表1　项目总投资估算表

辅助表1.1　建设投资估算表

辅助表1.2　流动资金估算表

辅助表3　营业收入、营业税金及附加估算表

辅助表4　总成本费用估算表

辅助表4.1　外购原材料费估算表

辅助表4.2　外购燃料、动力费估算表

辅助表4.3　折旧与摊销计算表

辅助表5　借款还本付息计划表

3　资金来源与融资方案

3.1　在投资估算的基础上，资金来源与融资方案应分析建设投资和流动资金的来源渠道及筹措方式，并在明确项目融资主体的基础上，设定初步融资方案。通过对初步融资方案资金结构、融资成本和融资风险的分析，结合融资后财务分析，比选确定融资方案，为财务分析提供必需的基础数据。

3.2　设定融资方案，应先确定融资主体。按照融资主体不同，融资方式分为既有法人融资和新设法人融资。建设项目大部分都属于既有法人融资，有条件时可按既有法人融资考虑，难以按既有法人模式放入企业总体中进行评价时，可将项目视为模拟“新设法人”。

3.3　炼油化工建设项目资本金的来源主要有企业的直接投资、发行股票、原有股东的增资扩股、吸收新股东投资等。

3.4　项目债务资金可通过商业银行贷款、政策性银行贷款、外国政府贷款、国际金融机构贷款、出口信贷、银团贷款、企业债券、国际债券、融资租赁等渠道和方式筹措。

3.5　在初步明确项目融资主体和资金来源的基础上，对于融资方案资金来源的可靠性、资金结构的合理性、融资成本高低和融资风险大小，应进行综合分析，结合融资后财务分析，比选确定融资方案。

对于企业内部独资建设项目，根据项目实际情况，目前可不进行融资方案资金来源的可靠性、资金结构的合理性、融资成本高低和融资风险大小分析。对于合资项目（国内合资、国外合资）需进行分析。随着金融体制改革的不断深入，应加强该部分分析。

3.6　资金来源的可靠性应主要分析能否按项目所需投资得到足额及时的资金供应，即分析资本金和债务资金等各类供应资金在币种、数量和时间要求上能否满足项目建设需要。

3.7　资金结构的合理性应主要分析资本金与债务资金的比例、资本金内部结构比例和债务资金内部结构比例。

3.8　资金成本分析应通过计算债务资金成本、资本金资金成本和加权平均资金成本，分析项目使用各种资金所实际付出的代价及其合理性，为优化融资方案提供依据。

3.9　为减少融资风险损失，应对融资方案实施中可能存在的资金供应风险、利率风险和汇率风险等因素进行分析评价，并提出防范风险的对策。

3.10　根据资金来源与融资方案，编制辅助表2“项目总投资使用计划与资金筹措表”。

4　财务分析

4.1　财务分析应在项目财务效益与费用估算的基础上，通过编制财务报表，计算经济评价指标，分析评价项目的盈利能力、偿债能力和财务生存能力，判断项目的财务可接受性，明确项目对企业的价值贡献，为项目决策服务。

4.2 财务分析分为融资前分析和融资后分析。一般可先进行融资前分析，在融资前分析结论满足要求的情况下，根据初步设定的融资方案，再进行融资后分析。在项目规划和初步方案阶段可只进行融资前分析。

4.3 融资前分析是指在不考虑融资方案的条件下进行的财务分析，排除了融资方案的影响，从项目投资总获利能力的角度，考察项目方案设计的合理性。融资前分析计算的相关指标，应作为初步投资决策与融资方案研究的基础。

融资前分析以动态分析（折现现金流量分析）为主，静态分析（非折现现金流量分析）为辅。

融资前动态分析以营业收入、建设投资、经营成本和流动资金的估算为基础，考察整个计算期内的现金流入和现金流出，编制项目投资财务现金流量表，利用资金时间价值的原理进行折现，计算项目投资财务内部收益率和净现值等指标。

融资前分析可选择计算所得税前指标和（或）所得税后指标。

融资前分析也可计算静态投资回收期指标，用以反映回收项目投资所需要的时间。

4.4 融资后分析以融资前分析和初步的融资方案为基础，考察项目在拟定融资条件下的盈利能力、偿债能力和财务生存能力，判断项目方案在融资条件下的可行性。融资后分析是投资者最终决定出资的依据。

4.5 融资后盈利能力分析包括动态分析和静态分析。

1. 动态分析包括下列两个层次：

（1）项目资本金现金流量分析，应在拟定的融资方案基础上，从项目资本金出资者整体的角度，确定其现金流入和现金流出，编制“项目资本金现金流量表”，利用资金时间价值的原理进行折现，计算项目资本金财务内部收益率指标，考察项目资本金可获得的收益水平。

（2）投资各方现金流量分析，应从投资各方实际收入和支出的角度，确定其现金流入和现金流出，分别编制“投资各方现金流量表”，计算投资各方财务内部收益率指标，考察投资各方的收益水平。

2. 静态分析系指不采取折现方式处理数据，依据“利润与利润分配表”，计算项目资本金净利润率和总投资收益率指标。

静态盈利能力分析可根据项目的具体情况选做。

4.6 盈利能力分析的主要指标包括项目投资财务内部收益率和财务净现值、项目资本金财务内部收益率、投资回收期、总投资收益率、资本金净利润率等，可根据项目的特点及财务分析的目的、要求等选用。

1. 财务内部收益率（*FIRR*）是指能使项目计算期内净现金流量现值累计等于零时的折现率，即 *FIRR* 作为折现率使下式成立：

$$\sum_{t=1}^{n}(CI-CO)_t(1+FIRR)^{-t}=0 \qquad (4-1)$$

式中　CI——现金流入量；

CO——现金流出量；

$(CI-CO)_t$——第 t 期的净现金流量；

n——项目计算期。

项目投资财务内部收益率、资本金投资财务内部收益率和投资各方财务内部收益率都依据上式计算，但现金流入和现金流出不同。

当财务内部收益率大于或等于基准收益率（i_c）时，项目方案在财务上可考虑接受。项目投资财务内部收益率、资本金投资财务内部收益率和投资各方财务内部收益率可有不同的基准值。

2. 财务净现值（*FNPV*）是指按设定的折现率（一般采用基准收益率 i_c）计算的项目计算期内净现金流量的现值之和，计算公式如下：

$$FNPV = \sum_{t=1}^{n} (CI - CO)_t (1 + i_c)^{-t} \tag{4-2}$$

式中 i_c——设定的折现率（同基准收益率）。

一般情况下，财务分析只计算项目投资财务净现值，可根据需要选择计算所得税前净现值或所得税后净现值。

在设定的折现率下计算的财务净现值大于或等于零（$FNPV \geqslant 0$），项目方案在财务上可考虑接受。

3. 投资回收期（P_t）是指以项目的净收益回收项目投资所需要的时间，一般以年为单位，宜从项目建设开始年算起；若从项目投产开始年算起的，应予以特别注明；项目投资回收期计算公式如下：

$$\sum_{t=1}^{P_t} (CI - CO)_t = 0 \tag{4-3}$$

项目投资回收期可利用项目投资财务现金流量表计算，项目投资财务现金流量表中累计净现金流量由负值变为零时的时点，即为项目的投资回收期；投资回收期应按下式计算：

$$P_t = T - 1 + \frac{\text{第}(T-1)\text{年的累计净现金流量的绝对值}}{\text{第}\,T\,\text{年的净现金流量}} \tag{4-4}$$

式中 T——各年累计净现金流量首次为正值或零的年数。

投资回收期短，表明项目投资回收快，抗风险能力强。

4. 总投资收益率（*ROI*）是指项目运营期内年平均息税前利润与项目评价期总投资的比率，表示总投资的盈利水平，计算公式如下：

$$ROI = \frac{EBIT}{TI} \times 100\% \tag{4-5}$$

式中 *EBIT*——运营期内年平均息税前利润或达产后某年的息税前利润；

TI——项目总投资和维持运营投资之和。

总投资收益率高于企业的收益率参考值，表明用总投资收益率表示的盈利能力满足要求。

5. 资本金净利润率（*ROE*）是指项目运营期内年平均净利润与项目评价期资本金投资的比率，表示项目资本金投资的盈利水平，计算公式如下：

$$ROE = \frac{NP}{EC} \times 100\% \tag{4-6}$$

式中 *NP*——项目运营期内年平均净利润或达产后某年的息税前利润；

EC——项目资本金和维持运营投资之和。

资本金净利润率高于企业的净利润率参考值，表明用资本金净利润率表示的盈利能力满足要求。

4.7 偿债能力分析应通过计算利息备付率（*ICR*）、偿债备付率（*DSCR*）和资产负债率（*LOAR*）等指标，分析判断项目的偿债能力。

1. 利息备付率（*ICR*）是指在借款偿还期内的息税前利润与应付利息的比值，它从付息资金来源的充裕性角度反映项目偿付债务利息的保障程度和支付能力，计算公式如下：

$$ICR = \frac{EBIT}{PI} \tag{4-7}$$

式中 *EBIT*——息税前利润；

PI——计入总成本费用的应付利息。

利息备付率应分年计算。利息备付率高，表明利息偿付的保证度大，风险小。利息备付率应大于1，并结合债权人的要求判定。

2. 偿债备付率（*DSCR*）是指在借款偿还期内可用于还本付息的资金与应还本付息金额的比值，表示可用于还本付息的资金偿还借款本息的保障程度，计算公式如下：

$$DSCR = \frac{EBITDA - T_{AX}}{PD} \tag{4-8}$$

式中 *EBITDA*——息税前利润加折旧和摊销（如果项目在运营期内有维持运营投资，应扣除维持运营投资）；

T_{AX}——所得税；

PD——应还本付息金额，包括还本金额及计入总成本费用的应付利息。融资租赁费用支出视同借款偿还，短期借款本息也应纳入计算。

偿债备付率应分年计算，偿债备付率高，表明可用于还本付息的资金保障程度高。偿债备付率应大于1，并结合债权人的要求确定。

3. 资产负债率（*LOAR*）是指年末负债总额与资产总额的比率，计算公式如下：

$$LOAR = \frac{TL}{TA} \times 100\% \tag{4-9}$$

式中 *TL*——年末负债总额；

TA——年末资产总额。

适度的资产负债率表明企业经营安全、稳健，具有较强的筹资能力，也表明企业和债权人的风险较小。对该指标的分析，应结合国家宏观经济状况、行业发展趋势、公司融资模式等具体条件判定。项目财务分析中，在长期债务还清后，可不再计算资产负债率。

4.8 财务生存能力分析，应编制“财务计划现金流量表”通过考察项目计算期内各年的投资活动、融资活动和经营活动所产生的各项现金流入和流出，计算盈余资金和累计盈余资金，分析是否有足够的净现金流量维持项目的正常运营，以实现财务可持续性。

项目的财务可持续性首先应体现在有足够大的经营活动净现金流量，其次各年累计盈余资金不应出现负值。若出现负值时应进行短期借款，同时分析该短期借款的年份长短和数额大小，进一步判断项目的财务生存能力。为维持项目正常运营，还应分析短期借款的可靠性。如果需要的短期融资过大，年份过多，甚至在整个运营期内的大部分年份都需要，财务可持续性的实现将会受到影响。

4.9 完成财务分析后应对各项财务指标进行汇总，并结合不确定性分析和风险分析的结果，作出对项目的财务分析结论。

4.10 进行项目财务分析需要编制如下报表：

基本表1.1　项目投资现金流量表

基本表1.2　项目资本金现金流量表

基本表1.3　投资各方现金流量表

基本表2　利润与利润分配表

基本表3　财务计划现金流量表

基本表4　资产负债表

5　经济费用效益分析

5.1 经济费用效益分析应从资源优化配置的角度，分析项目投资的经济效率和对社会福利所做出的贡献，评价项目的经济合理性。对于财务现金流量不能全面、真实地反映其经济价值，需要进行经济费用效益分析。经济费用效益分析结论是项目决策的主要依据之一。

5.2 对于财务价格扭曲，不能真实反映项目产出的经济价值，财务成本不能包含项目对资源的全部消耗，财务效益不能包含项目产出的全部经济效果的项目，需要进行经济费用效益分析。炼油化工项目涉及国家控制的战略性资源开发及国家经济安全的往往具有公共性、外部效果等综合特征，不能完全依靠市场配置资源。

5.3 项目经济效益和费用的识别应符合下列要求：

1. 遵循“有无对比”的原则。
2. 对项目所涉及的所有成员及群体的费用和效益做全面分析。
3. 正确识别正面和负面外部效果，防止误算、漏算或重复计算。
4. 合理确定效益和费用的空间范围和时间跨度。
5. 正确识别和调整转移支付，根据不同情况区别对待。

5.4 经济效益的计算应遵循支付意愿原则和（或）接受补偿意愿原则。经济费用的计算应遵循机会成本原则。

5.5 经济效益和费用可直接识别，也可通过调整财务效益和财务费用得到。经济效益和经济费用应采用影子价格计算。

5.6 经济费用效益分析中投入物和产出物使用的计算价格称为“影子价格”。影子价格应是能够反映项目投入物和产出物真实经济价值的计算价格。

1. 原油影子价格：

$$\text{原油影子价格（到厂价）}=\text{原油到岸价（CIF）}\times\text{影子汇率}+\text{进口费用} \quad (5-1)$$

将外汇折算成本币时，应采用影子汇率。计算公式为：

$$\text{影子汇率}=\text{外汇牌价}\times\text{影子汇率换算系数} \quad (5-2)$$

如果是以国内各油田发布的出厂价为基础计算影子价格，还应考虑油田到该炼厂的国内运费和贸易费用。

2. 炼化产品的影子价格：

炼化项目的主要产出物均为外贸货物，因此可以用这些货物的市场价格加上或者减去国内运杂费等，作为产出物的影子价格。

直接出口的产出物：离岸价格乘以影子汇率减出口费用。

替代进口的产出物：原进口货物的到岸价格乘以影子汇率加港口到用户的运杂费用和贸易费用，再减去拟建项目到用户的运杂费用及贸易费用。如果资料缺乏，也可以直接按照离岸价格计算。

5.7 特殊投入物的影子价格应按下列方法计算：

1. 项目因使用劳动力所支付的工资，是项目实施所付出的代价。劳动力的影子工资等于劳动力机会成本与因劳动力转移而引起新增资源消耗之和。

2. 土地是一种重要的经济资源，项目占用的土地无论是否需要实际支付财务成本，均应计算其影子价格。项目所占用的农业、林业、牧业、渔业及其他生产性用地，其影子价格按照这些生产用地未来可以提供的产出物的效益及因改变土地用途而发生的新增资源消耗进行计算。

3. 项目投入的自然资源，无论在财务上是否付费，在经济费用效益分析中都必须测算其经济费用。不可再生自然资源的影子价格应按资源的机会成本计算；可再生自然资源的影子价格应按资源再生费用计算。

5.8 外部效果是指项目的产出或投入无意识地给他人带来费用或效益，且项目却没有为此付出代价或为此获得收益。为防止外部效果计算扩大化，一般只计算一次相关效果。

5.9 项目经济费用和效益的识别和计算，可以按照费用效益识别和计算的原则与方法直接进行，也可以在财务分析的基础上将财务现金流量转换为反映真正资源变动状况的经济费用效益流量。

5.10 投资项目经济费用效果分析采用社会折现率对未来经济费用效益流量进行折现。项目的所有效益和费用（包括不能货币化的效果）一般均应在共同的时点基础上予以折现。

5.11 如果项目的经济费用和效益能够进行货币量化，应在费用效益识别和计算的基础上，编制“项目投资经济费用效益流量表”，计算经济评价指标，分析项目投资的经济效率：

1. 经济净现值（*ENPV*）是指项目按照社会折现率将计算期内各年的经济净效益流量折现到建设期初的现值之和。计算公式为：

$$ENPV = \sum_{t=1}^{n} (B - C)_t (1 + i_s)^{-t} \qquad (5-3)$$

式中 B——投资项目经济效益流量；

C——投资项目经济费用流量；

$(B-C)_t$——投资项目第 t 年的经济净效益流量；

n——计算期；

i_s——社会折现率。

在经济费用效益分析中，如果经济净现值大于或等于零，说明投资项目可以达到符合社会折现率的效率水平，认为该项目从经济资源配置的角度可以被接受。

2. 经济内部效益率（*EIRR*）是投资项目在计算期内经济净效益流量的现值累计等于零时的折现率，表达式为：

$$\sum_{t=1}^{n}(B-C)_t(1+EIRR)^{-t}=0 \quad (5-4)$$

如果经济内部效益率等于或者大于社会折现率，表明投资项目资源配置的经济效率达到了可以被接受的水平。

3. 经济效益费用比（R_{BC}）是项目在计算期内效益流量的现值与费用流量的现值的比率，计算公式为：

$$R_{BC}=\frac{\sum_{t=1}^{n}B_t(1+i_s)^{-t}}{\sum_{t=1}^{n}C_t(1+i_s)^{-t}} \quad (5-5)$$

式中 B_t——第 t 期的经济效益；

C_t——第 t 期的经济费用。

如果经济效益费用比大于1，表明项目资源配置的经济效率达到了可以被接受的水平。

5.12 在完成经济费用效益分析之后，应进一步对比经济费用效益与财务现金流量之间的差异，并根据需要对财务分析与经济费用效益分析结论之间的差异进行分析，找出受益或受损群体，分析项目对不同利益相关者在经济上的影响程度，并提出改进资源配置效率及财务生存能力的政策建议。

5.13 对于项目效益和费用可以货币化的项目应采用上述经济费用效益分析方法；对于效益难于货币化的项目，应采用费用效果分析的方法；对于效益与费用均难于量化的项目，应进行定性经济费用效益分析。

5.14 进行经济费用效益分析，需要编制如下报表：

经济费用效益分析基本表1　项目投资经济费用效益流量表

经济费用效益分析辅助表1　投资费用估算调整表

经济费用效益分析辅助表2　经营费用估算调整表

经济费用效益分析辅助表3　项目直接效益估算调整表

经济费用效益分析辅助表4　项目间接费用估算表

经济费用效益分析辅助表5　项目间接效益估算表

6　费用效果分析

6.1 费用效果分析是指通过比较项目预期的效果与所产生的费用，判断项目的费用有效性或经济合理性。效果难于或不能货币化如环保、安全、健康等，或货币化的效果不是项目主体目标如公共项目，在经济评价中应采用费用效果分析法，其结论作为项目投资决策的依据之一。

6.2 费用效果分析中的费用是指为实现项目预定目标所付出的财务代价或经济代价，采用货币计量；效果是指项目的结果所起到的作用、效应或效能，是项目目标的实现程度。按照项目要实现的目标，一个项目可以选用一个或几个效果指标。

6.3 费用效果分析遵循多方案比选的原则，所分析的项目应满足下列条件：

1. 备选方案不少于两个，且为互斥方案或可转化为互斥型的方案。

2．备选方案应具有共同的目标，目标不同的方案、不满足最低效果要求的方案不可进行比较。

3．备选方案的费用应能货币化，且资金用量不突破资金限制。

4．效果应采用同一非货币计量单位衡量，如果有多个效果，其指标加权处理形成单一综合指标。

5．备选方案应具有可比的寿命周期。

6.4 费用效果分析应按下列步骤进行：

1．确立项目目标。

2．构想和建立备选方案。

3．将项目目标转化为具体的可量化的效果指标。

4．识别费用与效果要素，并估算各个备选方案的费用与效果。

5．利用相关指标，综合比较、分析各个方案优缺点。

6．推荐最佳方案或提出优先采用的次序。

6.5 费用应包含从项目投资开始到项目终结的整个期间内所发生的全部费用。费用可按现值公式或按年值公式计算：

1．费用现值：

$$PC = \sum_{t=1}^{n} (CO)_t (P/F, i, t) \tag{6-1}$$

式中 PC——费用现值；

$(CO)_t$——第 t 期现金流出量；

n——计算期；

i——折现率；

$(P/F, i, t)$——现值系数$\frac{1}{(1+i)^n}$，其他符号同前。

2．费用年值：

$$AC = \left[\sum_{t=1}^{n} (CO)_t (P/F, i, t) \right] (A/P, i, n) \tag{6-2}$$

式中 AC——费用年值；

$(A/P, i, n)$——资金回收系数$\frac{i(1+i)^n}{(1+i)^n - 1}$，其他符号同前。

备选方案的计算期不一致时，应采用费用年值比较法。

6.6 项目效果计量单位的选择，应能切实度量项目目标实现的程度，且便于计算。若项目的目标不止一个，或项目的效果难以直接度量，需要建立次级分解目标加以度量时，需要用科学的方法确定权重，借助层次分析法对项目的效果进行加权计算，形成统一的综合指标。

6.7 费用效果分析可采用效果费用比为基本指标，应按下式计算：

$$R_{E/C} = \frac{E}{C} \tag{6-3}$$

式中 $R_{E/C}$——效果费用比；

E——项目效果；

C——项目的计算期费用，用现值或年值表示。

有时为方便或习惯起见，也可以采用费用效果比指标，即：

$$R_{C/E}=\frac{C}{E} \tag{6-4}$$

6.8 费用效果分析可采用下列基本方法：

1．最小费用法，也称固定效果法。在效果大致相同的条件下，应选取费用最小的备选方案。

2．最大效果法，也称固定费用法。在费用大致相同的条件下，应选取效果最大的备选方案。

3．增量分析法，当效果与费用均不固定，且分别具有较大幅度的差别时。应比较两个备选方案之间的费用差额和效果差额。分析获得增量效果所付出的增量费用是否值得，不可盲目选择效果费用比大的方案或费用效果比小的方案。

采用费用效果增量分析时应先确定基准指标（截止指标）$[E/C]_0$或$[C/E]_0$。如果增加的效果能够补抵增加的费用，选择费用高的方案，否则，选择费用低的方案。

基准指标是项目可以接受的效果费用比的最低要求，受经济实力、技术水平、社会需求等多方面的影响，可参考有关企业定额或专门制定。

6.9 如果项目有两个以上的备选方案进行增量分析，宜按下列步骤选优：

1．将方案费用由小到大排队。

2．从费用最小的两个方案开始比较，通过增量分析选择优势方案。

3．将优胜方案与紧邻的下一个方案进行增量分析，并选出新的优势方案。

4．重复第三步直至最后一个方案。最终被选定的优势方案为最优方案。

7 不确定性分析与风险分析

7.1 项目财务分析所采用的数据大部分来自预测和估算，具有一定程度的不确定性。为分析不确定性因素对评价指标的影响，需要进行不确定性分析和风险分析，估计项目可能承担的风险，考察项目的财务可靠性，提出项目风险的预警、预报和相应的对策，为投资决策服务。

不确定性分析，包括盈亏平衡分析和敏感性分析。经济风险分析是采用定性与定量相结合的方法，分析风险因素发生的可能性及给项目带来经济损失的程度，其分析过程包括风险识别、风险估计、风险评价与风险应对。

7.2 盈亏平衡分析是指通过计算项目达产年的盈亏平衡点（*BEP*），分析项目成本与收入的平衡关系，判断项目对市场变化的适应能力和抗风险能力。盈亏平衡分析只用于财务分析。

盈亏平衡点的表达形式有多种。根据炼油化工建设项目的特点，在项目评价中常用的是以生产能力利用率和原油加工量表示的盈亏平衡点，按下列公式计算：

$$BEP_{\text{生产能力利用率}}=\frac{\text{年固定成本}}{(\text{年营业收入}-\text{年可变成本}-\text{年营业税金及附加})}\times 100\% \tag{7-1}$$

$$BEP_{原油加工量} = BEP_{生产能力利用率} \times 设计生产能力 \quad (7-2)$$

盈亏平衡点也可利用盈亏平衡图求取，见图 7－1。

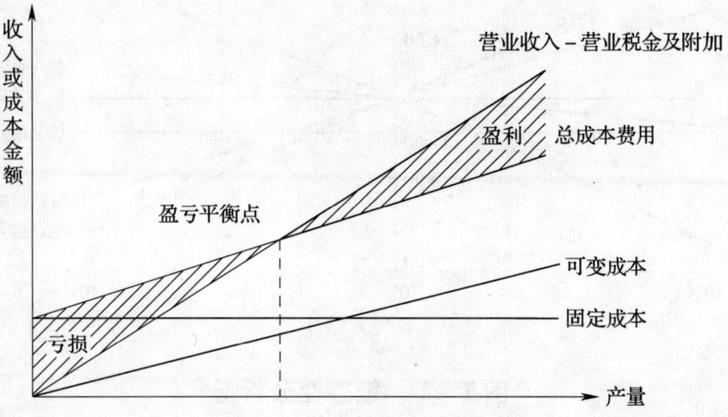

图 7－1　盈亏平衡图

7.3　敏感性分析是通过分析不确定因素发生增减变化时，对财务或经济分析指标的影响，并计算敏感度系数和临界点，找出敏感因素。通常只进行单因素敏感性分析。计算敏感度系数和临界点应符合下列要求：

1. 敏感度系数（S_{AF}）是指项目效益指标变化率与不确定性因素变化率之比，计算公式为：

$$S_{AF} = \frac{\Delta A/A}{\Delta F/F} \quad (7-3)$$

式中　S_{AF}——评价指标 A 对于不确定性因素 F 的敏感系数；

$\Delta F/F$——不确定性因素 F 的变化率；

$\Delta A/A$——不确定性因素 F 发生 ΔF 变化率时，评价指标 A 的相应变化率。

$S_{AF}>0$，表示评价指标与不确定性因素同方向变化；$S_{AF}<0$，表示评价指标与不确定性因素反方向变化。$|S_{AF}|$ 较大者敏感度系数高。

2. 临界点是指不确定性因素的变化使项目由可行变为不可行（或由不可行变为可行）的临界数值，可采用不确定性因素相对基本方案的变化率或其对应的具体数值表示。采用何种表示方式由不确定因素的特点决定。临界点可通过试算法或公式求解，也可根据敏感性分析图求得，见图 7－2。

敏感性分析的计算结果，应采用敏感性分析表（表 7－1）和敏感性分析图表示。

3. 将不确定因素变化后计算的评价指标与基本方案评价指标进行对比分析，结合敏感度系数及临界点的计算结果，按不确定性因素的影响程度进行排序，找出最具敏感性的因素，分析敏感因素可能造成的风险，并提出应对措施。

7.4　影响项目实现预期经济目标的经济风险因素来源于法律法规及政策、市场供应、资源开发与利用、技术的可靠性、工程方案、融资方案、组织管理、环境与社会、外部配套条件等一个方面或几个方面。影响炼油化工建设项目效益的风险因素可归纳为下列内容：

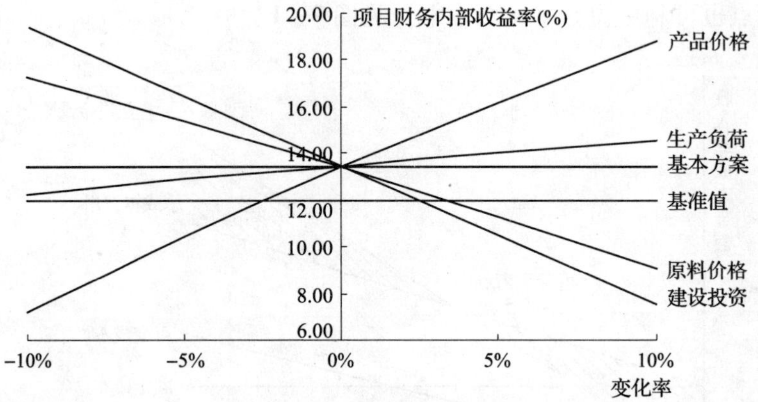

图 7－2　敏感性分析图

表 7－1　敏感性分析表

序号	不确定因素 基本方案	变化率（%）	内部收益率（%）	敏感度系数	临界点（%）	临界值
1	建设投资	－20%				
		－15%				
		－10%				
		－5%				
		＋5%				
		＋10%				
		＋15%				
		＋20%				
2	……	－20%				
		－15%				
		－10%				
		－5%				
		＋5%				
		＋10%				
		＋15%				
		＋20%				

1. 市场风险：原油供应、产品产量与产品价格。

2. 建设风险：建筑安装工程量、设备选型与数量、土地征用和拆迁安置费、人工、材料价格、机械使用费及取费标准等。

3. 融资风险：资金来源、供应量与供应时间等。

4. 建设工期风险：工期延长。

5. 运营成本费用风险：投入的各种材料、燃料、动力的需求量与预测价格、劳动力工资、管理费取费标准等。

6. 政策风险：税率、利率、汇率及通货膨胀率等。

7.5 风险识别，运用系统论的观点对项目全面考察综合分析，通过专家调查等方法辨识影响项目的风险因素，剖析因素的基本单元，建立项目风险因素的层次结构图，判断各因素间的独立性。判断其发生的可能性及对项目的影响程度，按其重要性进行排队，或赋予权重。敏感性分析是初步识别风险因素的重要手段。

7.6 风险估计应采用主观概率或客观概率的统计方法，确定风险因素各种变化状态的概率分析，根据风险因素发生各种变化状态的可能性及对项目的影响程度，运用概率论和数理统计分析的方法，计算项目效益指标相应的概率分布或净现值大于或等于零的累计概率、期望值、标准差，或计算单项风险和综合风险的概率分布判断风险等级。

7.7 风险评价应根据风险识别和风险估计的结果，依据项目风险判别标准，找出影响项目成败的关键风险因素。项目风险大小的评价标准应根据风险因素发生的可能性及其造成的损失来确定，一般采用评价指标的概率分布或净现值大于或等于零的累计概率、期望值、标准差作为判别标准，也可采用综合风险等级作为判别标准。具体操作应符合下列要求：

1. 以评价指标作为判别标准。

（1）财务内部收益率大于等于基准内部收益率的累计概率和标准差，累计概率越大则风险越小，标准差越小则风险越小；

（2）财务净现值大于等于零的累计概率和标准差，累计概率越大则风险越小，标准差越小则风险越小。

2. 以综合风险等级作为判别标准。根据风险因素发生的可能性及其造成损失的程度，建立综合风险等级的矩阵，将综合风险分为K级、M级、T级、R级、I级，风险等级（见表7-2）。

表7-2 综合风险等级分类表

综合风险等级		风险影响的程度			
		严重	较大	适度	轻微
风险的可能性	高	K	M	R	R
	较高	M	M	R	R
	适度	T	T	R	I
	低	T	T	R	I

7.8 风险应对根据风险评价的结果，研究规避、控制与防范风险的措施，为项目全过程的风险管理提供依据。具体应关注下列方面：

1. 风险应对的原则：全过程风险管理的原则；动态管理的原则；风险处理成本最小原则；成本效益匹配原则；社会费用最小的原则；风险权衡原则。

2. 决策阶段风险应对的主要措施：强调多方案比选；对潜在风险因素提出必要研究与试验课题；对投资估算与财务分析，应采取谨慎的原则；对建设或生产经营期的潜在风险可建议采取回避、转移、分担和自担措施。

3. 结合综合风险因素等级的分析结果，应提出下列应对方案：

K（Kill）级：风险很强，出现这类风险就要放弃项目；

M（Modify plan）级：风险强，修正拟议的方案，通过改变设计或采取补偿措施等；

T（Trigger）级：风险较强，设定某些指标的临界值。指标一旦达到临界值，就要变更设计或对负面影响采取补偿措施；

R（Review and reconsider）级：风险适度（较小），适当采取措施后不影响项目；

I（Ignore）级：风险弱，可忽略。

7.9 常用风险分析方法包括专家调查法、层次分析法、概率树、CIM 模型及蒙特卡罗模拟分析方法，应根据项目具体情况，选用一种方法或几种方法组合使用。

7.10 根据项目特点及评价要求，风险分析可在下列情况下进行：

1. 财务风险和经济风险分析可直接在敏感性分析的基础上，采用概率树分析法和蒙特卡罗模拟分析法，确定各变量的变化区间及概率分布，计算项目内部收益率、净现值等评价指标的概率分布、期望值及标准差，并根据计算结果进行风险评估。

2. 在定量分析有困难的时候，可对风险采用定性的分析。

8 区域经济与宏观经济影响分析

8.1 区域经济影响分析是从区域经济的角度出发，分析项目对所在区域乃至更大范围的经济发展带来的影响。

宏观经济影响分析是从国民经济整体的角度出发，分析项目对国家宏观经济各方面的影响。

直接影响范围限于局部区域的项目应进行区域经济影响分析，直接影响国家经济全局的项目应进行宏观经济影响分析。

8.2 项目对所在地区及宏观经济发展产生的影响，以不同层次体现出来。包括个人层面、社会组织层面、产业及部门层面、区域和宏观经济层面。

8.3 区域经济与宏观经济影响分析的种类主要有项目对经济发展的影响，对产业布局的影响、对财政收支平衡的影响、对市场竞争结构的影响、对外汇收支的影响、对就业和收入分配的影响。

8.4 区域经济与宏观经济影响分析应遵循系统性、综合性、定性分析与定量分析相结合的原则。

8.5 区域经济与宏观经济影响分析通常采用的指标包括总量指标、结构指标、社会与环境指标和国力适应性指标。

8.6 区域经济与宏观经济影响分析，可将项目的总产出、总投入、资源、劳动力、进出口总额等作为区域经济与宏观经济的增量，通过建立各种既有科学依据，又反映项目特点的经济数学模型，分别计算“有项目”与“无项目”时的经济总量指标、经济结构指标、社会与环境指标及国力适应性指标，并根据有无原则进行分析。

特大型建设项目或对地方经济影响较大的项目如需进行区域经济与宏观经济影响分析的应按照国家发展改革委与建设部发布的《建设项目经济评价方法与参数》（第三版）中“区域经济与宏观经济影响”的要求进行编写，并出具单独的研究报告。

9 方案经济比选

9.1 方案经济比选是寻求合理的经济和技术方案的必要手段，也是项目评价的重要内容。项目经济评价中宜对互斥方案和可转化为互斥型的方案进行比选。炼油化工建设项目备选方案主要包括技术方案、产品方案、原料方案、设备选型和厂址方案等。

9.2 备选方案应满足的条件有：

1. 备选方案的整体功能应达到目标要求；
2. 备选方案的经济效率应达到可以被接受的水平；
3. 备选方案包括的范围和时间应一致，效益和费用计算的口径应一致。

9.3 方案经济比选可采用下列效益比选法、费用比选法和最低价格法。

1. 效益比选方法包括净现值比较法、净年值比较法、差额投资内部收益率法。

1）净现值比较法，比较备选方案的财务净现值或经济净现值，以净现值（NPV）大的方案为优。比较净现值时应采用相同的折现率。

2）净年值比较法，比较备选方案的净效益等额年值（简称净年值AW），以净年值大的方案为优。比较净年值时应采用相同的折现率。

3）差额投资财务内部收益率法，使用备选方案差额现金流，应按下式计算：

$$\sum_{t=1}^{n}\left[(CI-CO)_{大}-(CI-CO)_{小}\right]_t(1+\Delta FIRR)^{-t}=0 \tag{9-1}$$

式中 $(CI-CO)_{大}$——投资大的方案年净现金流量；

$(CI-CO)_{小}$——投资小的方案年净现金流量；

$\Delta FIRR$——差额投资财务内部收益率。

计算差额投资财务内部收益率（$\Delta FIRR$），与设定的基准收益率（i_c）进行对比，当差额投资财务内部收益率（$\Delta FIRR$）大于或等于设定的基准收益率（i_c）时，以投资大的方案为优，反之，投资小的为优。在进行多方案比较时，应先按投资大小，由小到大排序，再依次就相邻方案两两比较，从中选出最优方案。

4）差额投资经济内部收益率（$\Delta EIRR$）法，可采用经济净现金流量替代式（9-1）中的财务净现金流量，进行方案比选。

2. 费用比选方法，包括费用现值比较法和费用年值比较法。

1）费用现值比较法，计算备选方案的总费用现值并进行对比，应以费用现值（PC）较低的方案为优。

2）费用年值比较法，计算备选方案的费用年值（AC）并进行对比，以费用年值较低的方案为优。

3. 最低价格（服务收费标准）比较法，在相同产品方案比选中，以净现值为零推算各方案的产品最低价格 P_{min}，应以最低产品价格较低的方案为优。

9.4 在多方案比较中，应分析不确定性因素对方案比选的影响，判断其对比较结果的影响程度，必要时，应进行不确定性分析或风险分析，以保证比选结果的有效性。在比选时应遵循效益与风险权衡的原则。不确定性因素下的方案比选可采用下列方法之一。

1. 折现率调整法，调高折现率使备选方案净现值为零，折现率变动幅度小的方案风险大，折现率变动幅度大的方案风险小。

2. 标准差法，对备选方案进行概率分析，计算出评价指标的期望值和标准差后，在期望值满足要求的基础上，比较其标准差，标准差较高者，风险也较大。

3. 累计概率法，计算备选方案净现值大于或等于零的累计概率，估计方案承受风险的程度，方案的净现值大于或等于零的累计概率值越接近于1，说明项目的风险越小；反之，项目的风险大。

9.5 方案比选应注意下列问题：

1. 备选方案提供的信息资料和数据资料应可靠、均衡。

2. 进行财务分析和经济费用效益分析时，方案经济比选主要应按经济费用分析的结论选择方案。

3. 备选方案经济指标的取值比较差异不大时，不能依此判定方案的优劣，只有经济指标的取值存在足够的差异，且估算和测算的误差不足以使评价结论出现逆转时，才能认定比较方案有显著的差异，并据此判定方案的优劣。

4. 备选方案的计算期不同时，宜采用净年值法和费用年值法。如果采用差额投资内部收益率法或现值法，可将各方案计算期的最小公倍数作为比较方案的计算期或者以各方案中最短的计算期作为比较方案的计算期。

5. 方案比选中经济指标的应用范围见表9－1。

表9－1 方案比选中经济评价指标的应用范围表

指标 / 用途	净现值	内部收益率
方案比选（互斥方案选优）	无资金限制时可选择 *NPV* 较大者	一般不直接用，可计算差额投资内部收益率（ΔIRR），当 $\Delta IRR \geqslant i_c$ 时，以投资较大方案为优
项目排队（独立项目按优劣排序的最优组合）	不单独使用	一般不采用（可用于排除项目）

10 改扩建项目经济评价特点

10.1 炼油化工改扩建项目是指既有企业利用原有资产与资源，投资形成新的生产（服务）设施，扩大或完善原有生产（服务）系统的活动，包括改建、扩建、迁建和停产复建等，目的在于增加产品供给，开发新型产品，调整产品结构，提高技术水平，降低资源消耗，节省运行费用，提高产品质量，改善劳动条件，治理生产环境等。

10.2 改扩建项目具有如下特点：

1. 项目是既有企业的有机组成部分，同时项目的活动与企业的活动在一定程度上是有区别的；

2. 项目的融资主体是既有企业，项目的还款主体是既有企业；

3. 项目一般要利用既有企业的部分或全部资产与资源，且不发生资产与资源的产权转移；

4. 建设期内既有企业生产运营与项目建设一般同时进行。

10.3 改扩建项目应严格遵循“有无对比”的原则，注意正确识别与估算“无项目”、“有项目”、“现状”、“新增”、“增量”五种状态下的资产、资源、效益与费用。“无项目”与“有项目”的评价口径应当保持一致。避免费用与效益误算、漏算或重复计算。对难以定量计算的效益和费用，可做定性描述。

10.4 改扩建项目应明确界定项目效益和费用范围。

在财务分析中，效益与费用的界定宜为项目活动的直接影响范围。可能只包括既有企业的一部分（局部改扩建），也可能包括整个企业（整体改扩建）。在保证项目的费用与效益口径一致及不影响分析结果的情况下，可尽可能缩小项目的范围。

在经济费用效益分析中，效益和费用范围指项目活动的直接和间接影响的范围。

10.5 改扩建项目财务分析采用新建建设项目财务分析的基本原理和分析指标。由于项目与既有企业既有联系又有区别，一般可进行以下两个层次的分析。

1. 项目层次：盈利能力分析，遵循“有无对比”的原则，利用“有项目”与“无项目”的效益与费用计算增量效益与增量费用，用于分析项目的增量盈利能力，并作为项目决策的重要依据之一；偿债能力分析，分析“有项目”的偿债能力，若“有项目”还款资金不足，应分析“有项目”还款资金缺口，必须由既有企业应为项目额外提供的还款资金的数额；财务生存能力分析，分析“有项目”的财务生存能力。符合简化条件时，项目层次分析可直接用“增量”数据和相关指标进行分析。

2. 企业层次：分析既有企业以往的财务状况与今后可能的财务状况，了解企业生产与经营情况、资产负债结构、发展战略、资源利用优化的必要性、企业的信用等。特别关注企业为项目的融资能力、企业自身的资金成本或同项目有关的资金机会成本，有条件时要分析既有企业包括项目债务在内的还款能力。

10.6 改扩建项目应分析项目对既有企业的贡献。通过计算项目实施后既有企业的营业收入、利润总额等指标的“新增”数据及相关增长率，估算项目投资活动对既有企业财务状况改善的贡献。

10.7 进行改扩建项目的既有企业条件各异，应根据项目目的、项目层次与企业层次财务分析的结果，结合不确定性分析和风险分析的结果，以及项目对企业的贡献，统筹兼顾，进行多指标投融资决策。

10.8 符合下列特定条件之一的改扩建项目，可按新建项目经济评价的方法，简化处理：

1. 项目的投入产出与既有企业的生产经营活动相对独立。

2. 以增加产出为目的的项目，增量产出占既有企业产出比例较小。

3. 利用既有企业的资产与资源量与新增相比较小。

4. 效益与费用的增量流量较容易确定。

5. 其他特定情况。

10.9 改扩建项目经济评价的表格可参照财务分析表格，所用指标也与新建建设项目相同。必要时，财务（经济）效益与费用的流量可单列“有项目”与“无项目”的表格。

10.10 改扩建项目经济评价应处理好计算期的可比性、原有资产利用、停产减产损失、沉没成本和机会成本等。

11 附 表

项目投资现金流量表

基本表1.1　　　　　　　　　　　　　　　　　　　　　　单位：万元

序号	项目名称	合计	计算期						
			1	2	3	4	5	…	n
1	现金流入								
1.1	营业收入								
1.2	增值税销项税								
1.3	补贴收入								
1.4	回收固定资产余值								
1.5	回收流动资金								
2	现金流出								
2.1	建设投资								
2.2	流动资金								
2.3	经营成本								
2.4	增值税进项税								
2.5	营业税金及附加								
2.6	增值税								
2.7	维持运营投资								
3	所得税前净现金流量（1-2）								
4	累计税前净现金流量								
5	调整所得税								
6	所得税后净现金流量（1-2-5）								
7	累计税后净现金流量								

计算指标：　　　　　　　　　　所得税前　　　　　　　所得税后

项目投资财务内部收益率（%）

项目投资财务净现值（i_c =　%）

项目投资回收期（年）

注：建设投资含增值税，增值税进项税是指生产成本中进项税。

项目资本金现金流量表

基本表 1.2　　　　　　　　　　　　　　　　　　　　　　　　　　单位：万元

序号	项目名称	合计	计算期						
			1	2	3	4	5	…	*n*
1	现金流入								
1.1	营业收入								
1.2	增值税销项税								
1.3	补贴收入								
1.4	回收固定资产余值								
1.5	回收流动资金								
2	现金流出								
2.1	项目资本金								
2.2	维持运营投资								
2.3	借款本金偿还								
2.4	借款利息支付								
2.5	经营成本′								
2.6	增值税进项税								
2.7	营业税金及附加								
2.8	增值税								
2.9	所得税								
3	净现金流量（1－2）								
计算指标：资本金财务内部收益率（%）									

注：1. 项目资本金包括用于建设投资、建设期利息（以自有资金偿还利息）和流动资金的自有资金。
2. 对外商投资项目，现金流出中应增加职工奖励与福利基金科目。
3. 增值税进项税是指生产成本中进项税。

投资各方现金流量表

基本表 1.3　　　　　　　　　　　　　　　　　　　　　　　　　　单位：万元

序号	项目名称	合计	计算期						
			1	2	3	4	5	…	*n*
1	现金流入								
1.1	实分利润								
1.2	资产处置收益分配								
1.3	租赁收入								
1.4	技术转让使用收入								
1.5	其他现金流入								
2	现金流出								
2.1	实缴资本								
2.2	租赁资产支出								
2.3	其他现金流出								
3	净现金流量（1－2）								
计算指标：投资各方财务内部收益率（%）									

利润与利润分配表

基本表2　　　　　　　　　　　　　　　　　　　　　　　　单位：万元

序号	项目名称	合计	计算期						
			1	2	3	4	5	…	*n*
1	营业收入								
2	营业税金及附加								
3	总成本费用								
4	补贴收入								
5	利润总额（1－2－3＋4）								
6	弥补以前年度亏损								
7	应纳税所得额（5－6）								
8	所得税								
9	净利润（5－8）								
10	期初未分配利润								
11	可供分配的利润（9＋10）								
12	提取法定盈余公积金								
13	投资者分配利润								
14	未分配利润（11－12－13）								
15	息税前利润								
16	调整所得税								
17	息前税后利润（15－16）								
18	息税折旧摊销前利润								
计算指标： 项目总投资收益率（%） 项目资本金净利润率（%）									

注：1. 对于外商投资项目，由第11项减去储备基金、职工奖励与福利基金和企业发展基金后，得出可供投资者分配的利润。外商独资项目可不列企业发展基金。

2. 息税前利润＝利润总额＋财务费用

3. 息税折旧摊销前利润＝息税前利润＋折旧＋摊销

财务计划现金流量表

基本表 3　　　　　　　　　　　　　　　　　　　　　　　　　　单位：万元

序号	项目名称	合计	计算期						
			1	2	3	4	5	…	*n*
1	经营活动净现金流量（1.1－1.2）								
1.1	现金流入								
1.1.1	营业收入								
1.1.2	增值税销项税								
1.1.3	补贴收入								
1.1.4	其他流入								
1.2	现金流出								
1.2.1	经营成本								
1.2.2	增值税进项税								
1.2.3	营业税金及附加								
1.2.4	增值税								
1.2.5	所得税								
2	投资活动净现金流量（2.1－2.2）								
2.1	现金流入								
2.2	现金流出								
2.2.1	建设投资								
2.2.2	维持运营投资								
2.2.3	流动资金								
3	筹资活动净现金流量（3.1－3.2）								
3.1	现金流入								
3.1.1	项目资本金投入								
3.1.2	维持运营投资								
3.1.3	建设投资借款								
3.1.4	流动资金借款								
3.1.5	短期借款								
3.2	现金流出								
3.2.1	各种利息支出								
3.2.2	偿还长期借款本金								
3.2.3	偿还短期借款本金								
3.2.4	偿还流动资金借款本金								
3.2.5	投资者分配利润								
4	净现金流量（1＋2＋3）								
5	累计盈余资金								

注：1. 对于新设法人项目，本表投资活动的现金流入为零。

2. 对于既有法人项目，可适当增加科目。

3. 必要时，现金流出中可增加应付优先股股利科目。

4. 对外商投资项目应将职工奖励与福利基金作为经营活动现金流出。

5. 增值税进项税是指生产成本中进项税。

资产负债表

基本表 4　　　　　　　　　　　　　　　　　　　　　　　　　　单位：万元

序号	项　目	合计	计算期						
			1	2	3	4	5	…	*n*
1	资产								
1.1	流动资产								
1.1.1	预付账款								
1.1.2	应收账款								
1.1.3	存货								
1.1.4	货币资金								
1.2	在建工程								
1.3	固定资产净值								
1.4	无形及其他资产净值								
2	负债及所有者权益								
2.1	负债								
2.1.1	流动负债								
1)	短期借款								
2)	应付账款								
3)	预收账款								
4)	应交税金								
5)	其他								
2.1.2	建设投资借款								
2.1.3	流动资金借款								
2.1.4	预计负债								
2.2	所有者权益								
2.2.1	资本金								
2.2.2	累计盈余公积金								
2.2.3	累计未分配利润								
计算指标：资产负债率（%）									

注：1. 对外商投资项目，第 2.2.2 项改为累计储备基金和企业发展基金；外商独资项目可不列企业发展基金。

2. 对既有法人项目，一般只针对企业编制，可按需要增加科目，此时表中资本金是指企业全部实收资本，包括原有和新增的实收资本。必要时，也可针对“有项目”范围编制。此时表中资本金仅指“有项目”范围的对应数值。

3. 货币资金包括现金和累计盈余资金。

项目总投资估算表

辅助表1　　　　　　　　　　　　　　　　　　　　　　　　　　　单位：万元

序号	项目或费用名称	估算金额	其中：外币（万美元）	占总投资比例（%）	备注
1	建设投资				
2	建设期利息				
3	流动资金				
4	项目总投资（1+2+3）				

建设投资估算表

辅助表1.1　　　　　　　　　　　　　　　　　　　　　　　　　　单位：万元

序号	项目或费用名称	设备购置费	安装工程费	建筑工程费	其他费用	合计	其中：外币（万美元）	占投资比例（%）
1	工程费用							
1.1	工艺生产装置							
1.2	公用工程							
1.3	辅助工程							
…	……							
2	其他费用							
2.1	固定资产其他费用							
2.1.1	建设用地费							
2.1.2	建设管理费							
…	……							
2.2	无形资产费用							
2.2.1	专利及专有技术使用费							
…	……							
2.3	其他资产费用							
2.3.1	生产准备及开办费							
…	……							
3	预备费							
3.1	基本预备费							
3.2	价差预备费							
4	建设投资合计（1+2+3）							

注：1.“比例”分别指各主要科目的费用（包括横向和纵向）占建设投资的比例。

2.“工程或费用名称”可依不同项目的要求调整。

流动资金估算表

辅助表1.2　　　　　　　　　　　　　　　　　　　　　　　　　　　　单位：万元

序号	项目名称	最低周转天数	周转次数	计算期						
				1	2	3	4	5	…	n
1	流动资产									
1.1	预付账款									
1.2	应收账款									
1.3	存货									
	原料									
	燃料									
	在产品									
	产成品									
1.4	现金									
2	流动负债									
2.1	应付账款									
2.2	预收账款									
3	流动资金占用（1-2）									
4	流动资金当期增加额									

项目总投资使用计划与资金筹措表

辅助表2　　　　　　　　　　　　　　　　　　　　　　　　　　　　　单位：万元

序号	项目名称	合计	计算期						
			1	2	3	4	5	…	n
1	项目总投资								
1.1	建设投资								
1.2	建设期利息								
1.3	流动资金								
2	资金筹措								
2.1	项目资本金								
2.1.1	用于建设投资								
2.1.2	用于建设期利息								
2.1.3	用于流动资金								
2.2	债务资金								
2.2.1	用于建设投资								
2.2.2	用于建设期利息								
2.2.3	用于流动资金								

营业收入、营业税金及附加估算表

辅助表3　　　　　　　　　　　　　　　　　　　　　　　　　单位：万元

序号	项目名称	合计	计算期						
			1	2	3	4	5	…	n
1	营业收入								
1.1	产品A营业收入								
	单价								
	数量								
	销项税额								
1.2	产品B营业收入								
	单价								
	数量								
	销项税额								
1.3	……								
2	增值税								
2.1	销项税								
2.2	进项税								
3	营业税金及附加								
3.1	消费税								
3.2	城市维护建设税								
3.3	教育费附加								

注：增值税中的进项税包括建设投资和生产成本中的进项税。

总成本费用估算表

辅助表4　　　　　　　　　　　　　　　　　　　　　　　　　　单位：万元

序号	项目名称	合计	计算期						
			1	2	3	4	5	…	*n*
1	生产成本								
1.1	外购原材料费								
1.2	外购辅助材料费								
1.3	外购燃料费								
1.4	外购动力费								
1.5	人员费用								
1.6	折旧费								
1.7	修理费								
1.8	其他制造费用								
2	管理费用								
2.1	安保基金								
2.2	无形资产摊销								
2.3	其他资产摊销								
2.4	其他管理费用								
3	财务费用								
3.1	长期借款利息								
3.2	流动资金借款利息								
3.3	短期借款利息								
4	营业费用								
5	总成本费用合计								
5.1	其中：可变成本								
5.2	固定成本								
6	经营成本								

注：不同生产负荷时应分年估算。

外购原材料费估算表

辅助表 4.1　　　　单位：万元

序号	项目名称	合计	计算期						
			1	2	3	4	5	…	*n*
1	原材料费								
1.1	原材料 A								
	单价								
	数量								
	进项税额								
1.2	原材料 B								
	单价								
	数量								
	进项税额								
	……								
2	辅助材料费用								
	进项税额								
3	其他								
	进项税额								
4	材料费合计								
5	材料进项税额								

注：不同生产负荷时应分年估算。

外购燃料、动力费估算表

辅助表 4.2　　　　单位：万元

序号	项目名称	合计	计算期						
			1	2	3	4	5	…	*n*
一	燃料费								
1	燃料 A								
	单价								
	数量								
	进项税额								
2	……								
3	外购燃料费合计								
4	外购燃料进项税额								
二	动力费								
1	动力 A								
	单价								
	数量								
	进项税额								
2	……								
3	外购动力费合计								
4	外购动力进项税额								

注：不同生产负荷时应分年估算。

折旧与摊销计算表

辅助表 4.3　　　　　　　　　　　　　　　　　　　　　　　　　　单位：万元

序号	项目名称	合计	计算期						
			1	2	3	4	5	…	*n*
1	固定资产折旧								
1.1	固定资产原值								
1.2	当期折旧								
1.3	固定资产净值								
2	无形资产摊销								
2.1	无形资产原值								
2.2	当期摊销								
2.3	无形资产净值								
3	其他资产摊销								
3.1	其他资产原值								
3.2	当期摊销								
3.3	其他资产净值								

注：固定资产原值包括维持运营投资。

借款还本付息计划表

辅助表 5　　　　　　　　　　　　　　　　　　　　　　　　　　　单位：万元

序号	项目名称	合计	计算期						
			1	2	3	4	5	…	*n*
1	借款 1								
1.1	期初借款余额								
1.2	当期借款								
1.3	当期应计利息								
1.4	当期还本付息								
	其中：还本								
	付息								
1.5	期末借款余额								
2	借款 2								
2.1	期初借款余额								
2.2	当期借款								
2.3	当期应计利息								
2.4	当期还本付息								
	其中：还本								
	付息								
2.5	期末借款余额								
…	……								
计算	利息备付率								
指标	偿债备付率								

注：对于既有法人项目，在按有项目范围进行计算时，可根据需要增加项目范围内原有借款的还本付息计算。

项目投资经济费用效益流量表

经济费用效益分析基本表 1　　　　　　　　　　　　　　　　　　　单位：万元

序号	项目名称	合计	计算期						
			1	2	3	4	5	…	*n*
1	效益流量								
1.1	项目直接效益								
1.2	资产余值回收								
1.3	项目间接效益								
2	费用流量								
2.1	建设投资								
2.2	维持运营投资								
2.3	流动资金								
2.4	经营费用								
2.5	项目间接费用								
3	净效益流量（1－2）								

计算指标：

经济内部收益率（%）

经济净现值（i_s =　%）

投资费用估算调整表

经济费用效益分析辅助表 1　　　　　　　　　　　　　　　　　　　单位：万元

序号	项目	财务分析			经济费用效益分析			经济费用效益分析比财务分析增减
		外币	人民币	合计	外币	人民币	合计	
1	建设投资							
1.1	建筑工程费							
1.2	设备购置费							
1.3	安装工程费							
1.4	其他费用							
1.4.1	其中：土地费用							
1.4.2	专利及专有技术费							
1.5	基本预备费							
1.6	价差预备费							
2	建设期利息							
3	流动资金							
	合计（1+2+3）							

注：若投资费用是通过直接估算得到的，本表应略去财务分析的相关栏目。

经营费用估算调整表

经济费用效益分析辅助表 2　　　　单位：万元

序号	项目	单位	投入量	财务分析		经济费用效益分析	
				单价（元）	成本	单价（元）	成本
1	外购原材料						
1.1	原材料 A						
1.2	原材料 B						
1.3	原材料 C						
1.4	……						
2	外购燃料动力						
2.1	电						
2.2	水						
2.3	汽						
2.4	重油						
2.5	……						
3	工资及福利费						
4	修理费						
5	其他费用						
合计							

注：若经营费用是通过直接估算得到的，本表应略去财务分析的相关栏目。

项目直接效益估算调整表

经济费用效益分析辅助表 3　　　　单位：万元

产出物名称			投产第一年				投产第二年				…
			A 产品	B 产品	…	小计	A 产品	B 产品	…	小计	
年产出量	计算单位										
	国内										
	国际										
	合计										
财务分析	国内市场	单价（元）									
		现金收入									
	国际市场	单价（美元）									
		现金收入									
经济费用效益分析	国内市场	单价（元）									
		直接效益									
	国际市场	单价（美元）									
		直接效益									
合计（万元）											

注：若直接效益是通过直接估算得到的，本表应略去财务分析的相关栏目。

项目间接费用估算表

经济费用效益分析辅助表 4　　　　　　　　　　　　　　　　　　　单位：万元

序号	项目名称	合计	计算期						
			1	2	3	4	5	…	n

项目间接效益估算表

经济费用效益分析辅助表 5　　　　　　　　　　　　　　　　　　　单位：万元

序号	项目名称	合计	计算期						
			1	2	3	4	5	…	n

炼油化工建设项目经济评价参数

1 总 则

1.1 建设项目经济评价参数是指用于计算、衡量建设项目费用与效益的主要基础数据，以及判断项目财务可行性和经济合理性的一系列评价指标的基准值和参考值。

1.2 建设项目经济评价参数适用于各类建设项目的规划、预可行性研究、可行性研究阶段的经济评价，项目中间评价和后评价可参照适用。

1.3 建设项目参数按使用范围可分为财务分析参数和经济费用效益分析参数。经济费用效益分析参数用于建设项目的经济费用效益分析，由国家发布和解释；财务分析参数用于建设项目的财务分析，由行业或企业依据财税制度及企业内部财务制度制定、选取。

1.4 建设项目经济评价参数具有时效性，应适时测算、发布并动态调整，国家及行业（企业）有关部门将根据有关政策及市场变化情况，及时组织参数的测算、修订和发布。

2 财务分析参数

2.1 财务分析参数包括计算项目财务费用和效益的各类计算参数和判定项目财务合理性的判据参数。

2.2 财务评价计算参数用于项目费用和效益的计算，包括投资估算参数、营业收入估算参数、成本估算参数、税费估算参数及有关的基础数据。

1. 投资估算参数包括建设投资估算、流动资金估算及建设期利息计算的有关参数，按照有关部门颁布的有关指标、费用定额、取费标准等执行。

2. 成本估算参数，包括原材料费、折旧摊销年限、修理费率、人员费用其他管理费用、其他营业费用等。

3. 营业收入估算参数，包括成品油、石化产品价格。

4. 税金估算参数，包括增值税、消费税、城市维护建设税、教育费附加、所得税等，根据国家有关税法规定确定。

5. 基础参数，包括评价年限、利率、汇率等。

2.3 财务分析判据参数包括判断项目盈利能力的参数和判断项目偿债能力的参数。

1. 判断项目盈利能力的参数主要包括财务内部收益率、总投资收益率、项目资本金净利润率等指标的基准值或参考值。

2. 判断项目偿债能力的参数主要包括利息备付率、偿债备付率、资产负债率等指标的基准值或参考值。

3 经济分析参数

3.1 社会折现率是建设项目经济评价的通用参数，在经济费用效益分析中作为项目费用

效益的不同时间价值之间的折算率，同时作为项目经济效益要求的最低经济收益率，它是以资本的社会机会成本与费用效益的时间偏好率二者为基础进行测算的结果。

3.2 影子价格是经济费用效益分析中项目的投入物和产出物所使用的价格，它反映了对这些货物真实价值的度量。影子价格以直接值和换算系数两种形式给出。将货物的财务价格转换为影子价格时，可以直接选用某一适宜的价格，也可以用财务价格乘以某一适宜的价格换算系数。

3.3 影子汇率是指单位外汇的经济价值，区分于外汇的财务价格和市场价格。在项目经济费用效益分析中使用影子汇率，是为了正确计算外汇的真实经济价值，影子汇率代表着外汇的影子价格。

3.4 影子工资是指建设项目使用劳动力而付出的代价，在建设项目经济费用效益分析中以影子工资计算劳动力费用。

3.5 土地是重要的经济资源，土地影子价格代表对土地资源的真实价值衡量。在经济费用效益分析中，土地的影子价格应当等于土地的机会成本加上土地转变用途导致的新增资源消耗。

$$土地影子价格 = 土地机会成本 + 新增资源消耗$$

具体计算时，可参照国家发展改革委和原建设部发布的《建设项目经济评价方法与参数》（第三版）的要求进行。

炼油化工建设项目经济评价方法条文说明

1 总 则

1.1 制定《炼油化工建设项目经济评价方法》的目的。

1．为适应我国社会主义市场经济发展的需要，按照投资改革的要求，在总结我国建设项目经济评价工作经验的基础上，借鉴国内外经济评价近年的成果，根据《国家发展改革委、建设部关于印发建设项目经济评价方法与参数的通知》（发改投资［2006］1325号），结合炼油化工行业特点制定《炼油化工建设项目经济评价方法》（以下简称《炼油化工评价方法》）。

2．建设项目经济评价是建设项目决策的重要依据，对于提高建设项目决策的科学化水平，引导和促进各类资源的合理有效配置，优化投资结构，充分发挥投资效益，具有重要作用。

1.2 经济评价方法的适用范围。所有项目的经济评价都是基于资金时间价值这一原理，因此《炼油化工评价方法》适用于项目评价的所有阶段。随着人们对提高国家整体投资效率认识的深入，国家投资体制的改革，企业自主决策，评价方法逐步被用于行业规划、大型项目的规划研究和机会识别阶段。在项目完工投产运营后，对照项目前期的评估结论进行全面的后评价，包括对项目实际取得的经济效益进行测算和评估，总结经验、汲取教训、得到启示，为今后建设项目科学决策提供参考。项目经济评价在后评价工作中也可以参照。项目申请报告的重点与项目可行性研究的重点有区别，但经济评价的原理是一致的，同样可以采用。

1.3 经济评价的作用。

1．建设项目前期研究是在建设项目投资决策前，对项目建设的必要性和项目备选方案的工艺技术、运行条件、环境与社会等方面进行全面的分析论证和评价工作。经济评价是项目前期研究诸多内容中的重要内容和有机组成部分。

2．在完成项目资源与市场方案、技术方案、工程方案的基础上，采用科学的分析方法，作出全面、正确的经济评价结论，为投资者提供科学的决策依据。

3．项目经济效益指标是投资决策的重要指标之一，项目前期研究阶段还要做技术的、环境的、社会的、生态影响的分析论证，因此，在项目决策时，应同时考虑多种影响因素和多个目标的选择，并把这些影响和目标相互协调起来，才能实现项目系统优化，进行最终决策。

1.4 经济评价内容与方法的选择及侧重点。经济评价包括财务分析和经济分析两个方面。经济分析又包括从微观项目层面的经济费用效益分析和经济费用效果分析、中观经济层面的区域（含行业）经济影响分析以及宏观经济层面的宏观经济影响分析等三个层面。根据国家投资体制改革的要求，对企业建设项目实行“核准制”与“备案制”。“核准项目”应向国家主管部门上报项目申请报告，根据核准的需要开展经济费用效益分析，特别重大的项目可辅以区域经济与宏观经济影响分析；“备案项目”一般只需开展财务分析或费用效果分析，以满足企业炼油化工建设项目投资决策的需要。

1.6、1.7 经济评价的内容和深度要求。

项目前期研究各阶段项目研究的目的、内容深度和要求等不相同，因此，项目经济评价的内容深度和侧重点也不同。可行性研究阶段，应按照《炼油化工评价方法》的内容要求，对建设项目财务可接受性和经济合理性进行详细、全面的分析论证。

规划及项目预可行性研究阶段，可适当进行简化，主要是效益和费用估算的内容、分项、费用估算的方法等，所需编制的报表和计算的指标也可以简化，如流动资金估算表、资产负债表、财务计划现金流量表等一般不需编制。

1.11 经济评价应遵循的基本原则。

1. “有无对比”原则。“有无对比”求出项目的增量效益，排除了项目实施以前各种条件的影响，突出项目活动的效果。

2. 效益与费用计算口径对应一致的原则。将效益与费用限定在同一范围内，才有可能进行比较，计算的净效益才是项目投入的真实回报。

3. 收益与风险权衡的原则。在进行投资决策时，不仅要看到效益，也要关注风险，权衡得失利弊后再行决策。

4. 定量分析与定性分析相结合、以定量分析为主的原则。经济评价的本质就是要对拟建项目在整个计算期的经济活动，通过效益与费用的计算，对项目经济效益进行分析和比较。一般来说，项目经济评价要求尽量采用定量指标，但对一些不能量化的经济因素，不能直接进行数量分析，对此要求定性分析，并与定量分析结合起来进行评价。

5. 动态分析与静态分析相结合、以动态分析为主的原则。动态分析是指利用资金时间价值原理对现金流量进行折现分析。静态分析是指不对现金流量进行折现分析。项目经济评价的核心是折现，所以分析评价要以折现动态指标为主。静态指标与一般的财务和经济指标内涵基本相同，比较直观，但是只能作为辅助指标。

1.12 项目的计算期。

1. 项目计算期是指经济评价中为进行动态分析所设定的期限，包括建设期和运营期。建设期是指项目资金正式投入开始到项目建成投产为止所需要的时间，一般按合理工期或预计的建设进度确定。

2. 项目运营期可按规定确定，也可以根据项目的特点，采用经济寿命。合资经营炼油化工建设项目可根据合同期限确定。

1.13 价格体系。

1. 项目评价是对未来活动的估计，投入和产出都是在未来时间发生，应采用以市场价格体系为基础的预测价格。

2. 影响价格的因素很多，由于项目计算期较长，预测计算期的价格是很困难的，可简化处理：

(1) 对建设期的投入物，由于需要预测的年限较短，可既考虑相对价格变化，又考虑价格总水平变动；又由于建设期投入物品种繁多，分别预测难度大，还可能增加不确定性，因此，在实际中一般以价差预备费的形式综合计算。

(2) 对运营期的投入物和产出物价格，由于运营期比较长，在前期研究阶段对将来的物价上涨水平较难预测，预测结果的可靠性也难以保证，因此，若能合理判断未来市场价格变动趋势，投入与产出可采用相对变动价格；若难以确定投入与产出的价格变动，一般可采用项目运营期初价格。

(3) 项目投入物、产出物如果考虑了通货膨胀因素，财务分析采用的财务基准收益率也应考虑通货膨胀因素。

(4) 在经济费用效益分析中，采用以影子价格体系为基础的预测价格，影子价格体系不考虑通货膨胀因素的影响。

1.14 按照我国现行财务制度的规定，企业财务报表采用的价格统一为不含增值税的价格，为与财务制度相对应，项目评价中收入和成本采用的价格宜采用不含税的价格。国家进行增值税改革，由“生产型增值税”，改为“消费型增值税”，允许建设投资中购进设备、材料所包含的进项税额抵扣，因此，评价中收入和成本采用不含税价格，而投资估算、资金筹措和现金流量表中的建设投资均应包括增值税，但为便于购入设备、材料进项税的抵扣，应单独计算和说明建设投资中所含的增值税。

2 财务效益与费用估算

2.1 财务效益与费用。财务效益与费用是财务分析的重要基础，其估算的准确性与可靠性直接影响财务分析结论。财务效益与费用的识别和估算应注意以下问题：

1. 财务效益与费用的估算应注意遵守现行财务、会计以及税收制度的规定。由于财务效益与费用的识别和估算是对未来的预测，经济评价允许做有别于财会制度的处理，但是要求财务效益与费用的识别和估算在总体上与会计准则以及税收制度相适应。

2. 财务效益与费用的估算应遵循有无对比的原则。“有无对比”是国际上项目评价中通用的效益与费用识别的基本原则，与项目评价的许多方面一样，财务效益与费用的识别同样需要遵循这条原则。

3. 财务效益与费用的估算范围应体现效益与费用对应一致的原则。即在合理确定的项目范围内，对等地估算财务主体的直接效益以及相应的直接费用，避免高估或低估项目的净效益。

2.2 财务效益与费用的估算步骤。财务效益与费用的估算应该与财务分析的步骤相匹配。在进行融资前分析时，应先估算独立于融资方案的建设投资和营业收入，然后是经营成本和流动资金。在进行融资后分析时，应先确定初步融资方案，然后估算建设期利息，进而完成固定资产原值的估算，通过还本付息计算求得运营期各年利息，最终完成总成本费用的估算。

2.3 财务效益与费用估算采用的价格。

1. 选取财务效益与费用价格时应正确处理价格总水平变动因素，原则上盈利能力分析应考虑相对价格变化，而偿债能力分析应同时考虑相对价格变化和物价总水平变动的影响。

2. 项目投资估算应采用含增值税价格，包括建设投资、流动资金和运营期内的维持运营投资。

3. 炼油化工建设项目，营业收入和经营成本计算宜统一采用不含增值税的价格。为便于固定资产购置进项税的抵扣，建设投资中所含的增值税应单独计算并说明。若采用含增值税价格时应予说明，并调整相关表格。无论采用哪种价格，项目效益估算与费用估算所采用的价格体系应一致。

2.5 营业收入。

1．产品销售量基于一项重要假定，即当期的产品产量当期全部销售，产品产量根据项目逐年生产负荷计算。在炼油化工建设项目财务分析中，生产负荷预测应充分考虑市场需求、原料供给和装置运行状况，合理确定项目投产后逐年生产负荷率。

2．产品销售价格原则上应执行有关部门机构发布的价格参数。如采用其他预测价格，应说明拟采用的价格基点、预测方法、价格体系及其合理性等。

2.6 补贴收入。补贴收入包括先征后返的增值税和符合企业会计制度的财政补贴。补贴收入同营业收入一样，应列入利润与利润分配表、财务计划现金流量表和项目投资现金流量表与项目资本金现金流量表。应根据财政、税务部门的规定，分别计入或不计入应税收入。

2.8 建设投资。

1．炼油化工工程投资的构成。炼油化工工程投资由工程费用、工程建设其他费用和预备费组成。工程费用包括设备购置费、安装工程费和建筑工程费；工程建设其他费用包括固定资产其他费用、无形资产费用和其他资产费用；预备费包括基本预备费和价差预备费。

（1）工程费用：

1）设备购置费：指需要安装和不需要安装的全部设备（含必要的备品备件）的购置费、工器具及生产家具购置费。是由设备价格、引进设备的从属费用、设备运杂费（包括成套设备订货手续费）构成。设备运杂费等费用计算按有关规定执行。

2）安装工程费：指需要安装的各类设备、材料的安装费用和材料费。安装工程费估算主要根据“投资估算指标”、“概算指标”及“典型工程综合指标”等依据，采用“工程量法”和“指标法”进行计算。在估算时还应根据现行价格进行适当的换算与调整。

3）建筑工程费：指建设项目设计范围内的建筑物、构筑物、总图竖向布置及其他大型土石方的费用。建筑工程费估算一般采用单位建筑工程投资估算法，即按工程项目所在地建构筑物工程造价水平以综合指标（每平方米、每立方米、每千米等单位造价）进行估算。

（2）工程建设其他费用，指在工程建设投资中支付的，除设备购置费、安装工程费及建筑工程费用以外的其他固定资产费用、无形资产和其他资产。

1）固定资产其他费用主要包括建设单位管理费、可行性研究费、研究试验费、勘察设计费、环境影响评价费、劳动安全卫生评价费、场地准备及临时设施费、引进技术和引进设备其他费、工程保险费、联合试运转费、特殊设备安全监督检验费、市政公用设施建设及绿化补偿费、建设用地费、水土保持评价费、地震安全性评价费、地质灾害危险性评价费、超限设备运输费等。

2）无形资产费用主要包括专利及专有技术使用费、软件费、土地使用权等。

3）其他资产费用主要包括生产准备及开办费、图纸资料翻译费等。

（3）预备费，包括基本预备费和价差预备费。

1）基本预备费：是指在可行性研究阶段难以预料的工程费用和其他费用。

2）价差预备费：是指建设项目在估算年至工程建成年内由于政策、价格变动而引起工程造价变化的预留费用，包括设备、工器具、建筑、安装及其他费用价格的变动费用。

2. 投资估算的依据。主要包括国家法律、法规，相关行业（或企业）有关规定，设备、材料价格，利率、汇率及有关参考资料等。

(1) 炼油化工建设项目建设投资应在建设规模、技术方案、产品方案和工程方案初步确定的基础上进行估算，编制依据、方法、内容、表格及编制说明等执行行业及企业投资估算的编制规定。

(2) 建设投资分析包括结构分析和水平分析。结构分析主要对投资的构成比例进行分析，水平分析主要对投资的技术经济指标高低进行分析，可选取近期类似工程项目的投资进行对比，对影响投资的主要因素进行说明。

2.9 建设期利息。估算建设期利息，需要根据项目进度计划，提出建设投资分年计划，列出各年投资额，同时应根据不同情况选择名义年利率或有效年利率。

1. 国内外借款，无论按年、季、月计息，均可简化为按年计息，即将名义年利率按计息时间折算成有效年利率。计算公式为：

$$有效年利率 = \left(1 + \frac{r}{m}\right)^{m} - 1 \tag{1}$$

式中 r——名义年利率；

m——每年计息次数。

2. 为简化计算，通常假定借款均在每年的年中支用，借款当年按半年计息，其后年份按全年计息。按付息方式，建设期利息计算分两种情况：

(1) 采用自有资金付息，建设期利息按单利计算。

$$各年应计利息 = （年初借款本金累计 + 本年借款额/2） \times 名义年利率 \tag{2}$$

(2) 采用银行借款付息，建设期利息按复利计算。

$$各年应计利息 = （年初借款本息累计 + 本年借款额/2） \times 有效年利率 \tag{3}$$

3. 建设项目如需从多方面筹措债务资金，由于资金来源渠道不同，每笔借款的名义年利率也不相同，其借款利息的计算方法有两种：一种是每笔借款分别计算，计算公式如前面所述；另一种是计算出一个加权的有效年利率，用加权有效年利率来计算借款利息。运营期利息支出，计入总成本费用中的财务费用。

4. 其他融资费用系指某些债务融资发生的手续费、承诺费、管理费、信贷保险等融资费用，原则上应按借款合同上的约定单独计算，但一般情况下可简化作粗略估计，并一次性进入建设期利息。

5. 对于分期建成投产的炼油化工建设项目，各期发生的投资作为项目建设投资的组成部分，应按各期建设时间计算借款费用作为建设期利息予以资本化。

2.10 流动资金。

1. 项目运营需要流动资产投资，但项目评价中需要估算并预先筹措的是从流动资产中扣除流动负债，即企业短期信用融资（应付账款）后的流动资金。项目评价中流动资金的估算应考虑应付账款对需要预先筹措的流动资金的抵扣作用。对有预收账款的某些项目，还可同时考虑预收账款对流动资金的抵扣作用。

2. 流动资金一般应在项目投产前开始筹措。为简化计算，流动资金可在投产第一年开始安排，并根据不同的生产运营计划分年进行估算。流动资金可采用扩大指标估算法或分项详细估算法。分项详细估算法具体方法如下：

$$流动资金=流动资产-流动负债 \tag{4}$$

$$流动资产=预付账款+存货+应收账款+现金 \tag{5}$$

$$流动负债=应付账款+预收账款 \tag{6}$$

$$流动资金本年增加额=本年流动资金-上年流动资金 \tag{7}$$

流动资金的估算首先确定各分项最低周转天数，计算出周转次数，然后进行分项估算。周转次数的计算公式为：

$$周转次数=360\div 最低周转天数 \tag{8}$$

（1）预付账款是指企业为购买各类材料、半成品或服务所预先支付的款项，计算公式为：

$$预付账款=外购商品或服务年费用金额\div 预付账款周转次数 \tag{9}$$

（2）存货是指企业在日常生产经营过程中持有以备出售，或者仍然处在生产过程，或者在生产或提供劳务过程中将消耗的材料或物料等，包括各类材料、商品、在产品、半成品和产成品等。根据炼油化工建设项目的特点，为简化计算，项目评价中存货仅考虑外购原材料、燃料、在产品和产成品，并分项计算。计算公式为：

$$存货=外购材料+外购燃料+在产品+产成品 \tag{10}$$

$$外购材料=年外购材料费用\div 外购材料周转次数 \tag{11}$$

$$外购燃料=年外购燃料费用\div 外购燃料周转次数 \tag{12}$$

$$在产品=(年外购材料、燃料动力费用+年人员费用+年修理费+年其他制造费用)\div 在产品周转次数 \tag{13}$$

$$产成品=(年经营成本-年营业费用)\div 产成品周转次数 \tag{14}$$

（3）应收账款是指企业对外销售商品、提供劳务后尚未收回的资金，计算公式为：

$$应收账款=年经营成本\div 应收账款周转次数 \tag{15}$$

（4）现金是指企业为维持正常生产经营必须预留的货币资金，计算公式为：

$$现金=(年人员费用+年其他费用)\div 现金周转次数 \tag{16}$$

$$年其他费用=年其他制造费用+年其他管理费用+年营业费用 \tag{17}$$

（5）应付账款是指企业对外购买各种材料、燃料、动力等所应付但未付的款项，计算公式为：

$$应付账款=年外购材料、燃料、动力费用\div 应付账款周转次数 \tag{18}$$

（6）预收账款是指企业对外销售商品所预先收取的款项，计算公式为：

$$预收账款=预收的营业收入年金额\div 预收账款周转次数 \tag{19}$$

各类流动资产和流动负债的最低周转天数参照同类企业的平均周转天数并结合项目特点确定，应充分考虑储存天数、在途天数以及适当的保险系数。

2.12 维持运营投资。按照《企业会计准则第4号——固定资产》规定：“与固定资产有关的后续支出，符合本准则第四条规定的确认条件的，应当计入固定资产成本；不符合本准则第四条规定的确认条件的，应当在发生时计入当期损益”。炼油化工项目为维持正常生产运营需要更新设备、设施，应估算项目维持运营的投资费用，在现金流量表中直接列入现金流出，其资金来源一般按项目或企业自有资金考虑。该投资应予以资本化，计入固定资产原值，并计取折旧。

2.13 总成本费用。

总成本费用是指炼油化工建设项目在运营期内为生产和销售炼油化工产品而发生的全部费用。总成本费用可以采用成本要素估算法进行计算。采用成本要素估算法总成本费用包括外购原材料及辅助材料费、外购燃料及动力费、人员费用、折旧费、摊销费、修理费、财务费用（利息支出）和其他费用，其他费用包括“生产成本加期间费用估算法”中的其他运营费用、其他管理费用和营业费用。

根据炼油化工项目的特点和实际，《炼油化工评价方法》推荐“生产成本加期间费用法”估算。根据有关财务规定，财务分析中总成本费用由生产成本和期间费用组成，期间费用包括管理费用、财务费用和营业费用，并据此编制“总成本费用估算表”。

1. 生产成本包括直接材料费、直接燃料动力费、直接工资、其他直接支出和制造费用。在财务分析中为了便于计算，生产成本按成本要素分解为外购原材料、外购辅助材料、外购燃料、外购动力、人员费用、折旧、修理费和其他制造费用。

（1）外购原材料是指经过加工构成产品实体的从项目评价范围外部购进的各种原材料和外购半成品。材料费的估算需要相关专业提出外购材料年耗用量，选定与产品价格同一体系下的预测价格，并计算到入库价格即到厂价格并考虑途库损耗。编制“外购材料费估算表”，其计算公式如下：

$$\text{外购材料费} = \sum \text{设计消耗量} \times \text{到厂价格} \tag{20}$$

（2）外购辅助材料是指不构成产品实体，但有助于产品形成的从项目评价范围外部购进的材料，如催化剂和化学药剂等。辅助材料费的估算需要相关专业提出外购辅助材料年耗用量，选定与原材料、产品价格同一体系下的预测价格，并计算到入库价格即到厂价格并考虑途库损耗。也可以按外购原材料的一定比例计算。

（3）外购燃料是指直接用于生产，为生产提供热能的从项目评价范围外部购进的各种燃料，如煤、重油、石油气等。燃料费的估算需要相关专业提出外购燃料年耗用量，选定与原材料、产品价格同一体系下的预测价格，并计算到入库价格即到厂价格并考虑途库损耗。编制“外购燃料、动力费估算表”，其计算公式如下：

$$\text{外购燃料费} = \sum \text{设计消耗量} \times \text{到厂价格} \tag{21}$$

（4）外购动力是指用于生产的从项目评价范围外部购进的各类水、电力、蒸汽、氮气、冷量等。动力费的估算需要相关专业提出外购动力年耗用量，选定与原材料、产品价格同一体系下的预测价格，并计算到入库价格即到厂价格并考虑途库损耗。编制“外购燃料、动力费估算表”，其计算公式如下：

$$\text{外购动力费} = \sum \text{设计消耗量} \times \text{到厂价格} \tag{22}$$

（5）人员费用系指项目（或企业）为获得职工提供的服务而给予各种形式的报酬以及其他相关支出。通常包括全部人员的工资、奖金、津贴和补贴；职工福利费；医疗保险费、养老保险费、失业保险费、工伤保险费和生育保险费等社会保险费；住房公积金；工会经费和职工教育经费；非货币性福利；因解除与职工劳动关系给予的补偿；其他与获得职工提供的服务相关的支出；提供给职工配偶、子女或其他赡养人的福利等。依托老企业的项目，还要考虑原企业工资水平。

(6) 折旧费是对固定资产在使用过程中受到有形和无形磨损使其价值损失而采取的补偿方式。在项目财务分析中，折旧一般采用年限平均法，按项目全部固定资产原值、预计净残值率、折旧年限计算。为简化计算，根据项目不同类型资产的结构选取综合折旧年限计算折旧费，编制“折旧与摊销计算表”，计算公式如下：

$$年折旧额=固定资产原值\times(1-预计净残值)/综合折旧年限 \quad (23)$$

由于项目财务分析要求进行项目融资前分析和项目融资后分析，建设期利息计算与否直接影响固定资产原值和折旧。为了简化计算，项目融资前分析和项目融资后分析的折旧都按包含建设期利息的固定资产原值计算。

(7) 修理费是指为保持固定资产的正常运转和使用，充分发挥其使用效能，对其进行必要修理所发生的费用，包括大修理费和中小修理费。

修理费一般按项目全部固定资产原值（扣除所含的建设期利息）的一定比率估算，在生产运营的各年中保持不变。根据项目特点也可以间断性地调整修理费率，开始取较低值，以后取较高值。

(8) 其他制造费用是指由制造费用中扣除折旧费、修理费、管理人员费用的其余部分。其他制造费可按占固定资产原值（扣除所含的建设期利息）的一定比率进行估算，或按人员定额估算。

按照《企业会计制度》，制造费用指企业为生产产品和提供劳务而发生的各项间接费用，包括人员费用（车间或分厂管理人员）、折旧费、经营租赁费、保险费、办公费、差旅费、水电费、机物料消耗、劳动保护费，季节性和修理期间的停工损失等，不包括企业行政管理部门为组织和管理生产经营活动而发生的管理费用。在项目财务分析中为便于计算，制造费用中的折旧费、修理费、管理人员费用已按项目统一计算。

2. 期间费用。

(1) 管理费用是指企业为管理和组织生产经营活动而发生的各项费用，包括公司管理部门人员费用、公司经费、劳动保险费、财产保险、安保基金、残疾人就业保障金、董事会费、咨询费、聘请中介机构费、诉讼费、房产税、车船使用税、土地使用税、印花税、排污费、绿化费、技术转让费、研究与开发费、管理系统折旧费、公司管理固定资产修理费、无形资产和其他资产摊销、业务招待费、损失或准备等。

由于在生产成本中已计算全部定员的人员费用和全部固定资产的折旧和修理费，在项目财务分析中管理费用不再包含公司管理部门的人员费用、折旧费和修理费。为便于计算，将管理费用分为安保基金、摊销费和其他管理费用。

1) 与安全生产有关费用是指从成本费用中提取并上缴的专项基金。在项目财务分析中，可按固定资产原值和存货的一定比例计算。

2) 摊销费包括无形资产摊销和其他资产摊销。无形资产从资产开始使用之日起，按照规定期限分期摊销，没有规定期限的按 10 年分期摊销；其他资产自投产之日起，按照不短于 5 年的期限分期摊销。编制“折旧与摊销计算表”。

3) 其他管理费用一般以定员为基础进行估算。

(2) 财务费用是指项目筹集资金在运营期间所发生的各项费用，包括利息支出和其他财务费用。根据炼油化工建设项目的特点，为简化计算，在评价中不计算其他财务费用。运营期间发生的利息支出，包括长期借款、流动资金借款和短期借款的利息净支出。

1）长期借款利息指对建设期间借款余额（含未支付的建设期利息）应在生产期支付的利息。在项目评价时，应根据项目（企业）具体情况及银行等债权人要求选择利息计算方法，编制“借款还本付息计划表”。

长期借款假定还款发生在年末，可以选择等额还本利息照付或等额还本付息方式来计算长期借款利息：

①等额还本、利息照付法，偿还期内每年偿还的本金额是相等的，利息将随本金逐年偿还而减少，利息计算公式如下：

$$\text{第}\ t\ \text{年支付利息} = I_c \times \left(1 - \frac{t-1}{n}\right) \times i \quad \text{每年偿还本金} = \frac{I_c}{n} \tag{24}$$

式中 I_c——建设期末固定资产借款余额（含未支付的建设期利息）；

i——年利率；

n——贷款方要求的借款偿还年数（由还款年开始计）。

②等额偿还本金和利息法，偿还期内每年偿还的本金与利息之和相等，但还本付息额中的本金和利息逐年不等，偿还的本金部分将逐年增多，支付的利息部分将逐年减少。还本付息总额计算公式如下：

$$A = I_c \times \frac{i\ (1+i)^n}{(1+i)^n - 1} \tag{25}$$

式中 A——每年的还本付息额。

$$\text{当年支付利息} = \text{年初借款余额} \times \text{年利率} \tag{26}$$

$$\text{当年偿还本金} = A - \text{当年支付利息} \tag{27}$$

2）项目评价中估算的流动资金借款从本质上说应归类为长期借款，但考虑流动资产可变现能力强，通常是按年末偿还、下年初再借的短期借款处理，并按短期利率计息，计算公式为：

$$\text{流动资金借款利息} = \text{流动资金借款余额} \times \text{年利率} \tag{28}$$

财务分析中对流动资金的借款偿还一般可设定在计算期最后一年或者在还完长期借款后安排。

3）项目评价中的短期借款指生产运营期间为了资金的临时需要而发生的短期借款。短期借款的数额应在财务计划现金流量表中有所反映，其利息应计入财务费用。短期借款利息的计算同流动资金借款利息，其偿还按照随借随还（即当年借款尽可能于下年偿还）的原则处理。

（3）营业费用是指企业在销售商品和提供劳务过程中发生的各项费用以及厂专设销售机构的各项经费，包括应由企业负担的运输费、装卸费、包装费、保险费、委托代销手续费、广告费、展览费、销售部门人员费用、差旅费、办公费、折旧费、修理费、物料消耗和低值易耗品摊销等。

由于在生产成本中已计算全部定员的人员费用和全部固定资产的折旧和修理费，在项目财务分析中，营业费用不再包含销售部门人员费用、折旧费和修理费。营业费用按营业收入的一定比例计算。

3. 固定成本和可变成本。为进行财务分析的盈亏平衡分析，根据成本费用与产量的关系可以将总成本费用分解为可变成本、固定成本和半可变（半固定）成本。

固定成本是指不受产量增减变动影响的各项成本费用。炼油化工建设项目固定成本主要包括人员费用、折旧费、摊销费、修理费、其他制造费用、与安全生产有关费用、其他管理费用和财务费用等。可变成本是指随产量增减而成正比例变化的各项费用。炼油化工建设项目可变成本主要包括外购原材料、外购辅助材料、燃料及动力费和营业费用等。

固定成本和可变成本主要用于财务分析的盈亏平衡分析。同时在成本竞争力分析和成本主要影响因素分析中，需要计算单位可变成本与单位固定成本，即可变成本和固定成本分别除以项目产出数量。要降低可变成本，主要通过技术进步来降低单位产品的原材料、主要燃料及动力消耗量。单位固定成本用以反映固定成本的竞争能力，要降低固定成本，主要通过优化方案设计，降低投资，提高劳动生产率，提高管理和运营效率等来实现。

4. 单位成本分析。单位成本分析是炼油化工建设项目财务分析中的重要内容。单位生产成本是生产单位产品所耗费的成本，是一个综合性指标，可以用来考察项目（企业）的总体水平（含技术、设备和管理等因素），便于进行技术比较和竞争力分析。

为了进行竞争力分析，应对重要的新建项目或改扩建项目的“有项目”进行单位成本的计算，分析成本水平与主要影响因素，并与主要竞争对手进行对比分析。炼油项目计算与分析原油单位加工成本，化工项目（含石油化工）计算与分析主导产品的单位生产（制造）成本，必要时将管理费用、财务费用和营业费用三项期间费用合理分摊到各种产品中，计算与分析产品单位工厂成本。炼油化工一体化项目根据投资主体的需要，确定炼油部分和化工部分单位成本的计算，其中：炼油项目计算与分析原油单位加工成本，化工项目计算与分析乙烯、丙烯及下游主导产品单位制造成本。

竞争力分析中的单位成本应依据企业成本费用核算的有关规定及行业通常做法计算；化工项目应注意先扣除副产品再分配联产品成本。

副产品的价值应采用定价扣除法从单位生产成本中扣除，联产品可以采用系数法分摊计算各种产品的单位生产成本。

估算单位成本，需要按产出种类分别归集各项或规定的成本费用，按车间或工段估算固定资产原值、固定资产折旧、车间或工段生产人员费用及其他制造费等。

（1）炼油项目单位加工费。制造加工费是指在炼油生产过程中为加工原油（含外购原料油）而消耗的各项支出，包括辅助材料费、燃料费、动力费、直接生产人员费用、修理费、折旧与摊销费和其他制造费用。单位加工费计算公式为：

$$\text{单位加工费（国内）}=(\text{制造加工费}-\text{自用燃料油}-\text{自用燃料气})/\text{原油及外购原料油加工量} \tag{29}$$

$$\text{单位加工费（国际）}=\text{制造加工费}/\text{原油及外购原料油加工量} \tag{30}$$

（2）炼油项目单位现金加工成本。现金加工成本是指从加工原油到生成最终产品过程中的现金性生产成本，不包括原油、外购原料油、折旧费与摊销费、自用燃料油气费。单位现金加工成本计算公式为：

$$\text{单位现金加工成本}=\text{现金加工成本}/\text{原油及外购原料油加工量} \tag{31}$$

由于原油加工费包括辅助材料费、燃料及动力费、直接生产人员费用、修理费、折旧及摊销费和其他制造费用等，因此单位现金加工成本也可用如下公式计算：

单位现金加工成本 =（原油加工费 - 折旧及摊销费 - 自用燃料油气费）/原料及外购原料油加工量 (32)

(3) 化工（含石油化工）项目单位成本。生产（制造）成本包括化工产品生产过程中的各项直接支出，即直接材料、直接辅助材料、直接燃料及动力、直接人员费用、修理费、折旧与摊销和其他制造费用等。单位成本计算公式为：

单位生产（制造）成本 =（直接材料 + 直接辅助材料 + 直接燃料及动力 + 直接人员费用 + 修理费 + 折旧与摊销 + 其他制造费用 - 副产品）/产品产量 (33)

估算单位成本，需要编制主要产品的单位成本表，其数据一般以正常年份为准，必要时取整个生产运营期的平均数据。

(4) 联产品是指利用同种原料或主要材料，在同一生产装置中，同时生产出两种或两种以上的主要产品。如乙烯裂解装置中可同时产出乙烯和丙烯，联碱装置中可同时产出纯碱和氯化铵，烧碱装置中可同时产出烧碱、氯气和氢气等。

财务分析着眼于投资项目整体的投入产出的经济效果，按生产要素法计算成本时，不需要计算属于内部转移的成本费用项目，不同于从财务角度核算产品成本。只有当单独评价单套装置时，联产品成本才可能分摊。

联产品分摊的另一目的主要是为了计算产品的单位成本，它可以用来与国内外先进水平进行比较，考察技术的先进程度，衡量产品的竞争力，并可衡量装置有无项目时的产品单位成本情况，分析影响产品成本的主要因素。

主要采用系数法分摊计算各联产品的单位成本。化工项目（含石油化工）联产品的分摊系数一般为各联产品收入（或产值）与总收入（或总产值）之比。项目所属行业有习惯或规定的从其习惯或规定。如项目既有副产品又有联产品，则先扣除副产品再分配联产品成本。

(5) 副产品是指同种原料和主要材料，在同一种生产装置中，除了生产一些主要产品外，还附带生产出的一些次要产品。有些副产品，经过加工后，可以成为主要产品。副产品的特点：都是在主要产品生产过程中分离出来的，其成本费用无法单独归集；有的副产品可以直接出售，有的需要进一步加工后方能出售，有的为企业原有装置服务。在财务分析中副产品作如下处理：

1）副产品出售的，将副产品与主产品一样计入营业收入，若副产品需进一步加工后出售，将其加工成本和费用计入项目总成本费用。

2）为企业原有装置服务的副产品，以副产品使用价值抵扣主要产品生产成本。

3）无论何类副产品，计算主要产品单位成本时，均将副产品定价扣除。

2.14 经营成本。经营成本指运营期内为生产产品和提供劳务而发生的各种耗费，是财务分析中现金流量分析的主要现金流出。按“生产成本加期间费用”估算时，经营成本为总成本费用扣除固定资产折旧费、无形资产及其他资产摊销费和财务费用（一般仅指利息支出）后的成本费用。总成本费用按成本要素估算时，经营成本为外购原材料、燃料和动力费、人员费用、修理费和其他费用。

其他费用指从制造费用、管理费用和营业费用中扣除了折旧费、摊销费、修理费、人员费用以后的其余部分。

2.15

1. 增值税是以商品生产和劳务服务各个环节的增值因素为征收对象的一种流转税。内部生产的自用产品、内部调拨材料和设备以及产品销售过程中所发生的费用免交增值税。

根据增值税税法规定和炼油化工建设项目产品及原材料多的特点，增值税应详细计算，计算公式如下：

$$增值税 = 销项税 - 进项税 \tag{34}$$

$$销项税 = 各产品营业收入 \times 相应增值税税率之和 \tag{35}$$

进项税包括建设投资中的进项税额以及生产成本中的进项税。

$$\begin{aligned}生产成本进项税 = &（原材料、辅助材料费 + 燃料、动力费\\&+ 修理费中的材料费）\times 增值税税率\end{aligned} \tag{36}$$

按照中华人民共和国国务院令第538号修订的《中华人民共和国增值税暂行条例》，在全国范围内实施增值税转型改革，自2009年1月1日起施行。增值税转型改革允许企业抵扣其购进设备所含的增值税，允许全国范围内（不分地区和行业）的所有增值税一般纳税人抵扣其新购进设备所含的进项税额，未抵扣完的进项税额结转下期继续抵扣。为预防出现税收漏洞，将与企业技术更新无关，且容易混为个人消费的应征消费税的小汽车、摩托车和游艇排除在上述设备范围之外。同时，作为转型改革的配套措施，将相应取消进口设备增值税免税政策和外商投资企业采购国产设备增值税退税政策，企业购买设备，不管是进口的还是国产的，其进项税额均可以抵扣。转型改革后允许抵扣的固定资产主要是机器、机械、运输工具，以及其他与生产、经营有关的设备、工具、器具，因此，仍然是上述范围。房屋、建筑物等不动产不能纳入增值税的抵扣范围。

2. 消费税是对特定消费品和消费行为在特定环节征收的一种税。根据国家燃油税费改革方案，燃油税是通过提高现行成品油消费税单位税额实施，消费税中包括改革后增加的燃油税。

目前，炼油化工建设项目涉及消费税的产品包括汽油、柴油、石脑油、溶剂油、润滑油、燃料油和航空煤油，从量计征，计算公式如下：

$$消费税 = 销售数量 \times 单位税额 \tag{37}$$

3. 城市维护建设税是以缴纳的增值税与消费税或营业税为依据和规定税率计算缴纳的一种税，专项用于城市维护和建设。炼油化工建设项目城市维护建设税以增值税与消费税之和为计税依据，计算公式如下：

$$城市维护建设税 =（增值税 + 消费税）\times 税率 \tag{38}$$

4. 教育费附加是对缴纳增值税、消费税、营业税的单位和个人征收的一种附加费，专项用于发展地方性教育事业。炼油化工建设项目教育费附加以增值税与消费税之和为计税依据，其计算公式如下：

$$教育费附加 =（增值税 + 消费税）\times 费率 \tag{39}$$

5. 所得税是对企业就其生产经营所得和其他所得征收的一种税。根据国家有关企业所得税的法律、法规以及相关政策，正确计算应纳税所得额，并采用适宜的税率计算企业所得税，同时注意正确使用有关的所得税优惠政策，并加以说明。所得税在“利润和利润分配表”中计算，计算公式如下：

$$应纳所得税额 = 应纳税所得额 \times 税率 \tag{40}$$

$$应纳税所得额 = 利润总额 - 准予扣除项目金额 \tag{41}$$

按照所得税暂行条例规定“纳税人发生年度亏损的，可以用下一纳税年度的所得弥补；下一纳税年度的所得不足弥补的，可以逐年延续弥补，但延续弥补期最长不得超过5年。”因此，当财务分析中出现年度亏损时应注意用下一年的所得予以弥补。计算公式如下：

$$应纳税额 = 应纳税所得额 \times 税率 \tag{42}$$

在项目融资前分析中所得税为息前所得税，称为调整所得税，以息税前利润为基础计算。如果建设期利息占总投资的比例很小，为简化计算，在息税前利润计算中，仍使用含建设期利息的固定资产原值计算的折旧。

2.16 财务效益与费用的估算表格。财务效益与费用的估算表格属于财务分析的辅助报表，根据炼油化工项目的特点给出了报表的格式，使用中应按此编制，并注意表格的注释。

3 资金来源与融资方案

3.1 融资方案与投资估算、财务分析密切相关。一方面，融资方案必须满足投资估算确定的投资额及其使用计划对投资数额、时间和币种的要求；另一方面不同方案的融资后财务分析结论，也是比选、确定融资方案的依据，而融资方案确定的项目资本金和项目债务资金的数额及相关融资条件又为进行资本金盈利能力分析、项目偿债能力分析、项目财务生存能力分析等财务分析提供了必需的基础数据。

3.2 各大石油公司企业是综合性的石油（能源）公司，业务范围不仅包括炼油、化工还包括油气勘探开发、长输管道、销售及新能源开发等。因此，不可能作为“既有法人”放入公司整体进行评价，可简化为“新设法人”进行项目评价。

如中国石油天然气股份有限公司实行一级法人的管理体制，采取“集中决策”的管理模式。各炼化地区分公司和全资子公司实施的炼油化工建设项目的利益主体、决策主体和融资主体均为股份公司。严格意义上，股份公司实施的炼油化工建设项目都属于既有法人融资，但项目评价不可能按既有法人模式放入股份公司总体中进行评价，因此在评价中将项目视为模拟“新设法人”。

3.3 资本金的来源主要是企业的直接投资。资本金的比例可按照国家规定的最低比例或企业比例确定。

根据国家的有关规定，作为计算项目资本金基数为总投资，是指固定资产投资（指建设投资、建设期利息之和）与铺底流动资金之和。

投资项目资本金的比例应不低于规定比例的要求。

投资项目资本金可以货币出资，也可以用实物、工业产权、非专利技术、土地使用权作价出资。对作为资本金的实物、工业产权、非专利技术、土地使用权，必须经过有资格的资产评估机构依照法律、法规评估作价。以工业产权、非专利技术作价出资的比例不得超过投资项目资本金总额的20%，国家对采用高新技术成果有特别规定的除外。

3.4 炼油化工建设项目的债务资金主要是通过商业银行贷款、政策性银行贷款、企业债券、融资租赁等渠道和方式筹措。也可根据企业情况采用内部负息资金。

4 财务分析

4.1 财务分析是项目经济评价的重要组成部分。财务分析是在项目财务效益与费用估算的基础上，通过编制财务报表，计算经济评价指标，分析评价项目的盈利能力、偿债能力和财务生存能力，判断项目的财务可接受能力，明确项目对企业的价值贡献，为投资决策、融资决策以及贷款审查提供依据。炼油化工建设项目一般需按本章内容进行全面的财务分析。

4.2 融资前分析和融资后分析。项目决策可分为投资决策和融资决策两个层次。投资决策重在考察项目净现金流量的价值是否大于其投资成本，融资决策重在考察资金筹措方案能否满足要求。投资决策在前，融资决策在后。根据不同决策的需要，财务分析可分为融资前分析和融资后分析。

财务分析一般宜先进行融资前分析，即不考虑债务融资条件下进行的财务分析。在融资前分析结论满足要求的情况下，初步设定融资方案，再进行融资后分析。

融资前分析只进行盈利能力分析，并以项目投资折现现金流量分析为主，计算项目投资内部收益率和净现值指标，也可计算投资回收期指标（静态）。融资后分析主要针对项目资本金折现现金流量和投资各方折现现金流量进行分析，既包括盈利能力分析，又包括偿债能力分析和财务生存能力分析等内容。

4.3 融资前分析。

1. 融资前分析应剔除利息的影响。融资前分析的现金流量应与融资方案无关，各项现金流量的估算中都需要剔除利息的影响。

息税前利润的计算应完全不受融资方案变动的影响，即不受利息多少的影响，包括建设期利息对折旧的影响。在项目财务分析中，如果建设期利息占总投资的比例很小，为简化计算，可按利润与利润分配表中的息税前利润计算调整所得税，计算公式如下：

$$\text{息税前利润} = \text{利润总额} + \text{财务费用} \tag{43}$$

$$\text{调整所得税} = \text{息税前利润} \times \text{所得税税率} \tag{44}$$

2. 炼油化工建设项目现金流入主要包括营业收入、补贴收入、增值税销项税、回收固定资产余值和回收流动资金，现金流出主要包括建设投资、流动资金、经营成本、增值税进项税、营业税金及附加、增值税、调整所得税以及维持运营投资。

根据需要，可从所得税前和（或）所得税后两个角度进行考察，选择计算所得税前指标和（或）所得税后指标。计算所得税前指标的融资前分析是从息税前角度进行的分析，是投资盈利能力的完整体现，用以考察由项目方案设计本身所决定的财务盈利能力，它不受融资方案和所得税政策变化的影响，仅体现项目方案本身的合理性，可以作为初步投资决策的主要指标，用于考察项目是否基本可行。计算所得税后指标的融资前分析是从息前税后角度进行的分析，是所得税前分析的延伸，可用于判断项目对企业价值的贡献，是企业投资决策依据的主要指标。从企业角度出发，建设项目主要依据税后指标判断项目的可行性。

4.4 融资后分析。在融资前分析结果可以接受的前提下，可以开始考虑融资方案，进行融资后分析。融资后分析包括项目的盈利能力分析、偿债能力分析以及财务生存能力分析，进而判断项目方案在融资条件下的合理性。融资后分析是比选融资方案，进行融资决策和投资者最终决定出资的依据。可行性研究阶段必须进行融资后分析，但只是阶段性的。实际中，在可行性研究报告完成之后，还需要进一步深化融资后分析，才能完成最终融资决策。

4.5 融资后的盈利能力分析包括动态分析和静态分析。

1. 动态分析。动态分析是通过编制财务现金流量表，根据资金时间价值原理，计算财务内部收益率、财务净现值等指标，分析项目的获利能力。融资后的动态分析可分为下列两个层次：

（1）项目资本金现金流量分析。项目资本金现金流量分析是从项目权益投资者整体的角度，考察项目给项目权益投资者带来的收益水平。它是在拟定的融资方案基础上进行的息税后分析，依据的报表是项目资本金现金流量表。

项目资本金现金流量表将各年投入的项目资本金作为现金流出，各年缴付的所得税和还本付息也作为现金流出，其净现金流量表示为在缴税和还本付息之后的剩余，即项目增加的净收益，也是投资者的权益性收益。炼油化工建设项目现金流入主要包括营业收入、补贴收入、增值税销项税、回收固定资产余值和回收流动资金，现金流出主要包括项目资本金、借款本金偿还、借款利息支付、经营成本、增值税进项税、营业税金及附加、增值税、所得税以及维持运营投资。

（2）投资各方现金流量分析。投资各方的内部收益率表示了投资各方的收益水平。一般情况下，投资各方按股本比例分配利润和分担亏损风险，因此投资各方的利益一般是均等的，没有必要计算投资各方的内部收益率。只有投资者中的各方有股权之外的不对等的利益分配时，投资各方的收益率才会有差异，此时需要计算投资各方的内部收益率。有助于投资各方的合作谈判。

投资各方现金流量表中，投资方的现金流入主要体现在实分利润、资产处置收益分配、租赁收入、技术转让或使用收入等，现金流出主要体现在实缴资本、租赁资产支出等。实分利润是指投资者由项目获得的利润；资产处置收益分配是指对有明确合营或合资期限的项目，在期满时对资产余值的分配；租赁收入是指出资方将自己的资产租赁给项目使用所获得的收入，此时将资产价值以租赁资产支出的科目列入现金流出；技术转让或使用收入是指出资方将专利或专有技术转让或允许项目使用所获得的收入。

2. 静态分析。静态分析是不采取折现方式处理数据，主要依据“利润与利润分配表”，并借助现金流量表计算相关盈利能力指标，包括项目资本金净利润率和总投资收益率指标。

4.6 作为项目投资判断的财务基准收益率或计算财务净现值的折现率，应主要依据“资金机会成本”和“资金成本”确定，并充分考虑项目可能面临的风险。一般按有关主管部门发布的财务基准收益率执行。

项目资本金财务内部收益率的判别基准是项目投资者整体对投资获利的最低期望值，亦即最低可接受收益率。当计算的项目资本金内部收益率大于或等于该最低可接受收益率时，说明投资获利水平大于或达到了要求，是可以接受的。

4.7 偿债能力分析。

1. 对筹措了债务资金（以下简称借款）的项目，偿债能力考察项目能否按期偿还借款的能力。通过计算利息备付率和偿债备付率指标，判断项目的偿债能力。如果能够得知或根据经验设定所要求的借款偿还期，可以直接计算利息备付率和偿债备付率指标；如果难以设定借款偿还期，也可以先大致估算出借款偿还期，再采用适宜的方法计算出每年需要还本付息的金额，代入公式计算利息备付率和偿债备付率指标。估算借款偿还期的计算公式如下：

$$借款偿还期 = 借款偿还后开始出现盈余的年份 - 开始借款年份 + （当年偿还借款额 \div 当年可用于还款的金额） \quad (45)$$

该借款偿还期不是偿债能力分析指标，只是为估算利息备付率和偿债备付率指标所用，不应与利息备付率和偿债备付率指标并列。

2. 按照有关法规，融资租赁固定资产可视同购置的固定资产一样计提折旧，同时按税法规定，融资租赁费用不应在所得税前扣除，因此项目评价中融资租赁费用的支付，可视作偿还本金处理，按要求的期限和数额逐年偿还。

4.8 财务生存能力分析。在项目（企业）运营期间，确保从各项经济活动中得到足够的净现金流量是项目能够持续生存的条件。财务分析中应根据财务计划现金流量表，综合考虑项目计算期内各年的投资活动、融资活动和经营活动所产生的各项现金流入和流出，计算净现金流量和累计盈余资金，分析项目是否有足够的净现金流量维持正常运营。为此，财务生存能力分析亦称为资金平衡分析。

财务生存能力分析应结合偿债能力分析进行，如拟安排的还款期过短，致使还本付息负担过重，导致为维持资金平衡必须筹措的短期借款过多，可以调整还款期，减轻各年还款负担。

4.10 财务分析报表。

1. 现金流量表，反映计算期内的现金流入和流出，具体可分为下列三种类型：

（1）项目投资现金流量表（基本表1.1），用于计算项目投资财务内部收益率及净现值等财务分析指标。

（2）项目资本金现金流量表（基本表1.2），用于计算项目资本金财务内部收益率。

（3）投资各方现金流量表（基本表1.3），用于计算投资各方内部收益率。

2. 利润与利润分配表（基本表2），反映项目计算期内各年营业收入、总成本费用、利润总额等情况，以及所得税后利润的分配，用于计算总投资收益率、项目资本金净利润率等指标。

3. 财务计划现金流量表（基本表3），反映项目计算期各年的投资、融资及经营活动的现金流入和流出，用于计算累计盈余资金，分析项目的财务生存能力。

4. 资产负债表（基本表4），用于综合反映项目计算期内各年年末资产、负债和所有者权益的增减变化及对应关系，计算资产负债率。

5 经济费用效益分析

5.1 经济费用效益分析是项目投资决策的主要内容之一。经济费用效益分析是项目评价方法体系的重要组成部分，市场分析、技术方案分析、财务分析、环境影响分析、组织机构分析和社会评价都不能代替经济费用效益分析的功能和作用。

在新的投资体制下，国家对项目的审批和核准的重点放在项目的外部效果、公共性方面，经济费用效益分析强调从资源配置经济效率的角度分析项目的外部效果，通过费用效益分析及费用效果分析的方法判断建设项目的经济合理性，是政府审批或核准项目的重要依据。

5.2 国家核准项目的经济费用效益分析。按照国家规定，下列类型项目需要上报国家核准：

（1）新建炼油及扩建一次炼油项目、新建乙烯及改扩建新增能力超过年产 20×10^4t 乙烯项目，由国务院投资主管部门核准。

（2）新建 PTA、PX、MDI、TDI 项目，以及 PTA、PX 改造能力超过年产 10×10^4t 的项目，由国务院投资主管部门核准。

（3）变性燃料乙醇项目，由国务院投资主管部门核准。

（4）年产 50×10^4t 及以上钾肥项目，由国务院投资主管部门核准。

（5）日产 300t 及以上聚酯项目，由国务院投资主管部门核准。

对于这类项目在核准时根据需要决定是否进行经济效益与费用分析，如需要按《炼油化工评价方法》规定进行。

5.3 经济效益和费用的识别。在经济费用效益分析中，应尽可能全面地识别建设项目的经济效益和费用，并需要注意以下几点：

1. 对项目涉及的所有社会成员的有关费用和效益进行识别和计算，全面分析项目投资及运营活动耗用资源的真实价值，以及项目为社会成员福利的实际增加所作出的贡献。

（1）分析体现在项目实体本身的直接费用和效益，以及项目引起其他组织、机构或个人发生的各种外部费用和效益。

（2）分析项目的近期影响，以及项目可能带来的中期、远期影响。

（3）分析与项目主要目标直接联系的直接费用和效益，以及各种间接费用和效益。

（4）分析具有物质载体的有形费用和效益，以及各种无形费用和效益。

2. 效益和费用的识别遵循以下原则：

（1）增量分析的原则。项目经济费用效益分析应建立在增量效益和增量费用识别和计算的基础之上，不应考虑沉没成本和已实现的效益。应按照“有无对比”增量分析的原则，通过项目的实施效果与无项目情况下可能发生的情况进行对比分析，作为计算机会成本或增量效益的依据。

（2）考虑关联效果原则。应考虑项目投资可能产生的其他关联效应。

（3）以本国居民作为分析对象的原则。对于跨越国界，对本国以外的其他社会成员产生影响的项目，应重点分析对本国公民新增的效益和费用。项目对本国以外的社会群体所产生效果，应进行单独陈述。

（4）剔除转移支付的原则。在经济费用效益分析中，税赋、补贴属于转移支付，由于转移支付的行为没有导致新增资源的发生和消耗，因此一般不计算转移支付的影响。

3. 在实际的分析过程中，转移支付的处理应区别对待：

（1）剔除企业所得税或补贴对财务价格的影响。

（2）一些税收、补贴或罚款往往是用于校正项目“外部效果”的一种重要手段，这类转移支付不可剔除，可以用于体现外部效果。

（3）在不能判别产出或投入是增加供给还是挤占（替代）原有供给的情况下，可简化处理为：产出的影子价格一般包含缴纳流转税，投入的影子价格一般不包含缴纳流转税。

4. 经济费用与效益识别的时间范围应足以包含项目所产生的全部重要费用和效益，而不应仅根据有关财务核算规定确定。如财务分析的计算期可根据投资各方的合作期进行计算，而经济费用效益分析不受此限制。

5. 应对项目外部效果的识别是否适当进行评估，防止漏算或重复计算。对于项目的投入或产出可能产生的第二级乘数波及效应，在经济费用效益分析中一般不予考虑。

5.4 经济效益和经济费用的计算。投资项目所造成的经济费用和经济效益的计算，应在利益相关者分析的基础上，研究在特定的社会背景条件下相关利益主体获得的收益和付出的代价，计算项目相关的费用和效益，应遵循的原则如下：

1. 支付意愿原则。项目产出物的正面效果的计算遵循支付意愿（WTP）原则，用于分析社会成员为项目所产出的效益愿意支付的价值。

2. 受偿意愿原则。项目产出物的负面效果的计算遵循接受补偿意愿（WTA）原则，用于分析社会成员为接受这种不利影响所得到补偿的价值。

3. 机会成本原则。项目投入的经济费用的计算应遵循机会成本原则，用于分析项目所占用的所有资源的机会成本。机会成本应按资源的其他最有效利用所产生的效益进行计算。

4. 实际价值计算原则。项目经济费用效益分析应对所有的费用和效益采用反映资源真实价值的实际价格进行计算，不考虑通货膨胀因素的影响，但应考虑相对价格变动。

5.5 经济效益和经济费用采用影子价格计算。经济费用效益分析中投入物和产出物使用的计算价格称为“影子价格”。影子价格应是能够反映项目投入物和产出物真实经济价值的计算价格。

影子价格的测算在建设项目的经济费用效益分析中占有重要地位。建设项目中投入物和产出物区分为外贸货物和非外贸货物，并采取不同的思路确定其影子价格。

5.6 炼化原料和产品影子价格的测算。

1. 原油影子价格。计算公式见条文中公式（5－1）和（5－2）。

进口费用是指货物进出口环节在国内所发生的相关费用，包括货物的交易、储运、再包装、短距离倒运、装卸、保险、检验等物流环节上的费用支出，也包括物流环节的损失、损耗以及资金占用的机会成本，还包括工厂与口岸之间的长途运输费用。进口费用应采用影子价格估值，用人民币计价。

如果是以国内各油田发布的出厂价为基础计算影子价格，还应考虑油田到该炼厂的国内运费和贸易费用。

2. 炼化产品的影子价格。对于新建炼油项目和扩建一次炼油项目，产出物汽油、煤油和柴油的离岸价格可以按照新加坡市场的成品油离岸价格确定。

对于化工项目，产出物的离岸价格可以在石脑油等化工原料油的离岸价格基础上考虑适当的成本和毛利水平来确定，或按市场价格确定。需要注意的是产出物的影子价格中要包含缴纳的流转税。出口费用是指货物进出口环节在国内所发生的相关费用，包括货物的交易、储运、再包装、短距离倒运、装卸、保险、检验等物流环节上的费用支出，也包括物流环节的损失、损耗以及资金占用的机会成本，还包括工厂与口岸之间的长途运输费用。出口费用应采用影子价格估值，用人民币计价。

5.7 特殊投入物的影子价格。

1. 项目占用的人力资源，是一种特殊投入物，是项目实施所付出的代价。如果财务工资与人力资源的影子价格之间存在差异，应对财务工资进行调整计算，以反映其真实经济价值。人力资源投入的影子价格的计算公式如下：

人力资源投入的影子价格 = 劳动力机会成本 + 新增资源消耗　　(46)

（1）劳动力机会成本是拟建项目占用的人力资源，由于在本项目使用而不能再用于其他地方或享受闲暇时间而被迫放弃的价值，应根据项目所在地的人力资源市场及劳动力就业状况，按下列原则进行分析确定：

1）过去受雇于别处，由于本项目的实施而转移过来的人员，其影子工资应是其放弃过去就业机会的工资（含工资性福利）及支付的税金之和。

2）对于自愿失业人员，影子工资应等于本项目的使用所支付的税后净工资额，以反映边际工人投入到劳动力市场所必须支付的金额。

3）非自愿失业劳动力的影子工资应反映他们为了工作而放弃休闲愿意接受的最低工资金额，其数值应低于本项目的使用所支付的税后净工资并大于支付的最低生活保障收入。当缺少信息，可以按非自愿失业人员接受的最低生活保障收入和税后净工资率的平均值近似测算。

（2）新增资源耗费是指劳动力在本项目新就业或由其他就业岗位转移到本项目而发生的经济资源消耗，而这种消耗与劳动者生活水平的提高无关。在分析中应根据劳动力就业的转移成本测算。

2. 土地是一种重要的经济资源，是一种特殊投入物。项目占用的土地无论是否需要实际支付财务成本，均应根据土地用途的机会成本原则或消费者支付意愿的原则计算其影子价格。

（1）生产性用地，按照这些生产用地未来可以提供的产出物的效益及因改变土地用途而发生的新增资源消耗进行计算，公式如下：

土地的经济成本 = 土地机会成本 + 新增资源消耗　　(47)

其中，土地的机会成本应按照社会对这些生产用地未来可以提供的消费产品的支付意愿价格进行分析计算，一般按照项目占用土地在“无项目”情况下的“最佳可行替代用途”的生产性产出的净效益现值进行计算。

新增资源耗费应按照在“有项目”情况下土地的征用造成原有地上附属物财产的损失及其他资源耗费来计算。土地平整等开发成本应计入工程建设成本中，在土地经济价值估算中不再重复计算。

（2）对于非生产用地，应按照支付意愿的原则，根据市场交易价格测算影子价格。

（3）在经济费用效益分析中，应根据项目计算期内未来土地用途的可能变化，合理预测项目占用土地的影子价格。对土地机会成本的计算应按以下要求进行：

1）通过政府公开招标取得的国有土地出让使用权，以及通过市场交易取得的已出让国有土地使用权，应按市场交易价格计算其影子价格。

2）未通过正常市场交易取得的土地使用权，应分析价格优惠或扭曲情况，参考当地正常情况下的市场交易价格，调整或类比计算其影子价格。

3）当无法通过正常市场交易价格类比确定土地影子价格时，应采用收益现值法或以土地开发成本加开发投资应得收益确定。

4）由于土地开发规划的取得，会对土地市场价格产生影响，土地价值的估算应反映实际的或潜在的规划批准情况，应分析规划得到批准的可能性及其对地价的影响。如果土地用途受到限制，其影子价格就会压低。应分析这些限制被解除的可能性，以及解除限制对土地价值的影响。

5）项目征用农村土地，应按土地征用费调整计算其影子价格。其中耕地补偿费及青苗补偿费应视为土地机会成本，地上建筑物补偿费及安置补偿费应视为新增资源消耗。这些费用如果与农民进行了充分协商并获认可，可直接按财务成本计算其影子价格；若存在征地费优惠，或在征地中没有进行充分协商，导致补偿和安置费低于市场定价，应按当地正常征地补偿标准调整计算土地的影子价格。

6）在征收过程中收取的土地管理费、耕地占用税、耕地开垦费、土地管理费、土地开发费等各种税费，应视为转移支付，不列入土地经济费用计算。

5.8 外部效果。外部效果计算的范围应考虑环境及生态影响效果、技术扩散效果和产业关联效果。一般计算一次性的外部影响效果。

计算外部效果应明确项目“范围”的边界。根据项目具体情况，合理确定项目扩展的边界。有条件时可将具有相互关联的项目拴在一起作为“项目群”进行评价，使外部效果的处理内部化。对无法量化的外部效果，应进行定性分析。

5.9 项目经济费用和效益的识别和计算。

1. 直接进行经济费用效益流量的识别和计算，基本步骤如下：

（1）对于项目的各种投入物，应按照机会成本的原则计算其经济价值。

（2）识别项目产出物可能带来的各种影响效果。

（3）对于具有市场价格的产出物，以市场价格为基础计算其经济价值。

（4）对于没有市场价格的产出效果，应按照支付意愿及接受补偿意愿的原则计算其经济价值。

（5）对于难以进行货币量化的产出效果，应尽可能地采用其他量纲进行量化。难以量化的，进行定性描述，以全面反映项目的产出效果。

2. 在财务分析的基础上进行经济费用效益流量的识别和计算，基本步骤如下：

（1）剔除财务现金流量中的通货膨胀因素，得到以实价表示的财务现金流量。

（2）剔除财务现金流量中不反映真实资源流量变动状况的转移支付因素。项目转移支付主要包括项目（企业）向政府缴纳的大部分税费（除体现资源补偿和环境补偿的税费外）、政府给予项目（企业）的各种补贴。

（3）调整建设投资。将建设投资中涨价预备费从费用流量中剔除，建设投资中的劳动力按影子工资计算费用，土地费用按土地的影子价格调整，其他投入物可根据情况决定是否调整。有进口用汇的应按影子汇率换算并剔除作为转移支付的进口关税和进口环节增值税。

（4）调整流动资金，将流动资产和流动负债中不反映实际资源耗费的有关现金、应收、应付、预收、预付款项，从流动资金估算中剔除。

（5）调整经营费用，用影子价格调整主要材料、燃料及动力费用、人员费用等。

（6）调整营业收入，用炼化产品的影子价格调整营业收入，其他产品价格不做调整。

（7）对于难以进行货币量化的产出效果，应将货币化的外部效果计入经济效益费用流量；对于难以进行货币化的外部效果，应尽可能采用其他量纲进行量化。难以量化的，进行定性描述，以全面反映项目的产出效果。

5.10 社会折现率。社会折现率是用以衡量资金时间价值的重要参数，代表资金占用的机会成本，并且用作不同年份之间资金价值换算的折现率。社会折现率由国家公布，是经济费用效益进行折现的折现率。

6 费用效果分析

6.1 费用效果分析的定义。

指耗费采用货币计量、效果采用非货币计量的分析方法。效果和耗费均用货币计量的称为费用效益分析。

费用效果分析回避了效果定价的难题，直接用非货币化的效果指标与费用进行比较，方法相对简单，最适用于难以货币化的领域。如安全、环保类项目。

费用效果分析既可用于财务现金流量，也可以用于经济费用效益流量。用于前者，主要用于项目各个环节的方案比选，如工艺方案比较、设备选型等，或以解决危及安全生产、环境保护、职业卫生等为目标的项目，支持社会公益事业、扶贫项目，可只进行费用计算和简单的效果分析。

6.2 公共项目的效果往往难以货币化，或者直接的货币收益不反映效果的本质特征。

6.3 各个方案必须具有共同的既定实物目标，所谓实物目标是指不以货币计量的一项具体的使命。目标不同的方案，不满足目标最低要求的方案不可比。

6.4 项目目标或目的必须清晰，应当尽可能将项目目标转化为具体的可量化的指标，并有明确的最低要求。项目目标既可能是单一的，也可能是多目标的，根据项目目标探索不同的实现途径，构想和建立比较方案。

对各个方案的效果和费用进行识别和测算。根据费用效果分析计算方法，综合比较、分析各个方案优缺点，推荐最佳方案或提出优先采用的次序。对评价的可靠性进行审查，分析疑点，考虑其他因素，最后作出决策。

6.5 费用的测算强调采用寿命周期费用。它是项目从建设投资开始到项目终结整个过程期限内所发生的全部费用，包括投资、经营成本、计算期末资产回收和拆除、恢复环境的处置费用。寿命周期费用一般按现值计算或按年值计算。

6.6 项目的效果可以采用有助于说明项目收效的任何量纲。计量单位的选择，既要能够切实度量项目目标的实现程度，又要便于计算。

效果用非货币指标计算，应选择能真实反映项目目标实现程度的指标。如污水处理厂，选用污水处理量（吨）、烟气脱硫选用二氧化硫量（吨）等。费用采用货币指标，包括投资、运营及寿命期处理全过程的折现费用，即项目寿命周期费用。根据分析的需要和方便，费用可以选用现值或年值。

6.7 $[E/C]_0$是该类项目的基准指标，即该类项目可行的最低要求。

它用单位费用所应该达到的效果值表示。基准指标也可以采用其倒数形式，即单位效果可接受的费用，项目不得突破。

基准指标是项目可以接受的效果费用比的最低要求。基准指标决定因素较为复杂，受经济实力、技术水平、社会需求等多方面的影响，可参照本企业类似工程确定。

6.8 方案比较方法常用最小费用法和最大效果法。在项目的效果有明确数量要求时，如需要增加的污水处理量，采用达到相同目标所需要费用最低的方案。当对费用有明确的规定时，采用相同费用下效果最大方案。

有时，各个方案的费用和效果都不固定，则必须进行增量分析，分析增加的效果与增加的费用相比是否值得。不可盲目选择效果与费用比值最大的方案。

7　不确定性分析与风险分析

7.1 不确定性分析与风险分析的区别与联系。

1. 项目经济评价采用的基本变量都是对未来的预测和假设，因而具有不确定性。通过对拟建项目具有较大影响的不确定性因素进行分析，计算基本变量的增减变化引起项目财务或经济效益指标的变化，找出最敏感因素及其临界点。预测项目可能承担的风险，使项目的投资决策建立在较为稳妥的基础上。

2. 风险是指未来发生不利事件的概率或可能性。投资建设项目经济风险是指由于不确定性的存在导致项目实施后偏离预期财务和经济效益目标的可能性。经济风险分析是通过对风险因素的识别，采用定性或定量分析的方法估计各风险因素发生的可能性及对项目的影响程度，揭示影响项目成败的关键风险因素，提出项目风险的预警、预报和相应的对策，为投资决策服务。经济风险分析的另一重要功能还在于它有助于在可行性研究的过程中，通过信息反馈，改进或优化项目设计方案，直接起到降低项目风险的作用。风险分析的程序包括风险因素识别、风险估计、风险评价与防范应对。

3. 不确定性分析与风险分析既有联系，又有区别，由于人们对未来事物认识的局限性，可获信息的有限性以及未来事物本身的不确定性，使得投资建设项目的实施结果可能偏离预期目标，这就形成了投资建设项目预期目标的不确定性，从而使项目可能得到高于或低于预期的效益，甚至遭受一定的损失，导致投资建设项目“有风险”。通过不确定性分析可以找出影响项目效益的敏感因素，确定敏感程度，但不知这种不确定性因素发生的可能性及影响程度。借助于风险分析可以得知不确定性因素发生的可能性以及给项目带来经济损失的程度。不确定性分析找出敏感因素又可以作为风险因素识别和风险估计的依据。

7.2 盈亏平衡分析。

1. 盈亏平衡分析是指项目达到设计生产能力的条件下，通过盈亏平衡点（*BEP*），分析项目成本与收入的平衡关系。盈亏平衡点是项目盈利与亏损的转折点，即在这一点上，营业收入等于总成本费用，正好盈亏平衡，用于考察项目对产出品数量变化的适应能力和抗风险能力。盈亏平衡点越低，表明项目适应产出品变化的能力越大，抗风险能力越强。

2. 盈亏平衡点可通过正常年份的产量或者销售量、可变成本、固定成本、产品价格和销售税金及附加等数据计算。可计算正常生产年份的盈亏平衡点，也可通过计算生产运营期内的平均盈亏平衡点进行盈亏平衡分析。

3. 盈亏平衡点分析分为线性盈亏平衡分析和非线性盈亏平衡分析，项目评价中仅进行线性盈亏平衡分析。

4. 盈亏平衡点的计算。盈亏平衡点的表达形式有多种。根据炼油化工建设项目的特点，在项目评价中常用的是以生产能力利用率和产量表示的盈亏平衡点，可按条文公式（7－1）、（7－2）计算。

盈亏平衡点也可利用盈亏平衡图求取（见图7－1）。图中营业收入线（如果营业收入和成本费用都是按含税价格计算的，还应减去增值税）与总成本费用线的交点即为盈亏平衡点，这一点所对应的产量即为$BEP_{产量}$，也可换算为$BEP_{生产能力利用率}$。

7.3 敏感性分析。

1. 敏感性分析是投资建设项目评价中应用十分广泛的一种技术，用以考察项目涉及的各种不确定性因素对项目基本方案经济评价指标的影响，找出敏感因素，估计项目效益对它们的敏感程度，粗略预测项目可能承担的风险，为进一步的风险分析打下基础。

2. 敏感性分析包括单因素和多因素分析。单因素分析是指每次只改变一个因素的数值来进行分析，估算单个因素的变化对项目效益产生的影响；多因素分析则是同时改变两个或两个以上相互独立的因素来进行分析，估算多因素同时发生变化的影响。为了找出关键的敏感性因素，通常只进行单因素敏感性分析。

3. 单因素敏感性分析。根据炼油化工建设项目的特点，通常选择产品销售价格、生产负荷、经营成本、建设投资等对项目效益影响较大且重要的不确定性因素作为敏感性因素，变化的百分率为±5%、±10%、±15%、±20%等；选取的效益指标以项目财务内部收益率为主，必要时也可分析其他指标如净现值、投资回收期等。敏感性分析结果可通过敏感性分析表或敏感性分析图表示（条文表7－1和图7－2）。

4. 敏感度系数是指项目效益指标变化率与不确定性因素变化率之比。敏感度系数高，表明项目效益对该不确定因素敏感程度高。计算公式如条文中公式（7－3）。

5. 临界点是指不确定性因素的变化使项目由可行变为不可行（或由不可行变为可行）的临界数值，可采用不确定性因素相对基本方案的变化率或其对应的具体数值表示。采用何种表示方式由不确定因素的特点决定。临界点可通过试算法或公式求解，也可根据敏感性分析图求得。在敏感性分析图上以基准收益率为基点划一条水平线，水平线与各敏感因素曲线的交点即为该敏感因素的临界点，其所对应的横坐标值就是该因素变动的临界值。

7.4 经济风险

1. 经济风险的来源。建设项目的经济风险来源于法律、法规及政策变化，市场供需变化，资源开发与利用、技术的可靠性、工程方案、融资方案、环境与社会、外部配套条件等一个方面或几个方面的共同影响，具体内容如下：

（1）政策方面：由于政府政策调整，使项目原定目标难以实现造成的损失，如税收、金融、环保、产业政策等的调整变化，税收、利率、汇率、通货膨胀率的变化都会对项目经济效益带来影响。

（2）市场方面：由于市场需求的变化、竞争对手的竞争策略调整，项目产量受市场条件的影响，以至产量和营业收入达不到预期目标，给项目预期收益带来的损失。

（3）资源方面：由于受原油油源或其他原材料等与原预测结果发生较大偏离，导致项目建设规模变化，加工量降低或经济寿命期缩短，造成经济损失。

（4）技术方面：项目采用的加工工艺技术等，如果与原预测方案发生重大变化，不仅会造成生产成本提高，还会影响到炼化加工能力达不到设计规模或产品收益低。

（5）工程方面：因厂址地质条件或加工原油性质的变化，造成工程设计发生重大变化，导致工程量的增加或减少，造成投资增加或浪费、工期延长；工程设计规模与实际产能不匹配，可能给项目的生产经营带来影响，造成经济损失或影响经营的经济性。

（6）融资方面：项目资金来源的可靠性、充足性和及时性不能保证；由于工程量预计不足、或设备材料价格上升导致投资增加；由于设备订货周期或其他外部条件等因素导致建设工期延长；利率、汇率变化导致融资成本升高所造成的损失。

（7）环境与社会方面：外部环境因素包括自然环境和社会环境因素的影响。如项目选址不当，项目对社区的影响、生态环境影响估计不足，或是项目环保措施不当，在项目建成后，可能对社区和生态带来严重影响，导致社区居民和社会的反对，造成直接经济损失。

（8）配套条件方面：建设项目需要的外部配套设施，如供电、供水排水、道路、下游市场等，在可行性研究中虽都作了考虑，但实际中仍然可能存在没有如期落实或建成的情况，致使建设项目不能发挥应有效益，从而带来风险。

2. 经济风险因素。经济风险因素分析的任务之一，是通过对政策、市场、资源、技术、工程、资金、管理、环境、外部配套条件等的分析，找出风险因素。上述各方面经常是相互关联的，有时也难以分清。为寻找风险根源，有必要区分事件、后果和根源。

7.5 风险识别。风险识别是风险分析的基础，运用系统论的方法对项目进行全面考察综合分析，找出潜在的各种风险因素，并对各种风险进行比较、分类，确定各因素间的相关性与独立性，判断其发生的可能性及对项目的影响程度，按其重要性进行排队，或赋予权重。

1. 风险识别方法。可选用问卷调查、专家调查法和情景分析等。

2. 风险识别应注意的问题：

（1）建设项目的不同阶段存在的主要风险有所不同。

（2）风险因素依项目不同具有特殊性。

（3）对于项目的有关各方（不同的风险管理主体）可能会有不同的风险。

（4）风险的构成具有明显的递阶层次，风险识别应层层剖析，尽可能深入到最基本的风险单元，以明确风险的根源。

（5）正确判别风险因素间的相关性和独立性。

（6）识别风险应注意借鉴历史经验，要求分析者富有经验、创建性和系统观念。

7.6 风险估计。风险估计又称为风险衡量和估算等。风险估计是在风险识别之后，通过定量分析的方法测度风险发生的可能性及对项目的影响程度。

7.7 风险评价。风险评价是对项目经济风险进行综合分析，是依据风险对项目经济目标的影响程度进行项目风险分级排序的过程。它是在项目风险识别和估计的基础上，通过建立项目风险的系统评价模型，列出各种风险因素发生的概率及概率分布，确定可能导致的损失大小，从而找到该项目的关键风险，确定项目的整体风险水平，为如何处置这些风险提供科学依据。风险评价的判别标准可采用两种类型：

1．以经济指标的累计概率、标准差为判别标准。

2．以综合风险等级作判别标准。风险等级的划分既要考虑风险因素出现的可能性又要考虑风险出现后对项目的影响程度，有多种表述方法，一般应选择矩阵列表法划分风险等级。矩阵列表法简单直观，将风险因素出现的可能性及对项目的影响程度构造一个矩阵，表中每一单元对应一种风险的可能性及其影响程度。为适应现实生活中人们往往以单一指标描述事物的习惯，将风险的可能性与影响程度综合起来，用某种级别表示（见条文表7-2），该表是以风险应对的方式来表示风险的综合等级。

综合风险分为K级、M级、T级、R级、I级风险等级：

K（Kill）级：风险很强，出现这类风险就要放弃项目。

M（Modify plan）级：风险强，修正拟议的方案，通过改变设计或采取补偿措施等。

T（Trigger）级：风险较强，设定某些指标的临界值。指标一旦达到临界值，就要变更设计或对负面影响采取补偿措施。

R（Review and reconsider）级：风险适度（较小），适当采取措施后不影响项目。

I（Ignore）级：风险弱，可忽略。

7.8 风险应对。在经济风险分析中找出的关键风险因素，对项目的成败具有重大影响，需要采取相应的应对措施，尽可能降低风险的不利影响，实现预期投资效益。

1．选择风险应对的原则。

（1）贯穿于项目可行性研究的全过程。可行性研究是一项复杂的系统工程，而经济风险来源于技术、市场、工程等各个方面，因此，应从规划设计上就采取规避防范风险的措施，才能防患于未然。

（2）针对性。风险对策研究应有很强的针对性，应结合行业特点，针对特定项目主要的或关键的风险因素提出必要的措施，将其影响降低到最小程度。

（3）可行性。可行性研究阶段所进行的风险应对研究应立足于现实客观的基础之上，提出的风险应对在财务、技术等方面是切实可行的。

（4）经济性。规避防范风险是要付出代价的，如果提出的风险应对花费的费用远大于可能造成的风险损失，该对策将毫无意义。在风险应对研究中应将规避防范风险措施所付出的代价与该风险可能造成的损失进行权衡，旨在寻求以最少的费用获取最大的风险收益。

2．决策阶段的风险主要应对。

（1）提出多个备选方案，通过多方案的技术、经济比较，选择最优方案。

（2）对有关重大工程技术难题潜在风险因素提出必要研究与实验课题，准确地把握有关问题，消除模糊认识。

（3）对影响投资、质量、工期和效益等有关数据，如加工量、炼化产品价格、汇率和利率等风险因素，在编制投资估算、制定建设计划和分析经济效益时，应采取谨慎决策，并在项目执行过程中实施有效监控。

3. 建设或运营期的风险可采取回避、转移、分担和自担措施。

（1）风险回避是彻底规避风险的一种做法，即断绝风险的来源。风险回避一般适用于以下两种情况：某种风险可能造成相当大的损失；风险应对防范风险代价昂贵，得不偿失。

（2）风险分担是针对风险较大，投资人无法独立承担，或是为了控制项目的风险源，而采取与其他企业合资或合作等方式，共同承担风险、共享收益的方法。

（3）风险转移是将项目业主可能面临的风险转移给他人承担，以避免风险损失的一种方法。转移风险有两种方式，一是将风险源转移出去；二是只把部分或全部风险损失转移出去，包括保险转移方式和非保险转移方式。

（4）风险自担就是将风险损失留给项目业主自己独立承担项目的风险。投资者已知有风险但由于可能获利而需要冒险时，同时又愿意将获利的机会分给别人，必须保留和承担这种风险。

7.9 风险分析方法。风险分析可采用定量与定性相结合的方法。对不能定量的可采用定性分析方法。常用经济风险估计与评价方法定量分析方法有如下几种，在使用时应针对实际问题不同的特点进行选择，一般可采用概率树法。

1. 调查和专家打分法。调查和专家打分法简单、易操作，它凭借专家的经验对项目各类经济风险因素及其风险程度做出定性估计。首先通过经济风险辨识将项目的经济风险列出，设计风险调查表，然后通过发函、开会或其他形式向专家进行调查，对项目经济风险因素、经济风险发生的可能性及经济风险对项目的影响程度进行评定，将多位专家的经验集中起来形成分析结论。

2. 分析报酬法（又称调整标准贴现率法）。从西方投资理论可以看出，资本除了有时间价值外，同时还存在风险价值，即投资者因在投资中冒风险而取得的报酬。在经济评价时，除采用标准贴现率外，还应考虑风险的报酬问题，此时采用的标准贴现率是无风险贴现率和调整风险贴现率之和，以此作为基准评价方案的可行性。

3. 风险当量法。风险当量法是对贴现率的调整转化为对净现金流量的调整，即先用当量系数（无风险的净现金流量占含风险的净现金流量的比例）把含风险的净现金流量转化为等价的无风险净现金流量，然后计算净现值 *NPV* 或内部收益率 *IRR*，以决定项目的可行性。

4. 概率树法。概率树法是假定风险变量之间是相互独立的，在构造概率树的基础上，将每个风险变量的各种状态取值组合计算，分别计算每种组合状态下的评价指标值及相应的概率，得到评价指标的概率分布，并统计出评价指标低于或高于基准值的累计概率，计算评价指标的期望值、方差、标准差和离散系数。可以绘制以评价指标为横轴，累计概率为纵轴的累计概率的计算步骤：

（1）通过敏感性分析，确定风险变量。

（2）判断风险变量可能发生的情况。

（3）确定每种情况可能发生的概率，每种情况发生的概率之和必须等于 1。

（4）求出可能发生事件的净现值、加权净现值，然后求出净现值的期望值。

（5）可用插入法求出净现值大于或等于零的累计概率。

5. 蒙特卡洛模拟法。蒙特卡洛模拟法（Monte – Carlo Simulation）又称随机模拟法或统计试验法，是一种通过对随机变量进行统计试验和随机模拟，求解数学、物理以及工程技术等有关问题的近似的数学求解方法。

蒙特卡洛模拟技术，是用随机抽样的方法抽取一组满足输入变量的概率分布特征的数值，输入这组变量计算项目评价指标，通过多次抽样计算可获得评价指标的概率分布及累计概率分布、期望值、方差、标准差，计算项目可行或不可行的概率，从而估计项目投资所承担的风险。模拟过程：

（1）通过敏感性分析，确定风险变量。

（2）构造风险变量的概率分布模型。

（3）为各输入风险变量抽取随机数。

（4）将抽得的随机数转化为各输入变量的抽样值。

（5）将抽样值组成一组项目评价基础数据。

（6）根据基础数据计算出评价指标值。

（7）整理模拟结果所得评价指标的期望值、方差、标准差和它的概率分布及累计概率，绘制累计概率图，计算项目可行或不可行的概率。

8 区域经济与宏观经济影响分析

8.2 项目对所在地区及宏观经济发展产生的影响，以不同层次体现出来。

1. 个人层面。项目实施对社会成员个人的影响表现为各个方面，如个人作为生产因素对项目的人力资本投入、获得的工资收入及对个人权益的损害等，并通过个人传递到区域经济更广的层面。

2. 社会组织层面。包括对各种社会法人及其他各种结构的影响。如通过项目的实施，对推进现代企业制度的建立、企业结构改革、产权制度改革、实现政府职能转变等。

3. 产业及部门层面。项目的实施对产业及行业部门的影响，包括项目与区域产业发展政策与结构改革目标是否协调，项目在哪些领域符合（或不符合）正在实施的国家产业结构调整政策等。

4. 区域和宏观经济层面。项目实施对区域经济发展所产生的影响，以及拟建项目与区域及国家宏观经济层面的政策导向是否一致，包括经济增长政策、外汇政策、财政预算政策、扶贫政策、环保政策、就业政策、收入分配政策。

8.3 区域经济与宏观经济影响分析的种类。

1. 项目对经济发展的影响。主要分析项目实施对促进和保障当地经济有序高效运行和可持续发展的贡献，可通过计算增加值、净产值、纯收入等指标，定性、定量分析项目对当地经济增长的贡献。炼油化工项目属资源利用项目，应分析项目对油气资源的有效利用，优化当地资源配置的贡献。

2. 对产业布局的影响。主要分析项目与区域发展战略和国家中长期油气发展战略规划的关联性和适应性。炼油化工对石化产业及相关配套产业的聚集和发展。对增进本地区形成石化产业发展空间和空间区位优势的贡献。

3. 对财政收支平衡的影响。主要分析项目向国家和地方政府缴纳税收的情况及对社会发展所做出的贡献。根据我国税法的规定，一般炼油化工项目应该缴纳的税收有城市维护建设税和教育费附加、增值税、消费税（含燃油税）所得税和关税等，应分别计算项目在运营期间内年平均向中央和地方缴纳的税收情况。

4. 对市场竞争结构的影响。项目的实施对培育石化产业市场环境、促进竞争、优化市场经济秩序、提高资源配置效率的贡献。

5. 对外汇收支的影响。项目建设及运营过程中对外汇的需求及产出替代石化产品进口可能的外汇收入贡献。

6. 对就业和收入分配的影响。包括项目在建设期和运营期直接的就业机会和间接就业机会，可通过计算单位投资创造的就业岗位等指标，进行定量分析。项目对居民收入增长、改善居民生活条件、提高居民生活质量的贡献。

8.5 区域经济与宏观经济影响分析的评价指标体系。

1. 总量指标。反映项目对国民经济总量的贡献，包括增加值、净产值、社会纯收入、财政收入等经济指标。总量指标可使用当年值、净现值总额和折现年值等。

2. 结构指标反映项目对经济结构的影响。主要包括影响力系数及项目对三次产业的贡献率等指标。

3. 社会与环境指标。包括就业效果指标、收益分配效果指标、对资源与环境的影响效果指标。

4. 国力适应性指标。用于反映国家的人力、物力和财力承担重大项目投资建设的能力，一般用项目占用资源占全部资源的百分比或财政资金投入占财政收入或支出的百分比表示。

9 方案经济比选

9.1 方案经济比选的目的与用途。

1. 方案经济比选是项目评价的重要内容。建设项目的投资决策以及项目可行性研究的过程是方案比选和择优的过程，在可行性研究和投资决策过程中，对涉及决策要素和研究方面，都应从技术和经济相结合的角度进行多方案分析论证，比选优化，根据比选的结果，结合其他因素进行方案决策。炼油化工建设项目备选方案主要包括工艺加工方案、产品方案、工程方案、设备选型、厂址选择、储运方案等。

2. 各个方案之间具有可比性。可比性主要表现如下：

（1）计算期可比，所比方案的计算期相同。当计算期不同时，可采用年值法进行比选（包括净年值比较法和等额年费用法），采用其他比选方法时应保证计算期相同。将计算期不同的各方案变为相同的方法主要有以下两种：

1）直接取各备选方案中最短的计算期作为各方案的共同计算期。

2）将各备选方案计算期的最小公倍数作为各方案共同的计算期，对各方案在寿命终了后接替工程的投资、成本等均应与方案一并考虑。

（2）计算基础指标可比，包括产品价格、产量的计算方法、设备、材料价格等要相同，成本和投资估算应采用同一指标体系等。

（3）设计深度相同。各设计方案的详细程度相同，效益与费用的计算范围一致。

（4）经济计算方法相同。

3. 方案比较可按方案所含的全部因素（相同因素和不同因素），计算各方案的全部经济效益和费用进行全面对比，也可仅就不同因素计算相对经济效益和费用，进行局部比较。

9.3 方案经济比选可采用效益比选法、费用比选法和最低价格法。

1. 效益比选方法包括净现值比较法、净年值比较法、差额投资内部收益率法。

（1）净现值比较法，比较备选方案的财务净现值或经济净现值，以净现值（*NPV*）大的方案为优。比较净现值时应采用相同的折现率。计算公式如下：

$$NPV = \sum_{t=0}^{n} (CI - CO)_t (1 + i_c)^{-t} \tag{48}$$

式中 CI——年现金流入量；

CO——年现金流出量；

$(CI - CO)_t$——第 t 年净现金流量；

i_c——设定的折现率。

（2）净年值比较法，比较备选方案的净效益等额年值（简称净年值 AW），以净年值大的方案为优。比较净年值时应采用相同的折现率。计算公式如下：

$$AW = \left[\sum_{t=1}^{n} (S - I - C' + S_v + W)_t (P/F, i_c, t) \right] (A/P, i_c, n) \tag{49}$$

或

$$AW = NPV\ (A/P,\ i_c,\ n) \tag{50}$$

式中 S——年营业收入；

I——年全部投资；

C'——年经营成本费用；

S_v——计算期末回收的油气资产余值；

W——计算期末回收的流动资金；

$(P/F,\ i_c,\ t)$——现值系数；

$(A/P,\ i_c,\ n)$——资金回收系数；

i_c——设定的折现率；

n——计算期。

2. 费用比选方法，包括费用现值比较法和费用年值比较法。

（1）费用现值比较法，计算备选方案的总费用现值并进行对比，应以费用现值（*PC*）较低的方案为优。可采用下式计算：

$$PC = \sum_{t=1}^{n} (I + C' - S_v - W)_t (P/F, i_c, t) \tag{51}$$

式中 PC——费用现值。

（2）费用年值比较法，计算备选方案的费用年值（*AC*）并进行对比，以费用年值较低的方案为优。可采用下式计算：

$$AC = \left[\sum_{t=1}^{n} (I + C' - S_v - W)_t (P/F, i_c, t) \right] (A/P, i_c, n) \tag{52}$$

或

$$AC = PC\ (A/P,\ i_c,\ n) \tag{53}$$

式中 $(A/P,\ i_c,\ n)$——资金回收系数。

3. 最低价格（服务收费标准）比较法，在相同产品方案比选中，以净现值为零推算各方案的产品最低价格 P_{min}，应以最低产品价格较低的方案为优。

4. 方案比选方法的选择。

(1) 在项目无资金约束的条件下，一般采用净现值比较法、净年值比较法和差额投资内部收益率法。

(2) 方案效益相同或基本相同时，可采用最小费用法，即费用现值比较法和费用年值比较法。

9.5 计算期不同的互斥方案的比选，需要对各备选方案的计算期和计算公式进行适当的处理，使各方案在相同的条件下进行比较。

满足时间可比条件而进行处理的方法很多，常用的有年值法、最小公倍数法和研究期法等。

方案比选中经济评价指标的应用范围见条文中表9-1。

10　改扩建项目经济评价特点

10.1 改扩建项目的范畴和特点。改建、扩建、技术改造、迁建、停产复建等项目都可以归入改扩建项目的范畴。如炼油化工建设项目中为增加加工量、提高油品质量新建生产装置等。

改扩建项目的目的在于增加产量、提高技术水平、降低能源消耗、节省运行费用、改善劳动条件，治理生产环境等。项目的效益与其目的有关，有些效益可以用目的直接体现，有些效益要通过间接途径来表现。

10.2 改扩建项目通过既有法人融资并承担债务偿还，以“增量”投资（费用），使用一部分“存量”资产与资源，带来“总量”效益。

10.3 分析改扩建项目要使用到五种数据：

1. “有项目”是指既有企业进行投资活动后，在项目的经济寿命期内，在项目范围内可能发生的效益与费用流量。它是项目实施之后的总量效益（费用），是经计算、预测而得出的时间序列数值。

2. “无项目”是指既有企业利用拟建项目范围内的部分或全部原有生产设施（资产），在项目计算期内可能发生的效益和费用流量。它是在不实施项目的情况下，在现状基础上，考虑计算期内效益（费用）的变化趋势，经预测得出的时间序列数值。

“无项目”数据是非常重要的基础数据。如果不投资，不上项目，和现状相比，各项效益（费用）一般是要发生变化的，因此分析项目时，必须对“无项目”时的变化趋势进行预测。

3. “增量”是指“有项目”的流量减“无项目”的流量，是时间序列的数据。“有项目”的投资减“无项目”的投资是增量投资；“有项目”的效益减“无项目”的效益是增量效益；“有项目”的费用减“无项目”的费用是增量费用。

4. “现状”是指项目实施前的资产与资源、效益与费用数据，也可称基本值，是一个时点数。“现状”数据对于比较“项目前”与“项目后”的效果有重要作用。“现状”数据也是预测“有项目”与“无项目”的基础。“现状”数据一般可用实施前一年的数据，当该年的数据不具有代表性时，可选用有代表性年份的数据或近几年数据的平均值。其中，特别是对生产能力的估计，应慎重取值。

5.“新增”是指项目实施过程中各时点“有项目”的流量与“现状”数据之差，也是时间序列的数据。“新增”投资包括建设投资、建设期利息和流动资金，还包括原有资产的改良支出、拆除、运输和重新安装费用。“新增”投资是改扩建项目筹措资金的依据。

10.4 项目范围的界定是改扩建项目经济评价中非常重要的一环，项目范围界定合适与否与项目的经济效益和评价的繁简程度有直接关系。

1. 对于“整体改扩建”的项目，项目范围包括整个既有企业，除要使用既有企业的部分原有资产、场地、设施，还要另外新投入一部分资金进行扩建或技术改造。企业的投资主体、融资主体、还债主体、经营主体是统一的，项目的范围就是企业的范围。

2. 对于“局部改扩建”项目，项目范围只包括既有企业的一部分，只使用既有企业的一部分原有资产、资源、场地、设施，加上新投入资金，形成改扩建项目；企业的投资主体、融资主体与还债主体仍然是一致的，但可能与经营主体分离。整个企业只有一部分包含在项目“范围内”，还有相当一部分在“企业内”但属于项目“范围外”。

10.5 改扩建项目的财务分析。

1. 盈利能力分析。改扩建项目财务分析采用新建建设项目财务分析的基本原理和分析指标。遵循“有无对比”的原则对比，利用“有项目”与“无项目”的效益与费用计算增量效益与增量费用，用于分析项目的增量盈利能力，并作为项目决策的重要依据之一。为简化计算，炼油化工改扩建项目，当项目增量效益和增量费用可以直接计算时，可直接计算增量效益和增量费用，进行增量分析。

2. 偿债能力。由于项目与既有企业既有联系又有区别，一般可进行以下两个层次的分析。

（1）项目层次的偿债能力分析，编制借款还本付息计划表并分析拟建项目“有项目”的偿债能力，计算利息备付率和偿债备付率，考察还款资金来源（折旧、摊销、利润）是否能按期偿还借款利息和本金。若“有项目”还款资金不足，应分析“有项目”还款资金缺口，即既有企业应为项目额外提供的还款资金的数额。

对炼油化工改扩建项目一般按照直接用“增量”数据和相关指标进行分析。

（2）企业层次：分析既有企业以往的财务状况与今后可能的财务状况，了解企业生产与经营情况、资产负债结构、发展战略、资源利用优化的必要性、企业的信用等。特别关注企业为项目的融资能力、企业自身的资金成本或同项目有关的资金机会成本，有条件时要分析既有企业包括项目债务在内的还款能力。

3. 财务生存能力分析。改扩建项目只进行“有项目”状态的生存能力分析，分析的内容同新建项目。

10.6 改扩建项目经济评价要考虑对企业经济效益的影响。改扩建项目是实现既有企业总体战略目标的手段，其目的是通过实施项目，提高既有企业总体经济效益。分析项目对既有企业的贡献，可计算项目实施后既有企业的营业收入、利润总额等指标的“新增”数据及相关增长率，估算项目投资活动对既有企业财务状况改善的贡献。

10.10 改扩建项目经济评价应注意的几个问题：

1. 计算期的可比性。根据“费用与效益口径一致”的原则，改扩建项目经济评价的计算期一般取“有项目”情况下的计算期。如果“无项目”的计算期短于“有项目”的计算期，可通过追加投资（局部更新或全部更新）来维持“无项目”的计算期，延长其寿命至“有项目”的结束期，并于计算期末回收资产余值；若在经济或技术上延长寿命不可行，则适时终止“无项目”的计算期，其后各期现金流量为零。

2. 原有资产的利用问题。既有企业改扩建项目范围内的原有资产无论利用与否，“有项目”时均与新增投资一起计入投资费用。“可利用”的原有资产要按其净值提取折旧与修理费，“不可利用”的资产如果变卖按其变现价值计作现金流入，不能冲减新增投资。如果“不可利用”的资产不变现或报废，仍然是资产的一部分，但计算折旧时不考虑。

3. 停产或减产损失。改扩建项目的改扩建活动与生产活动同时进行，一般会造成部分停产或减产，这一部分停产或减产损失的直接结果是减少“老产品”的营业收入，同时也会减少相应的生产费用。这些流量的变化均应在营业收入表和生产成本表有所体现，最终反映在现金流量表中，因此不必单独估算。

4. 沉没成本处理。沉没成本是既有企业过去投资决策发生的、非现在决策能改变、已经计入过去投资费用回收计划的费用。沉没成本是“有项目”和“无项目”都存在的成本，对于实现项目的效益不会增加额外的费用。对于项目是否应当实施的决策来说，沉没成本不应包括在项目增量费用中。

5. 机会成本。如果项目利用的现有资产，有明确的其他用途（出售，出租或有明确的使用效益），那么将资产用于该用途能为企业带来的收益被看作项目使用该资产的机会成本，也是“无项目”时的收入，按照“有无对比”识别效益和费用的原则，应该将其作为“无项目”时的现金流入。

炼油化工建设项目经济评价参数条文说明

1 总 则

1.1 建设项目经济评价参数的定义、基本组成、基本用途。财务分析参数一部分包括计算项目财务费用和效益的各类计算参数，如各类价格指数、各种费率利率等；另一部分是反映、判断和比较项目效益水平的各种评价指标的基准值和参考值，如财务基准收益率、总投资收益率、资产负债率、利息备付率和偿债备付率等。

1.2 建设项目经济评价参数的适用范围。建设项目经济评价参数适用于炼油化工建设项目各阶段费用与效益的计算、分析与评价。

参数的本质是在对历史数据、现实情况加以分析的基础上，对未来发展所做的预测与判断，其目的是为了满足建设项目在一定时期内的分析、比较、判断、决策的需要。

参数在测算过程中采取了多种测算方法，采用了来自多种渠道的基础数据，最终形成的参数是多种因素综合作用的结果。通常情况下，项目经济评价参数与经济活动中的实际市场实时价格、汇率、利率等是有差别的，因此不能作为财政核算、实际税收计征、外汇结算、商品交易与结算的依据。

1.3 建设项目经济评价参数的分类。

按照使用范围分类：财务分析参数用于建设项目财务分析，按现行的财会制度、税收规定和项目财务分析的报表、指标等进行分析计算与评价；经济分析参数用于经济费用效益分析，按建设项目经济评价方法与参数的规定和项目经济评价报表、指标进行分析计算与评价。

按照使用功能分类：计算参数用于计算项目费用和效益；判据参数用于比较项目优劣和判定项目取舍。

1.4 建设项目经济评价参数的时效性。社会经济状况处于不断的发展变化中，不同时期的参数反映不同时期的社会经济状况，因此参数在使用过程中一定要注意其时效性。

2 财务分析参数

2.1 财务分析参数的基本组成、基本用途。财务分析参数一部分包括计算项目财务费用和效益的各类计算参数，如各类价格指数、各种费率利率等；另一部分是反映、判断和比较项目效益水平的各种评价指标的基准值和参考值，如财务基准收益率、总投资收益率、资产负债率、利息备付率和偿债备付率等。

2.2 财务评价计算参数用于项目费用和效益的计算，包括投资估算参数、营业收入估算参数、成本估算参数、税费估算参数及有关的基础数据。

1．投资估算参数包括建设投资估算、流动资金估算及建设期利息计算的有关参数，按照国家及有关部门颁布的有关指标、费用定额、取费标准等执行。

2. 成本估算参数，包括原材料费、折耗摊销年限、修理费率、人员费用、其他管理费用、其他营业费用等。

（1）主要原材料价格，包括原油、天然气以及其他化工原料价格，采用以市场价格为基础的预测价格。

（2）综合折旧年限，预计净残值率按有关部门的规定执行或参照主体装置和设备的折旧年限确定；

（3）无形资产摊销年限用于无形资产摊销期限。无形资产的摊销采用直线法，摊销期限为该项无形资产的可使用寿命。无规定的，一般可选择10年摊销。

（4）其他资产摊销年限用于其他资产摊销期限。其他资产摊销年限有明确规定的，按规定期限平均摊销。

（5）炼油化工项目维护及修理费一般按固定资产原值（扣除建设期利息）的比例计取。

3. 营业收入估算参数，包括成品油、石化产品价格，由有关部门定期发布或采用以市场价格为基础的预测价格。

4. 税金估算参数，包括增值税、消费税、城市维护建设税、教育费附加、所得税等，根据国家有关税法规定确定。

5. 基础参数，包括评价年限、利率、汇率等。

2.3 财务分析判据参数包括判断项目盈利能力的参数和判断项目偿债能力的参数。

1. 判断项目盈利能力的参数主要包括财务内部收益率、总投资收益率、项目资本金净利润率等指标的基准值或参考值。

（1）财务基准收益率是指建设项目财务分析中对可货币化的费用与效益采用折现方法计算财务净现值的基准折现率，是衡量项目财务内部收益率的基准值，是项目财务可行性和方案比选的主要判据。财务基准收益率反映投资者对项目占有资金的时间价值的判断，是投资者可接受的财务收益率。要针对项目、资本金、投资各方指标设定不同的收益率。

财务内部收益率的测定可采用资本资产定价模型、加权平均资本成本法、典型项目模拟法、德尔菲专家调查法等方法，也可同时采用多种方法进行测算，将不同方法测算的结果互相验证，经协调后确定。目前石化行业多采用加权平均资本成本法对财务内部收益率基准值进行测算、发布。

（2）总投资收益率和项目资本金净利润率是采用非折现方法判断项目盈利能力的指标，可采用统计分析法、典型项目模拟法及德尔菲专家调查法等方法，也可同时采用多种方法进行测算。将不同方法测算的结果互相验证，经协调后确定。

2. 判断项目偿债能力的参数主要包括利息备付率、偿债备付率、资产负债率等指标的基准值或参考值。根据行业特点及企业历史统计数据分析测定，发布。或参照《建设项目经济评价方法与参数》（第三版）颁布值。

3　经济分析参数

3.1 社会折现率。目前国家公布的社会折现率为8%。对于超长期项目社会折现率可按时间分段递减的方法取值。

3.2 影子价格。随着社会主义市场经济体制的建立，国内价格与国际价格接轨，价格趋于合理，对于市场价格能反映市场价值的产品可直接采用市场价格计算。

3.3 影子汇率。在项目经济费用效益分析中采用国家外汇牌价乘以影子汇率换算系数得到影子汇率。国家公布的影子汇率换算系数为1.08。

3.4 影子工资。影子工资换算系数采用技术与非技术劳动力的分类方式，对于技术劳动力，采用影子工资等于财务工资，即影子工资换算系数为1；对于非技术劳动力，推荐采取财务工资的0.2～0.8倍作为影子工资，即影子工资换算系数为0.2～0.8。

主要编写人员名单

中国石油规划总院　　许　红　赵连增　朱纪宪　方兴君
付定华　栾海亮　郭　鹏　胡纯钰

住房和城乡建设部标准定额研究所　　胡传海　刘春林　刘　咏　秦咸悦
林　艳　朱　洪　史富文

孙寄萍、周若洪、刘易、李明哲、王彤、李开孟、赵洪梅、王积欣、崔淑清等同志参加了审查工作。